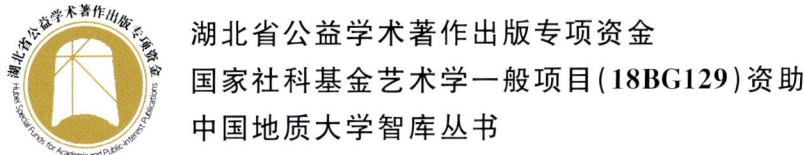

湖北省公益学术著作出版专项资金
国家社科基金艺术学一般项目(18BG129)资助
中国地质大学智库丛书

城市土地资源再利用中生态修复与景观设计的耦合模式

CHENGSHI TUDI ZIYUAN ZAILIYONG ZHONG SHENGTAI XIUFU
YU JINGGUAN SHEJI DE OUHE MOSHI

彭 静 龚 斌 朱 怡 高洁宇 等著

中国地质大学出版社
ZHONGGUO DIZHI DAXUE CHUBANSHE

图书在版编目(CIP)数据

城市土地资源再利用中生态修复与景观设计的耦合模式/彭静等著．—武汉：中国地质大学出版社，2023.12
ISBN 978-7-5625-5731-9

Ⅰ.①城… Ⅱ.①彭… Ⅲ.①城市土地-土地资源-资源利用-研究-中国 ②生态城市-城市建设-研究-中国 ③城市景观-景观设计-研究-中国 Ⅳ.①F293.22 ②X321.2 ③TU984.1

中国国家版本馆 CIP 数据核字(2023)第 256876 号

城市土地资源再利用中生态修复与景观设计的耦合模式	彭　静　龚　斌　　等著
	朱　怡　高洁宇

责任编辑:谢媛华	选题策划:江广长　段　勇	责任校对:张咏梅

出版发行:中国地质大学出版社(武汉市洪山区鲁磨路388号)	邮政编码:430074
电　　话:(027)67883511　　传　　真:(027)67883580	E-mail:cbb@cug.edu.cn
经　　销:全国新华书店	http://cugp.cug.edu.cn
开本:787 毫米×1092 毫米 1/16	字数:333 千字　　印张:13
版次:2023 年 12 月第 1 版	印次:2023 年 12 月第 1 次印刷
印刷:武汉中远印务有限公司	
ISBN 978-7-5625-5731-9	定价:128.00 元

如有印装质量问题请与印刷厂联系调换

前 言

本研究是在现代城市建设和可持续发展中，从跨学科视角探求资源可持续利用、自然环境改善、文化景观建设三者相结合的最佳路径，提出了城市土地资源再利用中生态修复与景观设计的耦合模式。

城市土地资源再利用中生态修复与景观设计的耦合模式是建立在生态修复与景观设计耦合的机制上，以城市土地可持续利用、城市环境承载力、城市景观结构、城市历史文脉为依据，以资源再生利用、生态环境恢复、城市风貌优化、历史文化保护为内容，通过高效有序的运行机制、全面先进的综合技术手段体系、科学合理的评价方式，达成资源可持续利用、生态环境改善、景观文化建设三位一体目标的现代城市土地资源再利用模式。

城市土地资源再利用中生态修复与景观设计的耦合模式，旨在以全面高效的方式同时实现城市生态、经济、社会、文化的协同发展。该模式的理论体系包括模式的基础（生态修复与景观设计的耦合机制）、模式的内涵、模式的支撑、模式的内容、模式的特点；模式的运行机制由运行目标、运行主导、运行原则、运行策略、运行程序共同构筑；模式的技术体系由八大技术手段综合构建而成，包括土壤污染控制与修复、地形地貌的利用与设计、道路的规划与设计、植被的修复设计、水体景观的修复与营造、环境废弃物的资源化与景观化处理、建筑与构筑物的改造性再利用、艺术景观与公共设施设计；模式的评价体系由环境影响评价、景观美学评价以及综合效益评价构建而成。该模式的理论依据充分坚实、运行机制高效有序、技术体系全面先进、评价方式科学合理，为人与自然和谐共生的现代化环境设计提供了一种先进、科学、高效的方案。

本研究针对目前城市建设中常见的"单一环境治理"或"先行修复后行景观"两大主流模式的不足，综合考虑资源再生、环境恢复、景观优化，将生态修复技术与景观设计手段全面系统地进行融合，从跨学科视角构建了城市土地资源再利用中生态修复与景观设计的耦合模式，并系统论述了其科学内涵和具体方法。该模式在功能上具有多样性，在过程上具有同步性，在操作上具有灵活性，是一种现代城市土地再利用的先进模式，为现代城市环境设计提供了新思路和新方案，在理论上具有创新价值；同时，它也是一种可复制、能推广的模式，在实践上具有应用价值。

本书由彭静编写、统稿，中国地质大学（武汉）教师龚斌、朱怡、高浩宇参与了项目的研究工作，尚金亮、李俊、高扬等研究生负责搜集和处理图片，在此表示衷心的感谢。由于笔者水平有限，书中难免有不足之处，敬请广大读者批评指正！

作　者
2023 年 5 月

目 录

第1章 绪 论 ……………………………………………………………… (1)

  1.1 研究背景 ……………………………………………………………… (1)

  1.2 研究目的与意义 ……………………………………………………… (1)

  1.3 国内外研究现状 ……………………………………………………… (2)

  1.4 研究内容 ……………………………………………………………… (11)

  1.5 研究的创新点 ………………………………………………………… (16)

  1.6 研究方法 ……………………………………………………………… (17)

第2章 城市土地资源再利用中生态修复与景观设计耦合模式的理论体系 …… (19)

  2.1 模式的基础 …………………………………………………………… (19)

  2.2 模式的内涵 …………………………………………………………… (21)

  2.3 模式的支撑 …………………………………………………………… (22)

  2.4 模式的内容 …………………………………………………………… (23)

  2.5 模式的特点 …………………………………………………………… (25)

  2.6 本章小结 ……………………………………………………………… (26)

第3章 城市土地资源再利用中生态修复与景观设计耦合模式的运行机制 …… (28)

  3.1 运行目标 ……………………………………………………………… (28)

  3.2 运行主体 ……………………………………………………………… (29)

  3.3 运行原则 ……………………………………………………………… (30)

  3.4 运行策略 ……………………………………………………………… (33)

  3.5 运行程序 ……………………………………………………………… (35)

  3.6 本章小结 ……………………………………………………………… (39)

第4章 城市土地资源再利用中生态修复与景观设计耦合模式的技术手段体系 …… (42)

  4.1 城市土壤污染控制与修复 …………………………………………… (42)

  4.2 地形地貌的利用与设计 ……………………………………………… (46)

  4.3 道路规划与设计 ……………………………………………………… (57)

  4.4 植被的修复设计 ……………………………………………………… (66)

  4.5 水体景观的修复与营造 ……………………………………………… (76)

4.6　环境废弃物的资源化与景观化处理 ……………………………………… (87)
　　4.7　建(构)筑物的改造性再利用 …………………………………………… (99)
　　4.8　艺术景观与公共设施设计 ……………………………………………… (110)
　　4.9　八大技术手段综合体系构建 …………………………………………… (127)
　　4.10　本章小结 ………………………………………………………………… (129)

第5章　城市土地资源再利用中生态修复与景观设计耦合模式的评价体系 ………… (133)
　　5.1　环境影响评价 …………………………………………………………… (133)
　　5.2　景观美学评价 …………………………………………………………… (137)
　　5.3　综合效益评价 …………………………………………………………… (141)
　　5.4　本章小结 ………………………………………………………………… (146)

第6章　城市土地资源再利用的不同类型与相关案例分析 ……………………………… (147)
　　6.1　以生态环境恢复为目标侧重的案例分析 ……………………………… (147)
　　6.2　以经济产业复兴为目标侧重的案例分析 ……………………………… (155)
　　6.3　以社会公共服务为目标侧重的案例分析 ……………………………… (161)
　　6.4　以文化保护传承为目标侧重的案例分析 ……………………………… (166)
　　6.5　本章小结 ………………………………………………………………… (170)

第7章　武汉市江夏灵山矿区土地再利用实践项目 ……………………………………… (171)
　　7.1　项目概况 ………………………………………………………………… (171)
　　7.2　项目运行机制 …………………………………………………………… (183)
　　7.3　综合技术手段应用 ……………………………………………………… (185)
　　7.4　项目效益评价 …………………………………………………………… (194)
　　7.5　本章小结 ………………………………………………………………… (195)

第8章　结论与展望 ………………………………………………………………………… (196)
　　8.1　结　论 …………………………………………………………………… (196)
　　8.2　展　望 …………………………………………………………………… (197)

主要参考文献 ……………………………………………………………………………… (198)

第1章 绪 论

1.1 研究背景

随着城市化和工业化进程的加快,城市土地利用的供求矛盾日趋紧张,城市土地资源的合理再分配与可持续开发利用问题已刻不容缓;同时,随着现代城市建设与更新目标的日趋多元化,传统的生态修复或景观设计已不能满足当今城市建设对综合效益目标的追求[1],特别是在后疫情时代下,城市建设对环境设计也提出了新的要求[2]。这些背景迫切地需要从多学科交叉、多技术融合、多手段并用的角度,根据我国城市土地资源再利用的现状,将生态修复和景观设计相结合,探索出一条能同时实现城市资源可持续利用、自然环境改善、文化景观建设目标的新路径。

中国式现代化是人与自然和谐共生的现代化;现代城市建设要站在人与自然和谐共生的高度谋划发展,要尊重自然、顺应自然、保护自然;"美丽中国"的建设要推进生态优先、节约集约、绿色低碳发展;社会要加快发展方式绿色转型,实施全面节约战略,推动形成绿色低碳的生产方式和生活方式。

为此,本研究高度契合新时代中国生态文明建设中以坚持节约优先、保护优先、自然恢复为主的方针,在人与自然和谐共生的现代化城市建设中,为形成节约资源和保护环境的空间格局、产业结构、生产方式、生活方式,补充新的模式与途径,从而激活城市土地资源,创造城市景观文化,实现城市生态空间的可持续发展,从而加快建设"美丽中国"。

1.2 研究目的与意义

1.2.1 研究目的

习近平总书记在党的二十大报告中指出:"中国式现代化是人与自然和谐共生的现代化","尊重自然、顺应自然、保护自然,是全面建设社会主义现代化国家的内在要求","必须牢固树立和践行绿水青山就是金山银山的理念,站在人与自然和谐共生的高度谋划发展"。新时代的环境景观设计必须以此为指导,坚持节约优先、保护优先、自然恢复为主的方针,形成节约资源和保护环境的空间格局、产业结构、生产方式、生活方式。

城市土地资源再利用中生态修复与景观设计的耦合模式研究是在现代城市建设和可持续发展中探求资源可持续利用、自然环境改善、文化景观建设三者相结合的最佳路径。该模式建立在生态修复与景观设计的耦合机制上,以城市土地可持续利用、城市环境承载力、城市景观结构、城市历史文脉为依据,以资源再生利用、生态环境恢复、城市风貌优化、历史文化保护为内容,通过生态修复技术与景观设计手段全面融合的综合技术手段体系,达成资源可持续利用、生态环境改善、景观文化建设三位一体目标的现代城市土地资源再利用模式。

城市土地资源再利用中生态修复与景观设计的耦合模式,旨在以全面高效的方式同时实现城市生态、经济、社会、文化的协同发展。该模式从理论体系、运行机制、技术手段、评价方式几方面进行构建,其理论依据充分扎实、运行机制高效有序、技术体系全面先进、评价方式科学合理,为"人与自然和谐共生的现代化"环境设计提供了一种具体可推广、可操作的模式。该模式可广泛地应用于现代城市土地资源再利用的各类项目中,具有很强的适用性和操作性,对现代城市建设和可持续发展具有重要意义和作用。

1.2.2 研究意义

本研究契合新时代背景下中国生态文明建设的指导方针,在人与自然和谐共生的现代化建设中,为形成节约资源和保护环境的空间格局、产业结构、生产方式、生活方式,探索补充新的模式与途径。本研究对激活城市土地资源,创造城市景观文化,实现城市健康建设和可持续发展,具有重要现实意义。

本研究针对城市建设中常见的"单一环境治理"或"先行修复后行景观"两大主流模式的不足,综合考虑资源再生、环境恢复、景观优化,从跨学科视角提出了城市土地资源再利用中生态修复与景观设计的耦合模式,并构建模式的理论体系,提出模式的运行机制,创建模式的技术手段体系,设立模式的评价方式,系统论述了该模式的科学内涵和具体方法,为现代城市土地资源再利用提供了新思路和新方案,具有理论上的创新价值。

本研究针对目前城市土地再利用的现状问题,将生态修复与景观设计的耦合机制贯穿于模式的理论体系、运行机制、技术手段和评价分析中,提出了针对的内容与方法、高效的技术与手段。该模式在内容上具有全面性,在功能上具有多样性,在过程上具有同步性,在操作上具有灵活性,是一种现代城市土地再利用的先进模式,是一种可复制、能推广的模式,具有实践上的应用价值。

1.3 国内外研究现状

基于本研究要构建的城市土地资源再利用中生态修复与景观设计的耦合模式,国内外研究现状分别从城市土地资源再利用研究、城市环境恢复与再生研究、城市景观更新设计研究3个方面进行分析。

1.3.1 城市土地资源再利用研究

土地利用是人类为经济社会目的而进行的一系列生物和技术的活动,是对土地进行的长期或周期性经营过程。土地利用受到自然条件的制约,也受经济、社会、技术等条件的影响,是在一个特定区域内的自然、经济、社会、技术共同调节影响下的产物[3]。

城市土地资源再利用是对城市土地资源进行合理的资源再分配与可持续的开发利用。从世界范围来看,伴随科技进步、人口增长、土地资源紧缩等现象,全球各地不同程度地存在着土地资源利用不合理现象以及由此导致的土地利用非持续性问题。在当下中国的城市化进程中,城市人口的蔓延式发展、城市出现去中心化的现象、城市土地开发利用效率不高、土地再开发困难等问题尤其突出[4]。由此,城市土地资源可持续利用的研究应运而生并广泛开展,城市土地资源再利用成为世界性话题。

国外关于城市土地资源再利用的研究起步较早,受"二战"后土地资源紧缺、经济、社会等方面影响,形成了较为系统化的土地利用体系。我国城市土地资源再利用受西方影响较大,土地利用规划从学习苏联模式到吸收借鉴美、日、东欧模式等,逐步形成因地适宜、符合本国特色的土地资源再利用体系,目前仍有待转型升级。

1. 国外研究状况

19 世纪德国农业经济学家冯·杜能首次提出了土地利用模式,在学界被认为是最早对土地资源利用的研究,为土地利用提供了最初理论基础。到 20 世纪初,城市土地利用理论开始从强调功能、追求理想形态的城市规划理念转变为解决城市功能的规划理论研究,代表的有霍华德"田园城市"理论、伊利尔·沙里宁"有疏散思想"、勒·柯布西耶"集中城市"理论等,并开始了土地利用的可持续性发展研究[5]。

1)国外土地资源利用研究的内容和进程

从内容和时间进程上主要涉及 4 个方面:土地利用调查、土地集约利用、土地利用效率、土地利用规划。

(1)土地利用调查。土地利用调查最早源自亨丁顿、坎达尔等学者,他们主要从农业生产力的角度综合考虑土地利用效益问题。到 20 世纪 40 年代,英国、荷兰等东欧国家、印度、日本等亚洲国家,以及北美的加拿大,南美的墨西哥、巴西等都先后进行了土地资源的调查研究。

(2)土地集约利用。主要是指 David Ricardo 在研究农业用地集约利用时提出的"土地集约经营利用"理论[6]。

(3)土地利用效率。主要涉及经济区位理论,20 世纪 70 年代,学术界从经济区位理论对建设用地利用效率进行研究,先运用系统的数理分析,之后用描述历史形态的方法直观地分析城市土地利用不同类型的空间分布和演变状况,提出同心圆模式、多和模式、轴向模式等,对改善城市土地优化配置、提高城市土地利用效率具有重要意义。

(4)土地利用规划。由于"二战"后日益冲突的土地资源和各国经济等综合问题的出现,才开始被关注并提出相关理论研究。20世纪70年代，随着资源调查、遥感技术等在土地调查中的应用，土地利用规划走向土地评价阶段，评价对象也以农业用地为主，评价体系涉及城镇、工业区、旅游区、开发区等。20世纪90年代以来，土地利用规划呈现综合化趋势，在全球化推动作用下，1992年《21世纪议程》在联合国环境与发展大会上通过，可持续性的土地资源管理开始受到全世界学者和各国政府的广泛关注。随着可持续化深入，城市土地资源再利用也逐步受到关注并起步发展。

2) 国外土地资源利用研究的特点和趋势

根据近50年来俄罗斯、美国、德国、英国、日本等国家土地利用规划与概况，总结共同特点如下：一是土地规划体系完整、科学方法论；二是土地利用注重人口、资源环境、周边区域平衡；三是土地规划涉及问题面广，包括就业、土地利用保护、基础设施、环境和城镇发展等；四是土地规划制度化和法制化。预测未来发展趋势是保持复合化、综合化、信息化的发展方向，政治参与和公众参与的有机协调机制将会发挥重要作用[7]。

3) 国外土地资源再利用的实践案例

城市土地资源再利用的实践案例十分广泛，比较突出的是集中在城市更新、棕地改造等领域。以城市更新为主的案例有瑞典斯德哥尔摩、美国波兰特、加拿大温哥华等地区，涉及土地资源可再生能源、交通、废物再造、绿色空间、社区更新等方面的再利用。比较有影响力的案例有德国杜伊斯堡公园、加拿大斯维尔公园、英国"伊甸园"公园、西雅图煤气厂公园、澳大利亚BP石油公司遗址公园等一系列棕地治理项目。

由此可见，国外关于城市土地资源利用方面的研究时间较早，拥有整体化、系统化的土地利用体系和实践成果。

2. 国内研究状况

我国的城市土地再利用与国土规划政策密切相关，在城乡土地利用规划的发展历程中，既广泛借鉴了国外的规划理念，又顺应了我国不同阶段社会经济发展的客观要求。国际经验与本国特色土地管理制度和本土规划实践相互交融、发展演进，逐步形成了强调实用性、符合我国国情、多元化、复杂化的规划体系。

1) 国内土地资源利用的研究进程

国内的城市土地再利用从规划层面上，大体可分为4个阶段：经济计划体制下的土地计划性供给阶段(1949—1977年)、经济体制转型时期的城市土地改革有偿使用阶段(1978—1995年)、严格保护耕地时期的土地用途管制实施阶段(1996—2007年)、城乡土地利用的规划管理体制变革探索时期(2008年至今)[8]。

我国早期的城市土地利用规划主要围绕农业和农村开展。1950年初学习苏联农村土地整理规划，经历初创、波动与停滞，以支持城市工业化建设和服务农业生产为主。直到1986年《中华人民共和国土地管理法》颁布，提出进行区域性的统筹，注重国土的开发、保护、利用、整治、规划综合一体。这种国土即区域的概念，对后续主体功能区规划的形成有重要作用，将区域统筹摆在首位，加上与国家计划委员会工作的紧密配合，形成了以生产力布局为切入点的一版国土规划。借鉴学习德国分区方法，日、美、英等国的土地分区经验之后，我国于1998年修订《中华人民共和国土地管理法》，确立了现今土地用途管制制度的一套土地利用总体规划体系。从2003年起，全国开始进行"多规合一"实验探索，提出以国土空间开发利用管控和国土资源配置为核心的国土规划理念。随着时代变更与社会发展，构建统一的国土空间规划体系逐渐成为总方向，2013年出台的《中共中央关于全面深化改革若干重大问题的决定》明确提出"建设空间规划体系"，并开始从28个市县进行试点。2016年的《关于进一步加强城市规划建设管理工作的若干意见》提出以海南和宁夏为试点，开始推进城市总体规划与土地利用总体规划的"两图合一"。2019年的《关于建立国土空间规划体系并监督实施的若干意见》开始分级分类建立国土空间规划体系。我国城市土地利用规划从土地利用规划、城乡规划、国土规划的多类型和多部门管理格局，逐渐向构建统一国土空间规划体系转变。

2）国内土地资源利用的研究内容和成果

国内城市土地资源再利用主要面临着结构失调、布局失衡、效率不高、生态不显、联动不够等主要问题，许多学者提出不同的观点。方克定[9]在资源约束趋紧、环境污染严重、生态系统退化的大背景下，以节约优先、可持续实践为主分析、归纳7条探索途径，包括土地财政转型、因地制宜改变用地方式、城市雨洪管理、转变用海方式、转变矿场勘查方式、试水"国土文化"线索。路营[10]从新常态下城市土地利用特点分析，认为目前城市土地利用要从过分强调以经济效益为主转向强调以生态优先为主。邱静雯和高小博[11]侧重工业化、城市化，提出了综合考虑城市工业控制、旧城改造、土地规划等方面的思考对策和解决方案。徐辉和李长风[12]从城市存量建设用地角度，梳理城镇建设用地发展态势、分析建设用地潜力、归纳建设用地再利用存在的主要问题，提出以城市更新作为统筹存量用地再利用、建立区域转移机制、深化城镇开发边界管控细则等。孟美侠等[4]则是借鉴全球城市提升土地资源开发利用，提出要推进可持续性城市更新、推行分区管理模式、鼓励土地混合开发、提供公共服务和打造生活空间、拓展城市发展空间、完善交通基础设施等建议。

国内关于城市土地资源再利用的相关著作有《中国土地利用》（吴传均等著）、《生存与发展——中国保护耕地问题的研究与思考》（李元著）、《中国土地资源及其可持续利用》和《持续土地利用管理的理论与实践》（张凤荣等著）、《区域发展与区域规划》（毛汉英著）、《中国土地利用规划》（严金明著）等。

3）近年国内城市土地资源再利用的实践案例

近年国内城市土地资源再利用的实践案例有：以原国有土地权利人改造再开发为主的上海自贸区综合用地试点地块、江苏无锡上汽大通项目、江苏常州天宁文化创意产业园；以收购相邻低效地块进行集中开发的江苏无锡宝通科技股份有限公司项目；以再开发中加强公共设施和民生项目建设的重庆市主城区利用建成区边角地建设体育文化公园项目、广东佛山祖庙东华里片区改造项目；以鼓励产业转型升级优化用地结构为主的广东深圳深业上城项目、江苏常州创意产业基地再开发项目、泉州源和1916创意产业园、浙江平湖城北片区改造项目；以实现城市更新、政府主导让利于民的湖北襄阳焦家台片区旧城改建项目等。

由此可见，国内城市土地资源再利用正处于转型阶段，由早期的工业化转变为依托政策导向下的城市更新,在建设管理、资产管理、资源管理的基础上逐渐重视环境安全、生态修复、景观更新等领域。

1.3.2 城市环境恢复与再生研究

城市环境恢复与再生,是实现人与自然和谐共生的新型城市建设方式。城市环境恢复与再生是通过对城市土壤、水体、空气、生态环境的修复与再生,消除城市环境污染、恢复城市生态系统、优化城市生态空间布局、调节气候水文、维护生物多样性。城市环境恢复与再生是一个涉及多学科交叉的研究领域,包括环境科学与工程、生态学、规划学、经济学、社会学等,城市环境恢复与再生方案制定、过程实施、效果评价等内容非常复杂。

改革开放以来我国的城市发展举世瞩目,我国的城镇化进程是世界历史上规模最大、速度最快的,但与此同时各种"城市病"开始凸显,如雾霾频发、热岛效应、垃圾围城、水污染等城市生态环境问题日益严重,成为了制约我国城市可持续发展的重要阻力。城市的环境恢复与再生是城镇化发展到一定阶段面临的重大挑战。

1. 国外研究状况

在国际上,城市环境恢复与再生研究大致经历3个阶段:萌芽阶段、理论形成阶段、多学科融合阶段。

(1) 萌芽阶段(1935年至20世纪60年代)。此阶段主要以治理水土流失或修复零星单块土地等专项工程方式出现。世界上第一个开展生态恢复的实验是美国学者奥尔多·利奥波德于1935年在威斯康星大学植物园恢复的一块草场,他作为"美国新环境理论的创始人""生态伦理之父"和生态美学与文学的奠基人,在当时提出了诸多关于城市土地与环境共同体等概念。此后,20世纪50—60年代,北美洲和欧洲都开始重视各自的城市环境问题,并开展了以矿山治理、水体修复、水土流失防治等为主体的生态修复工程[13]。

(2) 理论形成阶段(1985—1997年)。此阶段是世界范围内城市环境恢复与再生研究的理论发展期。各国权威专家以生态恢复学正式成为独立学科为契机,形成了多项理论研究成果。1985年,两位英国学者Jordan和Aber首次提出"恢复生态学"这一术语,同年国际生态恢复学会成立。在1997年国际权威杂志《科学》设专栏发表了6篇恢复生态学的论文,同年美国生态学会在年会上确立恢复生态学是生态学五大优先关注的领域之一。

(3) 多学科融合阶段(20世纪90年代以后)。此阶段国际城市环境恢复与再生研究开始转向可持续性发展研究,并在理论上呈现多学科交叉的态势。生态修复在退化原因、程度诊断,恢复重建机理、模式和技术上做了大量研究[14],并涉及了城市、农田、草原、森林、荒漠、河流、湖泊等多种类型,修复空间上出现跨区域研究,景观尺度上逐渐由单个生态要素与专项修复转向整个城市生态系统的系统修复[15]。

目前,提高城市生态系统弹性研究也成为城市环境恢复与再生研究未来的重要方向。2015年第六届国际恢复生态学大会在英国曼城召开,主题是"提高生态系统快速恢复能力——恢复城市、乡村和原野"[16]。还有许多学者也都开展了弹性城市研究,比较有代表性的如 Newman,其研究提出 10 项面向弹性城市的规划策略,描述了未来弹性城市的前景[18]。探讨如何修复城市系统弹性,构建高适应力的城市管理体系,是未来城市环境恢复与再生研究的重要方向。

国外关于城市环境恢复与再生研究的著作有《受损自然生境修复学》(Steven G. Whisenant 著)、《设计自然:人、自然过程和生态修复》(Eric Higgs 著)、*Principles of Brownfield Regeneration,Clean up,Design and Reuse of Derelict Land*(Niall G. Kirkwood 等著)、《景观与恢复生态学——跨学科的挑战》(Naveh Z. 著)、《城市生态学——城市之科学》(Richard T. Forman 著)等。

国外比较具有代表性的城市环境恢复与再生案例有:工业棕地改造类型的多伦多 Corktown Common 公园、新加坡榜鹅水道公园、以色列特拉维夫 Hiriya 垃圾填埋场景观、卢森堡 Steelyard 废弃钢铁厂广场;矿山修复类型的美国密歇根州港湾高尔夫球场、法国 Biville 采石场生态修复、日本国营明石海峡公园、委内瑞拉古里采料场生态修复;以流域绿色发展为目标的韩国首尔清溪川整治复原工程、日本太田川自然型建设、莱茵河流域综合治理等。

2. 国内研究状况

我国城市环境恢复与再生研究总体起步晚,早期研究多集中于污染水体、垃圾填埋场、污染场地等具体场地生态修复,或矿山、河流、湿地等专项类型的生态修复,缺乏系统性、综合性。

从 20 世纪 50—60 年代开始,我国多地开展了小规模的矿山、荒山、林地等修复治理项目。20 世纪 80 年代,城市生态修复在我国进入快速发展期,在理论上城市生态修复开始成为生态学的研究热点[18],出现了如王如松等[19]提出的城市复合生态系统理论;在实践上开始扩大到区域范围的生态修复,如太行山绿化工程、三北防护林工程、沿海防护林工程等。特别是 2015 年中央城市工作会议后,城市生态修复开始成为城市工作的重要任务,相关科研陆续展开,各项工程纷纷启动。全国"城市双修"工作现场会更是将城市生态修复作为治理"城市病"、改善民生的重大举措,会后城市生态修复工作在全国范围内全面启动,这也是城市转型发展的重要标志。目前,我国正处于城市生态修复的持续发展阶段。

近年来,许多学者从城市土地利用类型入手,对其恢复与再生过程进行了系统性的梳理和分析。李峰和马远[20]对城市绿地生态修复、城市湿地生态修复、城市废弃地生态修复、城市河流生态修复等方面进行了分析。

(1)城市绿地生态修复。城市绿地是城市及城市周边的园林绿地、城市森林等,还包括都市农田、立体绿化等多种形式。20 世纪 70 年代提出城市绿地"连片成团,点线面结合"的方针,极大地促进了城市绿地的发展。目前城市绿地已被视为城市的绿色基础设施,我国针对城市绿地的生态系统开展了大量研究,主要聚焦于城市绿地的空间格局、城市绿地的生态管理、城市绿地生态系统服务等方面。

(2)城市湿地生态修复。在城镇化进程影响下城市湿地呈现出明显的锐减态势,相较于自然湿地,由于地处城市及周边,城市湿地受人类生产、生活的影响更为直接,面临的问题更为复杂。我国对于城市湿地总体关注起步较晚,国际上 2008 年召开的第十届《湿地公约》大会首次关注"湿地与城市化",并于 2012 年正式提出了城市和城郊湿地的概念。我国当前研究主要集中在城市湿地的生态修复技术、城市湿地的生态系统服务、城市湿地的保护与管理方面。

(3)城市废弃地生态修复。常见目标类型有废弃矿山修复、废弃工厂、垃圾填埋场等。目前主要研究集中在废弃地污染治理技术、废弃地生态系统修复和重建技术、废弃地生态修复和景观再造模式等方面。

(4)城市河流生态修复。相关研究主要集中在城市河流生态修复策略、城市河流生态健康评价、城市河流生理理论及应用、城市河流生态修复效益等方面。

城市环境恢复与再生研究,也包括土地环境的效益评价体系指标构建与研究。张竹村[21]在分析归纳城市生态修复核心内容的基础上,利用综合研究方法构建了系统的评价体系,包括城市生态环境状况评价指标体系、城市水体生态修复效果指标体系、城市绿地生态修复效果评价体系、城市山体生态修复效果评价体系等,提出了更具系统性、科学性的生态修复实践量化参照指标。

国内比较具有代表性的城市环境恢复与再生相关著作有《国土空间生态修复》和《国土空间规划》(吴次芳等著)、《生态修复理论与实践》(刘晓端等著)、《生态修复案例解析与鉴赏》(谭科艳等著)、《煤矿煤矿废弃地生态植被恢复与高效利用》(樊金拴等著)、《矿山生态修复理论与实践》(方星等著)等。

国内具有代表性的城市环境恢复与再生案例有:中山岐江公园、上海辰山植物园矿坑花园、上海世博会后滩公园、首钢工业遗址公园等;还有《中国生态修复典型案例》(自然资源部国土空间生态修复司发布)中的18个案例,有以治沙止漠筑牢绿色屏障为目标的塞罕坝机械林场、以生态补水为目标的华北河湖、上海青西郊野公园、绿金湖矿山地质环境生态修复、重庆市渝北区铜锣山矿区生态修复、广东湛江红树林造林项目、厦门市筼筜湖生态修复等。

一直以来,党中央、国务院高度重视城市环境恢复与再生工作,早在十八大中央城市工作会议就提出要"大力开展生态修复,让城市再现绿水青山"。国家中长期规划也将生态修复融入顶层设计,在《全国城市生态保护与建设规划(2015—2020年)》《国家新型城镇化规划(2014—2020年)》《生态文明体制改革总体方案》中均有体现。2016年12月10日三亚召开全国"生态修复、城市修补"工作现场会,随后住房和城乡建设部发布《关于加强生态修复城市修补工作的指导意见》,将城市生态修复工作向全国推广。

尽管国家高度重视城市环境恢复与再生工作,相关理论研究和修复实践也取得了许多成果,但城市生态修复在概念与内涵、目标与对象、时间与尺度、实施步骤、适用技术、修复效果评估等方面仍需不断地深入探索实践,除此之外,城市发展对城市生态系统的影响机制、城市生态修复对城市环境改善的效应机制等综合性和系统性的研究有待进一步提升,还有城市生态修复在全球变化中的意义、利用弹性思维开展城市生态修复与管理、建立长期跟踪评价数据等也是我国城市环境恢复与再生需要深入研究的内容。

1.3.3 城市景观更新设计研究

城市景观按空间结构特征看,其组成要素可分为斑块、廊道、本底3类景观结构要素[22]。从景观生态学属性上看,斑块主要是指城市公园、城市绿地、小片林地等具有不同属性与功能、相对同质的地段区域或空间实体;廊道主要是指河流、沟渠、林带等城市景观中带状或线状的景观要素;本底则主要是指城市街道与街区,是以各类建成区、各类不同建筑物,通过道路联系起来的区块。

城市景观从不同地域类型上分为自然景观、人工景观、中小型景观[23]。自然景观主要包括流域和生态区。在国内外对自然景观的研究主要集中于湿地和森林景观,这两者是人类活动与自然生态系统交互作用最为频繁的城市空间,具有丰富的生物多样性和复杂的生态系统结构,因此是重点的保护与更新设计对象。人工景观主要是指大城市,如中国上海、杭州等这类经济发展快速、城市化水平较高的典型城市,这类景观具有人为干扰力度大、生态系统复杂等特点。在城市化进程的背景下,人工景观格局演变结果往往表现为建设用地的增多和非建设用地的减少。中小型景观和上述人工景观的区别主要是尺度的不同,研究者们一般是对小型市域景观、县域景观以及区域景观进行研究。受限于规模、经济发展、数据获取等因素,中小型景观的规划设计研究还较为缺乏。

景观的发展从最初的原始旷野到现代文明的生活居所发生着巨大的变化,从整体上看,景观设计经历了农业时代、工业时代、后工业时代等阶段,其外延涉及中西方造园艺术、地理思想与观念、农业与园艺技术、水利和交通工程、风景审美艺术、居住及城市建设技术与思想等领域。随着社会进步与城市的迅速发展,原有的自然景观出现了支离破碎、自然生态环境受到威胁、人工景观格局演变恶化等问题,这时城市景观更新设计的价值才逐渐被人们重视。

1. 国外研究状况

国际上的城市景观更新设计可以分为3个阶段:设计萌芽与诞生阶段、设计发展阶段、设计多元化阶段[24]。现代景观规划设计起源于艺术与工艺运动,从抽象艺术转换成景观艺术,走向科学性的景观设计。

20世纪30年代中期,随着现代主义思潮的兴起,由哈佛景观设计专业发起的"哈佛革命",宣告了现代主义景观设计的诞生。城市景观更新设计的发展受益于"二战"后的重建工作,以美、英以及西欧国家为主的多国出台城市更新法案,如火如荼地开展了各自的景观设计。20世纪60年代起,现代景观设计逐渐走向多元化阶段。随着艺术领域各流派兴起,装置艺术、大地艺术融入到景观设计中。20世纪70年代,景观设计开始强调将建筑与环境融为一体。随着许多欧洲城市和地区环境问题加剧,在景观设计中生态规划设计的思想与实践开始发展成熟起来,并开展了莱茵公园生态河谷式自然风景园(1979年)、卡塞尔园林展自然保护地(1981年)等项目。

20世纪70—80年代,传统工业衰退,城市景观重建也受到了广泛的关注,伴随恢复生态学的产生与发展,其理论与方法被创造性地运用到城市景观改造的实践当中。20世纪90年代以来,国外景观的恢复与重建进入了成熟阶段,主要集中在棕地再利用和研究上,此时开始运用科学技术与艺术手法相结合的方式,力图寻求城市环境更新、经济发展与文化重建的途径,将城市场地改造为富有多重内涵和生机的现代景观。进入21世纪,城市景观更新设计除了对传统技术和手法利用,更注重新技术的复合运用和新理念的体现。

国外比较具代表性的著作有《景观设计学—场地规划与设计手册》(约翰·O·西蒙兹

著)、《设计结合自然》(伊恩·伦诺克斯·麦克哈格著)、《营造可持续地球家园的整体设计》(G·泰勒·米勒著)、《从摇篮到摇篮：循环经济设计之探索》(威廉·麦克唐纳和迈克尔·布朗嘉特著)、《可持续性景观设计技术：景观设计实际运用》(Tom Cathcart 和 Peter Melby 著)、《生命的系统：景观设计材料与技术创新》(里埃特·玛格丽丝和亚历山大·罗宾逊著)、《封闭的循环——自然、人和技术》(巴里·康芒纳著)、《设计反思：可持续设计策略与实践》(Nathan Shedroff 著)等。

比较具有代表性的景观更新设计案例项目有德国鲁尔区埃姆舍公园、慕尼黑轨道、北杜伊斯堡景观公园，美国西雅图煤气厂公园、纽约高线公园、美国劳伦斯钢铁铸造厂公园、纽约清泉公园，法国雪铁龙公园、拉维莱特公园，英国泰晤士河岸公园，加拿大多伦多公园，韩国仙游岛公园景观更新设计等。

2. 国内研究状况

中国的城市景观设计源自中国古典园林，以圆明园为标志的中国风景园林设计历经4000年的发展积累达到巅峰，但在1860—1920年这一时期发展停滞不前，受到战乱影响而日渐衰落。1920—1950年现代风景园林以城市公园的形式出现在广州、上海、北京等地。1928年中国造园学会成立，标志着国内现代风景园林初见雏形。1950—1980年我国开始公园城市建设并开启景观专业性的教育。1980—2010年是我国城市景观设计的重要初创实践与理论时期，实践上包括全国性植树造林、风景名胜区保护(国家森林公园、地质公园等各类国家公园建设)、世界遗产保护申报、旅游区旅游地规划建设、高速公路景观、城市绿地建设(园林城市、森林城市、生态园林城市)、城市公共空间环境建设(滨水区、绿道、道路景观、校园、工业园、绿博主题园等)、居住区景观建设等。

近年来国内城市景观更新聚焦于棕地景观再生。2001—2009年间，我国引入棕地概念并开始尝试借鉴国外的棕地再开发政策，进行城市棕地景观更新运作，也尝试引入公众参与机制、工业遗产概念、环境评估方法等，同时开展相关设计实践，寻求适合我国的城市棕地治理的模式与方法。2012—2016年间，在景观都市主义的热点背景下，我国许多学者对城市景观更新进行了跨学科合作思考，并将棕地与城市整体生态系统统一考量。2017—2020年间，国内城市景观更新引入"城市双修"理念并将棕地更新融入其中，注重棕地生态修复的同时探索城市发展的新体制与模式[25]。

我国城市景观更新设计的相关研究著作有《景观：文化、生态与感知》(俞孔坚著)、《广义设计的多维视野：设计·潜视界》(董雅著)、《西方现代景观设计的理论与实践》(王向荣著)和《欧洲新景观》、《现代景观规划设计》(刘滨谊著)、《生态园林的理论与实践》(程绪珂著)、《景观设计学》(北京大学景观设计学研究院著)、《设计艺术的环境生态学：21世纪中国艺术设计可持续发展战略报告》(美术学院环境艺术设计系技术设计可持续发展研究课题组著)、《绿色建筑：生态、节能、减废、健康》(林宪德著)、《生态的城市与建筑》(荆其敏和张安丽著)等。

国内城市景观更新的具体案例有上海辰山植物园矿坑花园、中国宁波生态走廊修复棕地、唐山南湖城市中央生态公园、三亚红树林生态公园、六盘水明湖湿地公园等；以老旧工业遗址改建的北京首钢遗址景观设计、武汉良友红坊文化艺术社区景观改造；以老旧社区及街区改造为主的上海社区花园、宁波郎官驿创意社区景观营造；基于"十五分钟生活圈"理念的城市公共空间优化的上海徐汇区田林东路街道公共空间提升；原城市公园重建的福建龙岩龙津湖公园等。

1.3.4 国内外研究存在问题

通过对城市土地资源利用研究、城市环境恢复与再生研究、城市景观更新设计研究三方面内容进行梳理，国内外研究内容较为丰富。从时间发展历程上看，国外研究起步较早，多集中于20世纪中期，涉及层面包括社会、经济、生态、文化等，强调理论与技术并重，各领域现已有较为完备的理论体系，并有大量丰富的实践案例。国内研究起步较晚，20世纪80年代到21世纪初是我国各项理论的探索阶段，在对外学习借鉴的基础上，结合我国发展实际需求逐步形成自己的研究特色和实践方案，近年来开展的许多项目显现出规模和成效，并起到示范作用，但综合国内外研究现状，仍存在以下问题：虽然现阶段研究内容丰富，涉及学科领域广泛，在城市土地资源再利用上研究充分、实践丰富；在城市环境恢复与再生研究上体系完备、技术成熟；在城市景观更新设计领域观念先进、手段多样。但在这三方面的关联、交叉、渗透日趋明显和必要的背景下，并没有形成统筹性与系统性研究体系。目前在现实中常见的主流模式为"单一环境生态治理"或"先行修复后行景观"两类。城市土地资源再利用中，在理论上缺乏对生态修复与景观设计的交叉融合研究，在实践中没有将两者进行综合考虑、同步运行，生态修复与景观设计的割裂与衔接不当，导致城市土地资源再利用中常出现成本提高、周期增长、过程曲折等矛盾和问题，因此在当下背景下迫切地需要将生态修复与景观设计结合起来，并寻找到适合当代城市土地资源再利用科学的、高效的、合理的途径与方式。

1.4 研究内容

本研究主要围绕城市土地资源再利用中生态修复与景观设计的耦合模式展开，构建了模式的理论体系，提出了模式的运行机制，创建了模式的技术手段体系，设立了模式的评价方式，由此形成了全面有机的城市土地资源再利用中生态修复与景观设计的耦合模式体系。同时，本研究也对相关案例进行了梳理分析，并通过相关项目实践验证了该模式的可行性。

1.4.1 构建模式的理论体系

1. 模式的基础

生态修复与景观设计的耦合机制是城市土地资源再利用中生态修复与景观设计的耦合模式建立的基础。生态修复与景观设计的耦合机制表现在目标一致下的运行同步、观念更新下的内涵渗透、场地特性下的技术融合、社会需求下的统筹协调。

2. 模式的内涵

城市土地资源再利用中生态修复与景观设计的耦合模式是建立在生态修复与景观设计的耦合机制上，以城市土地可持续利用、城市环境承载力、城市景观结构、城市历史文脉为依据，以资源再生利用、生态环境恢复、城市风貌优化、历史文化保护为内容，通过高效有序的运行机制、全面先进的综合技术手段体系、科学合理的评价方式，达成"资源可持续利用、生态环境改善、景观文化建设"三位一体目标的现代城市土地资源再利用模式。

3. 模式的支撑

城市土地资源再利用中生态修复与景观设计的耦合模式是以土地可持续利用、城市环境承载力、城市景观结构、城市历史文脉4个方面为依据和支撑。

4. 模式的内容

城市土地资源再利用中生态修复与景观设计耦合模式的主要内容涉及资源再生利用、生态环境恢复、城市风貌优化、历史文化保护4个方面。

5. 模式的特点

城市土地资源再利用中生态修复与景观设计的耦合模式在目标上具有多元化、在内容上具有全面性、在功能上具有多样性、在过程上具有长期性。

1.4.2 提出模式的运行机制

城市土地资源再利用中生态修复与景观设计耦合模式的运行机制由运行目标、运行主导、运行原则、运行策略、运行程序共同构筑。

1. 运行目标

城市土地资源再利用中生态修复与景观设计的耦合模式的运行目标是具有多元化内容的协同性目标体系，旨在实现城市土地资源的可持续利用，以全面高效的方式实现城市生态、经济、社会、文化的协同发展。

2. 运行主体

城市土地资源再利用中生态修复与景观设计的耦合模式的运行主体是以政府机构为主导，包括企业、社会组织、公众等在内组成的多方合作体。

3. 运行原则

城市土地资源再利用中生态修复与景观设计的耦合模式的运行原则为安全性原则、经济性原则、可持续原则、整体性原则。

4. 运行策略

城市土地资源再利用中生态修复与景观设计的耦合模式的运行策略主要包括多维把控、多观融合、多规合一、多手段并用4个方面。

5. 运行程序

城市土地资源再利用中生态修复与景观设计的耦合模式的运行程序包括调研分析、评估决策、方案设计、工程建设、管理调控5个阶段。

1.4.3 创建模式的综合技术手段体系

城市土地资源再利用中生态修复与景观设计耦合模式的技术手段体系是建立在生态修复与景观设计耦合机制的基础上由八大技术手段综合构建而成的全方位科学体系。

1. 土壤污染控制与修复

土壤污染控制与修复是城市土地资源再利用中生态修复与景观设计耦合模式的先行技术手段。土壤污染控制与修复的目标是让土壤恢复到自然健康状态,为该模式后续技术手段的开展提供安全的基础和前提,控制方法主要包括控制污染物来源、管控污染土壤环境风险、优化城市产业规划布局等方面,修复技术主要包括生物修复、化学修复、物理修复及其联合修复技术等。

2. 地形地貌的利用与设计

地形地貌的利用与设计在城市土地资源再利用中有着重要的功能与价值,主要表现在基面与背景功能、景观功能和生态功能3个方面。地形的利用与再造设计应遵循因地制宜、因形就势的原则。地貌的修复与设计应采用修复与保护、艺术与生态结合的原则。地形地貌利用与设计的表现形式常见有独立几何式、规则组合式、艺术曲线式、自然抽象式、传统山水式、大地艺术式等。

地形地貌利用与设计不仅对场地中土地的恢复和土壤的修复起到重要的帮助作用,同时也对场地整体环境的优化和景观效果的提升具有显著效果,是生态性和艺术性并重的环境设计手段与内容。

3. 道路的规划与设计

在城市土地资源再利用中,道路的规划与设计是场地建设中最基本和重要的内容之一。只有通过生态、合理、高效的场地道路系统规划与设计,才能构建连续、安全、宜人的场地空间。

道路规划与设计的目标是搭建生态廊道、构建景观骨架、实现场地功能;内容是道路修复与更新、道路绿化设计、道路附属物设置;策略是保持整体性与连续性、与原生生态景观相结合、突显人性化与个性化。

4. 植被的修复设计

在城市土地资源再利用中，植被修复设计要特别突出植物在修复、生态和景观3个方面的功能和作用。植物对场地中的土壤环境、水体环境、大气环境等具有重要的修复作用。植被修复设计的生态功能表现在维护生态平衡、保护生物多样性、改善小气候、净化空气、消除噪声、防风固沙与保持水土等方面；景观功能具体表现为空间布局作用、协调柔化作用、观赏美化作用等。植物修复设计应遵循因地制宜、以乡土植物为主、师法自然的原则，技术关键点是植被种类的选择，要从生态性、经济性和景观性3个方面综合考虑。植物修复设计应采用保留与恢复、种植与改造两种具体方法展开。

5. 水体景观的修复与营造

在城市土地资源再利用中，水体景观的建设要将水体的污染控制与修复、生态水景的营造与设计、水资源的利用与配置等进行综合考虑并同步实施。

水体景观的修复与营造中应遵循生态优先、因地制宜、资源节约、以人为本的基本原则。在城市水体景观修复与营造中，水体的污染控制与修复是首要内容，生态水景营造与设计是核心内容，水资源的合理配置是关键内容。

在城市土地资源再利用中，水体景观修复与营造技术的重要内容包括水体污染控制技术、水体景观修复技术、生态水景营造技术以及水资源利用技术等。

6. 环境废弃物的资源化与景观化处理

在城市土地资源再利用中，环境废弃物再利用对"推进生态文明、建设美丽中国"具有重要意义，其价值表现在可持续价值、环境价值、经济价值、社会价值、文化价值5个层面。

环境废弃物资源化与景观化处理的路径主要包括用于打造地形地貌、用于景观道路铺装、用于改造装饰建筑、用于构筑环境设施、用于创作艺术景观。常见的处理方法有无害化处理、直接保留、加工再利用、元素重组、生态利用等，处理的程序主要包括环境调查、收集选用、可行性分析、设计施工的流程。

7. 建筑与构筑物的改造性再利用

建筑与构筑物改造性再利用的目标一是合理利用空间，二是文化传承保护。改造性再利用的路径分别是满足建筑与构筑物在场所区位中的功能需求、开发原建筑与构筑物的空间利用潜力、挖掘建筑人物与构筑物自身的历史文化价值。改造性再利用的方式主要为拆除重建与保留更新，措施包括功能置换、空间重构、形式改造、扩建改造、环境融合5个方面。功能置换是将原建筑与构筑物改作它用；空间重构的具体措施有化整为零、变零为整、局部改造；形式改造的具体方式有维持或恢复原貌、形式协调、形式对比、造型重塑；扩建改造是新建与增建，常见的有垂直加建与水平扩建两种方式；环境融合主要表现为场所精神的塑造与生态环境的维护。

8. 艺术景观与公共设施设计

在城市土地资源再利用中,所涉及的艺术景观类型常见的主要有壁画、雕塑、景观装置、景观小品、地景造型等;公共设施常见的主要有公共信息设施、公共卫生设施、公共交通设施、公共休息设施、公共照明设施、公共管理设施、公共服务设施、公共游乐设施、无障碍设施等。

艺术景观与公共设施设计目标包括实现使用功能、美化改善环境、体现区域特点、提高整体环境品质;原则包括功能原则、个性原则、生态原则、内涵原则;手法包括个性化、人性化、技艺化、系列化及生态化。

9. 八大技术手段的综合体系构建

城市土地资源再利用中生态修复与景观设计耦合模式的技术手段综合体系包括土壤污染控制与修复、地形地貌的利用与设计、道路的规划与设计、植被的修复设计、水体景观的修复与营造、环境废弃物的资源化与景观化处理、建筑与构筑物的改造性再利用、艺术景观与公共设施设计8个方面,具有科学性的全方位体系。它将各个生态元素与各种景观要素综合考虑,并将生态修复技术与景观设计手段全面融合,以达成"资源可持续利用、生态环境改善、文化景观建设"三位一体的目标。

这个技术手段综合体系在内容上具有全面性,在功能上具有多样性,在过程上具有同步性,在操作上具有灵活性,可广泛地应用于现代城市土地资源再利用的各类项目中,同时也是具有针对性的可操作体系,在实践中可根据城市土地资源的具体情况有所侧重并灵活使用。

1.4.4 设立模式的评价方式

城市土地资源再利用中生态修复与景观设计耦合模式的评价体系是一个多层、全方位的综合体系,主要包括环境影响评价、景观美学评价以及综合效益评价。

1. 环境影响评价

城市土地资源再利用中生态修复与景观设计耦合模式的环境影响评价主要包括土壤环境影响评价、地表水环境影响评价、大气环境影响评价、声环境影响评价、生态环境影响评价等内容,应该遵循依法依规原则、科学全面原则、客观公正原则以及广泛参与原则,方式表现为前期环境影响评价、竣工验收环境影响评价、跟踪环境影响评价3个层面。

2. 景观美学评价

城市土地资源再利用中生态修复与景观设计耦合模式的景观美学评价是重要评价内容和层次,以景观审美理论中的审美机制、审美途径、审美研究方法为依据。特点包括突出景观效果比对评价、采用多学科交叉性评价、强调主客-动静结合性评价3个方面。内容包括评价的要素与评价的指标两部分:评价要素包括整体性要素、基础性要素、变化性要素,评价指标包括客观方面与主观方面。流程包括确定评价要素、获取评价样本、设计评价量表、选择评价对象、采用评价方法等。

3. 综合效益评价

城市土地资源再利用中生态修复与景观设计耦合模式的综合效益评价内容包括环境效益、经济效益、社会效益、景观效益4个方面，遵循科学性原则、系统性原则、可行性原则、指导性原则，运用实地考察法、定性分析法、定量分析法、层次分析法的评价方法，评价指标体系由目标层（综合效益）、准则层（环境效益、经济效益、社会效益、景观效益4个判断指标）、指标层（30个指标）共同构建而成。

1.4.5　城市土地再利用的不同类型与相关案例分析

本研究根据国内外城市土地资源再利用的过往及现状、不同类型及代表项目的梳理，归纳出城市土地资源再利用中与生态修复与景观设计相关的典型案例，共四大方面、10个代表类型，分别是：以生态环境恢复为目标侧重的城市湿地型、矿山型、工业区型；以经济产业复兴为目标侧重的文旅风景区型、复合地产型、产业园型；以社会公共服务为目标侧重的城市公园型、广场绿地型；以文化保护传承为目标侧重的城市街区型、文化空间型等。

梳理分析典型案例，可为本研究所构建的城市土地资源再利用中生态修复与景观设计的耦合模式提供参考与依据。

1.4.6　武汉市江夏灵山矿区土地再利用实践项目

本研究团队在研究期内（2019—2021年）实施开展了江夏灵山矿区土地再利用实践项目。该项目是配合武汉市江夏区对灵山矿区实施全面生态环境治理，复垦工矿废弃地，整合区域资源实行产业转型，打造江夏"吉祥谷"特色养老小镇。

江夏灵山矿区土地再利用实践项目从矿区生态环境治理和景观规划两方面同时展开，将生态修复与景观设计的手法相结合，在项目的运行、综合技术手段应用、效益评价等方面，充分体现城市土地资源再利用中生态修复与景观设计耦合模式的理论，是该模式的具体化实践性应用，并取得良好的效益与评价，由此，也进一步验证了本研究所构建的城市土地资源再利用中生态修复与景观设计耦合模式的科学性和可行性。

1.5　研究的创新点

本研究的创新点主要在于构建了城市土地资源再利用中生态修复与景观设计的耦合模式，为现代城市土地资源再利用提供了新思路和新方案。该模式的创新之处主要表现为以下4个方面。

(1) 内容上的创新。该模式从环境科学与工程、环境设计、景观设计学、资源环境经济学、生态学等跨学科视角,全面考虑了城市土地资源再利用中的各个生态元素与各种景观要素,充分涵盖了生态恢复与环境修复的多种技术,以及景观再造与环境设计的多项手段,针对城市土地资源再利用,构建出全领域覆盖、全生命周期的技术手段体系,内容丰富,层次分明,逻辑合理,具有广泛的适用性。

(2) 功能上的创新。该模式是将多种技术手段融合并重、达到多重目标效果的体系,能同时实现城市土地资源再利用目标内容的4个方面,即资源再生利用、生态环境恢复、城市风貌优化、历史文化保护,以达成"资源可持续利用、自然环境改善、文化景观建设"三位一体的目标。这个技术手段综合体系特别适用于目标多元的现代城市土地资源再利用项目,通过实际运行,去打造多功能、高效率、协同性的城市区域综合体。

(3) 过程上的创新。该模式从全生命周期的角度出发,打破了"单一环境治理"或"先行修复后行景观"的两大传统主流模式,将生态修复与景观设计进行综合考虑、融合交叉,在过程上实现了两者的同步运行、同时展开,从而杜绝了生态修复与景观设计长期以来的割裂和分离,防止了现代城市土地资源再利用过程中出现的复杂曲折与衔接不当,也避免了过程中由此产生的成本提高、周期增长以及各种矛盾和问题。

(4) 操作上的创新。该模式是具体技术手段和操作方法的系统体系。它针对城市土地资源再利用中出现的具体要求和实际问题,提出了对应解决的单项措施与方法,同时也针对项目整体内容和流程,科学地构建出高效合理的系统手段和整体方案,并且,此技术手段综合体系可以根据场地与项目的实际情况和不同目标侧重,进行选择运用与变化组合,在操作上具有极大的灵活性。

1.6 研究方法

(1) 文献研究法。通过文献检索与资料查询,了解国内外在城市土地资源再利用、生态修复、景观设计等领域的研究现状,掌握最新研究成果和动态。

(2) 实地调研法。开展实地调研,包括对相关案例进行实证分析,也包括对实践项目的实施设计作前期调研。

(3) 图解分析法。通过图例分析各论点逻辑关系、解析研究内容及应用并展示直观景观形象等。

(4) 案例分析法。通过对国内外过往及现状的典型案例分析研究,为本研究提供背景依据及经验总结。

(5) 项目实践法。通过具体的项目实践,应用本研究的理论方法,证明理论研究的可行性。

城市土地资源再利用中生态修复与景观设计的耦合模式的研究技术路线如图1.1所示。

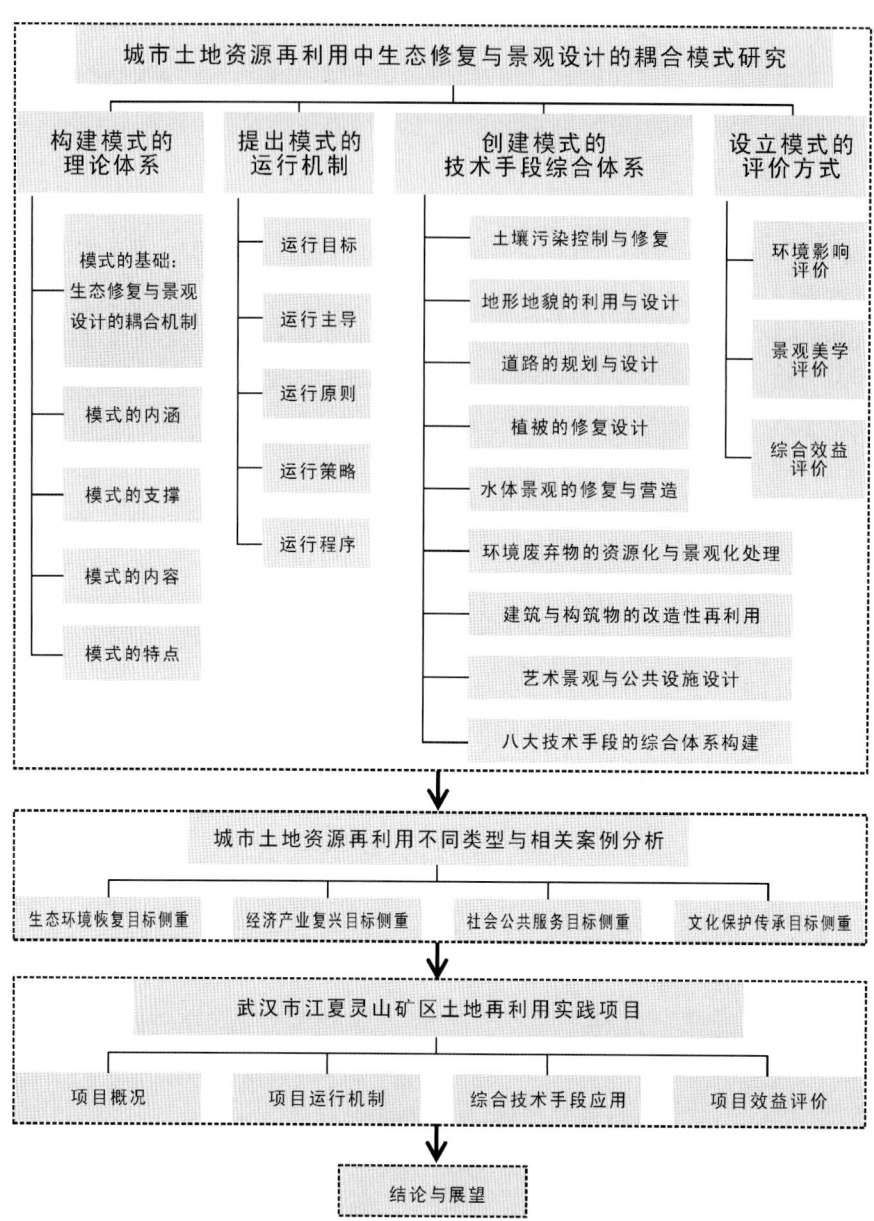

图 1.1　城市土地资源再利用中生态修复与景观设计的耦合模式研究技术路线图

第 2 章 城市土地资源再利用中生态修复与景观设计耦合模式的理论体系

城市土地资源再利用中生态修复与景观设计耦合模式的理论体系是一个逻辑严密的有机体，本章从模式的基础、模式的内涵、模式的支撑、模式的内容、模式的特点 5 个方面进行构建。

2.1 模式的基础

生态修复与景观设计的耦合机制是该模式建立的基础。生态修复与景观设计虽为不同的事物，但两者都是现代城市土地再利用中的重要目标和内容，两者关联密切、互为促进、互为补充。从两者的特点和内涵上看，它们的有机结合具有迫切的必要性和极大的可行性，并能构成特定的耦合机制。

生态修复与景观设计的耦合机制主要由 4 个方面的内容构成，它们分别是目标一致下的运行同步、观念更新下的内涵渗透、场地特性下的技术融合、社会需求下的统筹协调。

2.1.1 目标一致下的运行同步

城市土地资源再利用中，生态修复的目标是在生态学原理指导下，通过各种综合技术措施修复污染环境与受损生态系统，让城市土地重新焕发活力，恢复平衡，并良性发展，从而改善城市人居环境；景观设计的目标是对城市环境自然与人工要素的优化重构与更新设计，重塑人与自然的和谐空间，改善人类生存发展的空间。由此可见，两者目标的本质都是重构人与自然环境的关系并构建良好的城市生存发展环境空间，具有高度的一致性。

在城市土地资源再利用中，基于生态修复与景观设计本质目标的一致性，两者在过程中就应该在同一归旨下同步运行。目标一致、同一归旨是生态修复与景观设计"同步运行"的前提。"同步运行"在这里指的是同时启动、同时规划、同时开展、同时评价，生态修复与景观设计的这种"同步性"应贯穿于城市土地资源再利用的全生命周期。

目前，城市土地资源再利用的现状与常规是先行生态修复、后行景观改造，或者只单方面考虑其一，两者之间缺乏统筹，缺少衔接，这会带来一系列的问题，如周期增长、成本提高、过程曲折，甚至出现意想不到的各种矛盾。因此，将生态修复与景观设计同步起来是科学高效地实现城市土地资源再利用最合理的途径与方式。

2.1.2 观念更新下的内涵渗透

伴随人类社会的发展与思维观念的更新，特别是在环境美学、生态美学的推动下，人们对环境、生态、审美的认识与标准都发生了变化。这种变化体现在它们外延的交叉重叠和内涵的相互渗透上，各自都向对方领域进行延伸与拓展。

在城市土地资源再利用中，从生态修复的层面来看，是要建构健康的城市生态系统，此系统是由城市的物理环境、人工环境、社会经济、文化政治共同组成的有机体[26]。因此，生态修复不仅对客观物理的自然环境，也对生命群体的主观需求；不仅要维护自然生态系统的健康平衡，也要满足人类生理需求与心理体验，还要关照社会精神、文化审美、伦理道德等多方面。因此，生态修复的内涵与功能延展到文化、心理、审美等层面。

在城市土地资源再利用中，从景观设计的层面来看，早已不再停留在对单一环境美、景观美的追求上，转而认为"健康美"才是"真美"。因为片面地强调视觉和表面的所谓"美"，是一种非自然真实之美，而是化妆式的、畸形的美[27]。景观设计在追求审美与文化的同时是要以生态环境的自然健康和良好状态为根基的，这是新价值观下的景观美学的重要内容。因此，景观设计的内涵与功能必然涵盖维护生态与修复环境等内容。

在现代城市土地资源再利用中，观念更新形成生态修复与景观设计的交叉重叠和相互渗透已显而易见。

2.1.3 场地特性下的技术融合

在城市土地资源再利用中，场地相对于其他修复环境和景观基址具有特殊性和复杂性。场地中不仅包括各个生态元素（光、热、水、气候、土壤、生物等），也包括各种景观要素（地形、植被、道路、水体、环境废弃物、建筑、设施等）。同时，场地中不仅有亟待解决的环境生态问题，也有经济产业复兴问题，还有社会服务与文化传承等问题，所以要将生态修复技术与景观设计手段全面融合，形成针对不同元（要）素和问题的技术手段，并构成有机融合的综合体系。

根据场地的特性，生态修复与景观设计的技术融合可以形成包括土壤污染控制与修复、地形地貌的利用与设计、道路的规划与设计、植被的修复设计、水体景观的修复与营造、环境废弃物的资源化与景观化处理、建筑与构筑物的改造性再利用、艺术景观与公共设施设计在内的8个方面内容，它们共同构成了综合的技术手段体系，这个技术手段体系具有针对性、有效地、系统性，能在城市土地资源再利用中同时解决多重问题。

2.1.4 社会需求下的统筹协调

城市土地再利用中生态修复与景观设计的结合是具有复杂性的系统工程，在理论上要求多学科交叉；在实践中要求多手段并用；在时间维度上包括"过去—现在—未来"的全线性动态过程;在空间维度上包括地表、地上或地下多个空间区域范围;在尺度上要融合宏观、中观、微观的不同关系与因素;在操作上要将城市规划、土地利用规划、城市生态环境保护规划、景观规划设计等综合衔接;在技术上要不拘一格地采用多样化方式与手段。

因此,在城市土地再利用中,生态修复与景观设计的结合会涉及多个社会领域和主体,需要他们的通力合作、共同参与,所以必须要在统一的社会需求下进行统筹协调,通常采用的是以政府机构为主导,包括企业、社会组织、公众等在内组成的多方合作机制。政府机构主导决策,结合多方力量共同参与,各部门通力合作,才能顺利地实现城市土地再利用的多元化协同性目标。

综上,在城市土地再利用中,由于目标一致、观念更新、场地特性、社会需求,生态修复与景观设计形成了运行同步、内涵渗透、技术融合、统筹协调的耦合机制(图2.1)。

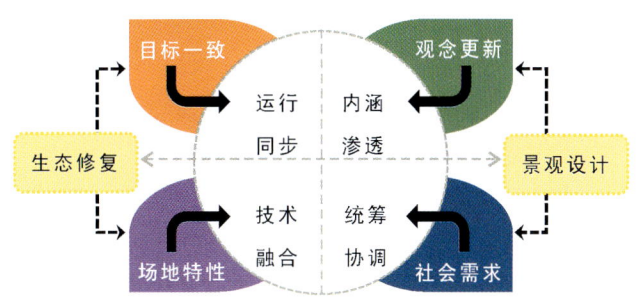

图 2.1　生态修复与景观设计的耦合机制示意图

2.2　模式的内涵

城市土地资源再利用中生态修复与景观设计的耦合模式是建立在生态修复与景观设计的耦合机制上,以城市土地可持续利用、城市环境承载力、城市景观结构、城市历史文脉为依据,以资源再生利用、生态环境恢复、城市风貌优化、历史文化保护为内容,通过高效有序的运行机制、全面先进的综合技术手段体系,科学合理的评价方式,达成"资源可持续利用、生态环境改善、景观文化建设"三位一体目标的现代城市土地资源再利用模式。

城市土地资源再利用中生态修复与景观设计的耦合模式旨在以全面高效的方式同时实现城市生态、经济、社会、文化的协同发展。该模式理论依据充分扎实、运行机制高效有序、技术体系全面先进、评价方式科学合理,可广泛应用于现代城市土地资源再利用的各类项目中,具有很强的适用性和操作性,是一种可推广、可复制的模式,对于现代城市建设和可持续发展具有重要意义与作用。

2.3 模式的支撑

城市土地资源再利用中生态修复与景观设计的耦合模式以土地可持续利用、城市环境承载力、城市景观结构、城市历史文脉 4 个方面为依据和支撑。

2.3.1 土地可持续利用

土地资源是人类生存发展最基本的物质基础，城市土地是可更新资源，利用得当可循环永续利用，利用不当则会丧失利用价值。城市土地资源可通过更新改良实现循环永续利用，创造效益实现价值，但若不能持续利用，不仅是对资源的闲置浪费，甚至可能成为环境负担与社会危害。

城市土地资源可持续利用是指既能满足当下城市发展需求，又不会对后续城市发展需求构成危害的土地资源利用方式，即城市土地的数量和质量与不断增长的城市发展需求相匹配。

城市土地可持续利用的具体内容，从生态上看，在于保持土地生态环境的稳定性；从经济性上看，在于保持土地的生产力与价值用途；从时间上看，在于着眼于现在与未来；从范围上看，在于对全体人类关照；从系统性上看，是在人口、资源、环境、经济协调发展下进行；从利用方式上看，强调可持续性、协调性与公平性。

以土地可持续利用为支撑的生态修复与景观设计的耦合模式，才能实现资源再生与开发的目标。

2.3.2 城市环境承载力

环境承载力也称环境忍耐力、环境承受力。城市环境承载力是指在特定的城市区域范围内和城市发展阶段下，城市环境对人类生产生活、社会经济活动支持能力的限度。它反映了城市环境与人类活动的相互关系，是衡量两者是否协调的重要指标。

城市生态环境系统为人类活动提供空间和资源，但由于物质资源、抗干扰能力和恢复能力的限制，环境承载力有限，其大小既受环境系统结构与功能的影响，也受社会经济因素的影响。

城市环境承载力指标是多维向量，主要涉及资源供给指标、环境容纳指标、社会影响指标三部分。其中资源供给指标包括水、土地、生物量、能源供给量等；环境容纳指标包括排污量、绿化状况、净化能力等；社会影响指标包括经济实力、污染治理投资、公用设施水平、人口密度、社会满意程度等。

人类社会经济活动对环境的影响超过了生态环境系统所能承受的限度，就会出现各类问题，城市土地资源再利用中生态修复与景观设计的耦合模式，必须以城市环境承载力为依据和支撑,其目标方向、运行方式、技术措施等都应该在环境承载力所能支撑的范围之内。

2.3.3 城市景观结构

景观结构是景观的组分和要素在空间上的排列和组合形式,它是由基质、斑块、廊道、网络组成的空间结构、相互作用、协调和动态变化的结构形式,是影响生态系统服务及其相互作用的重要因素。

城市景观结构是在城市历史进程中形成的各种物质形态、景观要素、人的组成及其相互关系和作用。相对于其他空间范围的景观结构而言,城市景观结构在空间上有显著地域特色,在内容上有不同的民族特征,在具有稳定性的基础上还具有历史性、传承性和动态性等特征,是一个由众多复杂因素构成的有机系统。

城市土地资源再利用中生态修复与景观设计的耦合模式需要良好稳定的城市景观结构作为支撑。良好的城市景观结构不仅包括单个的景观元素实体(如地形、植被、道路、水体、建筑),也包括不同景观要素之间统一、关联、动态的整体组合关系。稳定的城市景观结构既能确保城市生态系统的稳定,也能确保城市发展的可持续性,还能协调城市中人与自然的关系。

2.3.4 城市历史文脉

城市历史文脉是城市过去与现在的文化实物表象及其产生并涵养的生态、环境、风貌等一脉相传的文化传统。它凝聚了过往城市生产生活中所形成的文化记忆和传统,承载着人的精神、灵魂、追求、素质、审美、习惯和价值取向等内容[28]。

城市历史文脉是城市精神文化的深层结构与内核。它既是精神文化的时间脉络,也是精神文化的空间脉络,体现了精神文化要素在时间上的历史传承关系和空间上的覆盖交织关系。历史文脉是城市过去遗留的时空印迹,也是城市现在文化的集中构成,还是城市未来发展的时空背景。

历史文脉是城市的灵魂和魅力所在,传承关键在于保护、挖掘、延续、活化几个方面,要以敬畏之心保护文化遗产,以仰慕之心挖掘文化内涵,以珍爱之心延续历史记忆,以尊崇之心活化文化遗产。

习近平总书记曾多次强调,城市规划和建设要注重文明传承、文化延续,让城市留下记忆,让人们记住乡愁。城市土地资源再利用中生态修复与景观设计的耦合模式,必须以城市历史文脉为支撑,只有城市历史文脉得以延续,城市的发展才可持续。

2.4 模式的内容

在城市土地资源再利用中生态修复与景观设计耦合模式的主要内容涉及资源再生利用、生态环境恢复、城市风貌优化、历史文化保护4个方面。

2.4.1 资源再生利用

资源是能被人类利用并带来效益的存在物,分为自然资源和社会经济资源。自然资源是被利用的自然物,社会经济资源是被利用的人类社会经济活动产物。

我国城市基本处于飞速发展期,对资源需求量大,在此背景下迫切需要节约资源、提高资源利用率,进行资源的再生利用。资源再生利用的意义在于:可直接降低原资源消耗、缓解城市经济发展资源短缺的问题;可直接减少环境污染、促进环境保护;对培育新的经济增长点发挥了重要作用;对直接提升居民就业与收入水平具有积极作用。

资源再生利用是对资源利用的重新规划与开发调整,包括提高有限资源利用的有效性、转变资源利用的方式、开发废弃资源利用的新领域、重视资源的节约使用等。通过先进的技术和科学的手段,城市土地资源再生可产生巨大的生态、经济、社会效益,极具潜力和空间。资源再生利用作为城市土地资源再利用中生态修复与景观设计耦合模式的主要内容,是缓解资源不足、实现城市可持续发展的重要途径。

2.4.2 生态环境恢复

城市生态环境是自然环境与人文环境的总和。城市建设与发展中非理性的扩展和膨胀,在自然突变和人类活动的影响下,会产生一系列生态环境问题,它们表现为现实的环境污染或潜在的生态威胁,进而导致社会的不稳定并影响城市的发展。

城市生态环境恢复既包括采取物理、化学及生物学技术措施对大气环境、水体环境、土壤环境及固体废物环境等自然要素的修复,也包括城市整体生态系统自我调节与自组织能力的恢复和良性发展,还包括解除城市过度开发建设,减轻环境压力与负荷,恢复城市社会环境健康安全、良好稳定的状态与趋向。

生态环境恢复作为城市土地资源再利用中生态修复与景观设计耦合模式的主要内容,是最基本的首要内容,是其他目标和内容实现的基础条件与前提保障。

2.4.3 城市风貌优化

城市风貌是在一定时空范围内的城市视觉面貌和风尚,它由不同的城市元素构成,具有形态特征、空间结构、文化属性、表意功能等,城市风貌与自然环境、人文环境、社会环境协同发展共同构成城市的有机系统[29]。

城市风貌优化的意义在于继承文化、延续文脉、改善环境、提升品质、彰显个性、突出特色等。城市风貌优化的目标是在经济上创造适应城市经济活动的空间环境基底;在文化上创造独具风格的人性化城市空间,在美学上打造有序、舒适、优美的物质空间和精神环境;在精神上塑造高尚人文、促进思想共融、弘扬主流价值观等。城市风貌优化的对象既包括各种显性的自然要素和人为因素,也包括各类隐性的元素,如历史文化要素、城市精神观念、人类活动方式等[30]。

城市风貌优化作为城市土地资源再利用中生态修复与景观设计耦合模式的主要内容，对城市景观的优化、城市面貌的提升、人文建设的促进具有重要的现实意义。

2.4.4 历史文化保护

城市土地中需要保护的历史文化实体包括有历史、艺术和科学价值的文物，如遗址、古墓古建、石窟寺庙、石刻壁画等，近现代重要史迹及代表性建筑，以及突出价值和显著特色的历史文化名城（街区）等。这些历史文化实体是城市发展的缩影，记录着城市的进程，深深融入到城市文脉中，需要充分挖掘并展现出来，它们所蕴含的自然、历史和人文信息也需要传承与延续，并要在此基础上打造弘扬新的精神内涵，使其重新焕发活力。

历史文化保护是对有文化价值的自然资源和社会资源的维护与传承，也是对人类创造的物质成果转化和精神成果的重塑；是人类社会进步的表现，也是社会发展的要求。

历史文化保护作为城市土地资源再利用中生态修复与景观设计耦合模式的主要内容，对塑造良好的文化环境、构建城市可持续的场所精神、保障城市系统的健康运行具有重要的作用。

2.5 模式的特点

本书所提出的城市土地资源再利用中生态修复与景观设计的耦合模式在目标上具有多元化，在内容上具有全面性，在功能上具有多样性，在过程上具有长期性。

2.5.1 目标多元化

城市土地资源再利用中，生态修复与景观设计耦合模式的目标建立在多个层面，包括多方面的内容，表现为多元化的特质，具体包括实现环境安全与生态优化、实现经济效益与产业重构、实现人文和谐与社会发展3个方面。该模式的目标是以环境、社会、经济与文化共同构成的综合效益为目标的城市土地再利用模式。

2.5.2 内容全面性

从内容上看，城市土地资源再利用中生态修复与景观设计耦合模式是从环境科学与工程、景观设计学、资源环境经济学、生态学等跨学科视角，全面考虑了城市土地资源再利用中的各个生态元素与各种景观要素，充分涵盖了生态恢复与环境修复的多种技术，以及景观再造与环境设计的多项手段，针对城市土地资源再利用，构建出全领域覆盖、全生命周期的运行机制、技术体系和评价方式，其内容丰富，层次分明，逻辑合理。

2.5.3 功能多样性

从功能上看,城市土地资源再利用中生态修复与景观设计耦合模式是将多种技术手段融合并重、达到多重目标效果的体系,能同时实现城市土地资源再利用目标内容的 4 个方面,即资源再生利用、生态环境恢复、城市风貌优化、历史文化保护,以达成"资源可持续利用、生态环境改善、文化景观建设"三位一体的目标。这个模式特别适用于目标多元的现代城市土地资源再利用项目,通过实际运行打造多功能、高效率、高协同性的城市区域综合体。

2.5.4 过程长期性

从过程上看,城市土地资源再利用中生态修复与景观设计耦合模式,将生态修复与景观设计进行综合考虑、融合交叉,过程上实现了两者的同步运行、同时展开,由于该模式的内容丰富、技术复杂、参与主体众多,因此,运行建设时间周期较长。同时,该模式收效时间也具长期性,判断其成功与否要从全生命周期的角度看长远效益和综合指标能否达成。

2.6 本章小结

城市土地资源再利用中生态修复与景观设计耦合模式的理论体系,从模式的基础(生态修复与景观设计的耦合机制)、模式的内涵、模式的支撑、模式的内容、模式的特点 5 个方面进行构建。

该模式建立的基础是生态修复与景观设计的耦合机制。生态修复与景观设计的耦合机制,主要由 4 个方面的内容构成,它们分别是目标一致下的运行同步、观念更新下的内涵渗透、场地特性下的技术融合、社会需求下的统筹协调。

该模式的内涵建立在生态修复与景观设计的耦合机制上,以城市土地可持续利用、城市环境承载力、城市景观结构、城市历史文脉为依据;以资源再生利用、生态环境恢复、城市风貌优化、历史文化保护为内容;通过高效有序的运行机制、全面先进的综合技术手段体系,科学合理的评价方式,达成"资源可持续利用、生态环境改善、景观文化建设"三位一体目标的现代城市土地资源再利用模式。

该模式的支撑是土地可持续利用、城市环境承载力、城市景观结构、城市历史文脉。

该模式的内容涉及资源再生利用、生态环境恢复、城市风貌优化、历史文化保护 4 个方面。

该模式的特点表现为在目标上具有多元化,在内容上具有全面性,在功能上具有多样性,在过程上具有长期性。

城市土地资源再利用中生态修复与景观设计耦合模式的理论体系分解如图 2.2 所示。

第 2 章 城市土地资源再利用中生态修复与景观设计耦合模式的理论体系

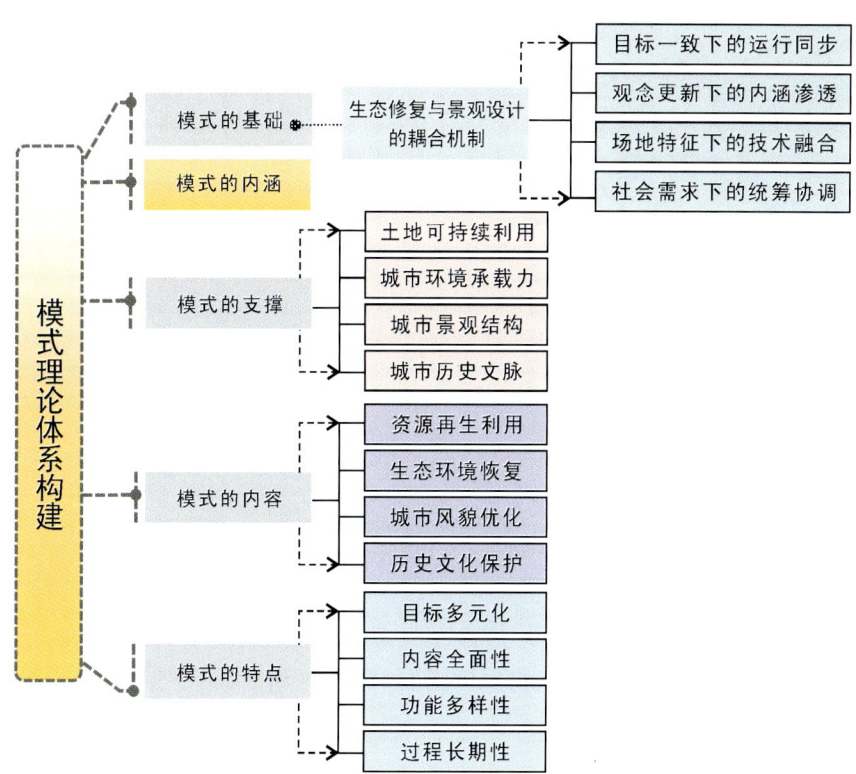

图 2.2 城市土地资源再利用中生态修复与景观设计耦合模式理论体系分解图

第 3 章　城市土地资源再利用中生态修复与景观设计耦合模式的运行机制

城市土地资源再利用中生态修复与景观设计耦合模式的运行机制是一个内容丰富、形式复杂的机制体系,以下分别从运行目标、运行主体、运行原则、运行策略及运行程序五大方面进行阐述。

3.1　运行目标

城市土地资源再利用中生态修复与景观设计耦合模式的运行目标是具有多元化内容的协同性目标体系,旨在实现城市土地资源的可持续利用,以全面且高效的方式实现城市生态、经济、社会、文化的协同发展。

3.1.1　多元化目标

城市土地资源再利用中生态修复与景观设计耦合模式的运行目标建立在多个层面之上,包括多方面的内容,表现为多元化的特质,具体包括实现环境安全与生态优化、实现经济效益与产业重构、实现人文和谐与社会发展3个方面。

1. 实现环境安全与生态优化

该机制运行通过有效地保护生态系统和生物多样性,提高生态系统的自我维持和自适应能力,以生态修复作为手段,维持城市生态系统的平衡;以控制污染作为切入点,提升城市土地与环境的安全性;以景观营造作为媒介,构建具有良好体验与美学价值的城市景观空间等。

2. 实现经济效益与产业重构

该机制通过对土地资源进行重新整合与改造利用,使其成为承载城市产业结构优化升级、带动城市经济发展的空间载体;通过挖掘城市土地资源系统内物化构成因素,开发潜在经济价值,并将潜在经济价值转化为现实效益;通过环境优化实现招商引资,带动全民参与,成为城市新风向标等。

3. 实现人文和谐与社会发展

该机制以城市历史文脉为依据,从记录社会发展历史、传承与保护文化的角度,通过对城市独特地域文化元素的重新规划与设计,提升城市用地文化价值意涵;通过对土地资源的再利用,将闲置资源转换与更新,调节社会公共资源的平衡,促进公共资源利用,从而减缓城市空间与人口问题带来的压力,同时也为城市居民提供新的就业机会与方向;通过对失落土地与空间的激活改造,以及相应公共服务与设施的完善,拓展公共空间和领域,提供良好的公众参与交流平台,提升人民的物质与精神生活品质,实现人文和谐与社会发展。

3.1.2 协同性目标

城市土地资源再利用中生态修复与景观设计耦合模式的运行目标具有多元化的特质,其层次丰富、内容多样。为全方位同时实现该模式的多元化目标,该模式需要建立一个能消解和平衡各目标之间制约与矛盾,促进各目标相互补充、相互融合、相互促进的综合协同目标体系。该模式运行机制目标的协同性主要体现在多项目标之间的有机协同与整体效应。

在该模式协同性目标系统中,首要的基础目标是城市土地的生态恢复与环境安全,只有通过以生态环境修复为主体的目标运作方式,以保障生态安全为前提,才能进一步实现城市土地所具有的经济价值、社会价值与文化价值等,才能在多层面逐一实现其他目标。

在该模式协同性目标系统的成效上,通过对原本的自然生态系统的恢复与改善、评估与利用,使得客观存在的环境目标与经济目标、社会目标、文化目标的制约和矛盾得到有效改善,消解城市经济、社会生产和自然环境在交互耦合中的不平衡因素。如通过生态环境的改善与土地价值的开发,实现环境效益与经济效益的激增;通过兼顾公平与效率的原则,实现经济目标与社会目标的共赢;通过文化宣传教育与法规政策制定,实现环境目标和社会文化的相互促进等。

3.2 运行主体

城市土地资源再利用中生态修复与景观设计耦合模式的运行是一个具有复杂性的系统工程,往往需要多个主体通力合作、共同参与,一般会涉及政府机构、相关企业、社会组织及公众等。

此模式的运行主体是以政府机构为主导,包括企业、社会组织、公众等在内组成的多方合作体;运行机制则是通过政府机构主导决策,结合多方力量共同参与、各部门通力合作,以实现多元化的协同性目标。

3.2.1 政府机构主导

政府机构主导是指政府通过制定相关政策、财政支出、监管措施等,形成由政府机构全面组织、管理、协调的至上而下的主导机制。具体体现为直接由政府、建设、国土、规划、园林等行政主管部门主导,或由政府设立专门的管理委员会、管理办公室等机构主导,或由政府设立国有开发公司主导,确立发展目标、进行项目筹备、开展投融资、制定政策与制度、组织管理与监管协调等。

政府机构作为城市土地资源再利用中生态修复与景观设计耦合模式的运行主体,在目标把控、成本投入、资源配置、协同管理、维护监管等方面具有其他主体不可比拟的优势。特别是对模式中社会公共服务性突出的目标,如环境污染治理、公共景观优化、文化遗产保护、科普教育宣传、城市空间建设、公共设施和市政设施健全完善等,政府机构的主导作用必不可少且具有决定性。

城市土地资源再利用中生态修复与景观设计耦合模式的运行往往周期较长,成本投入高,运营管理与工程维护较为复杂。在实际项目的运行中,如果仅靠政府或有关部门单方面主导,力量会较为有限,还需要结合来自市场、社会、公众等多方力量的参与和配合,才能保证模式的正常运行。

3.2.2 多方合作

多方合作是指企业、社会组织、公众在内的多方力量,在政府主导下共同参与、积极配合、通力协作的协同机制。

企业在资金筹措上具有灵活性与自主性的优势,能够通过多渠道的融资方式有效缓解政府财政压力;同时,企业在技术与手段上具有专业性和实操性,能够有效落实项目运行的实际具体内容。

社会组织在公共资源上具有协调性与传播性的优势,能通过动员社会资源、协调社会关系、提供公益服务与保障体系、倡导政策与舆论影响等,弥补政府机构、企业和市场的局限性,为项目运行提供多样支持并形成合力。

公众既是模式运行的受益者,也是模式运行的维护者,在项目开展前公众充分参与筹备,在项目运行中公众积极支持配合,项目运营后公众自发宣传维护,才能促进模式运行的可持续性。

包括企业、社会组织、公众在内的多方合作是一个长效机制,应该贯穿于城市土地资源再利用中生态修复与景观设计耦合模式运行的全过程,涉及相关项目的规划、监督、建设、管理与维护等各项内容。

3.3 运行原则

城市土地资源再利用中生态修复与景观设计的耦合模式是多学科交叉融合的综合性模式,其目标具有多元化与协同性,在实际运行的过程中要遵循安全性原则、经济性原则、可持续原则、整体性原则四大原则。

3.3.1 安全性原则

安全性原则是城市土地资源再利用中生态修复与景观设计的耦合模式运行的首要原则,主要涉及工程安全和设计安全两个层面。

工程安全是指在模式的运行过程中,项目工程应结合各类城市土地资源特性,以保障生态系统健康与可持续性发展为准则,依据生态学、环境科学、资源学、建筑学与工程学的科学原理,实施项目内容并展开工程建设,保障模式运行全周期的稳定与安全。

设计安全是指在模式的运行过程中,项目设计应严格按照科学规范与设计标准,在规定与要求的范围之内展开设计,以确保项目能有效抵御各类自然灾害、承载环境荷载、应对不稳定因素、处理动态变化等,以达到环境的恢复与景观的优化,从而创造经济与社会价值,实现城市土地资源的可持续性利用。

3.3.2 经济性原则

经济性原则是城市土地资源再利用中生态修复与景观设计的耦合模式运行的基本原则。

经济性原则是指在模式的运行中通过控制成本、节约资源、循序渐进式地实现城市土地资源效益的最大化,具体包括:通过规划设计与评估决策选择最适宜的实施方案,实现整体效益的最大化;尽可能减少对场地生态演替和工程建设造成的预测误差,将潜在风险最小化;充分利用生态系统的自我恢复能力与现实景观条件,将场地现状的利用率最高化;采用合理投入与最大产出的科学技术路线,合理调节利用土地资源,将建设与运营成本最低化等。

3.3.3 可持续性原则

可持续性原则是城市土地资源再利用中生态修复与景观设计的耦合模式的核心原则。该模式的运行应充分突出可持续发展的理念,重点体现在生态和绿色两个层面。

生态层面要求遵循生态系统的自组织功能与恢复再造能力,有选择地利用自然界的物种、结构、系统,形成人工与自然交互的产物。在指导思想上保持"天人合一"的人与自然的辩证观和现代辩证唯物主义的生态观;在实施行为上遵循生态优先原则以及国家出台的一系列科学、完整的生态治理政策等。

绿色层面要求以环境资源为核心概念,遵循资源利用合理化、废弃物生产少量化、对环境无污染或少污染等,强调"减量化、再利用、再循环"(reducing、reusing、recycling)的3R原则,持续性地将"绿色理念"贯穿于模式运行的全生命周期中,以保障模式运行可持续性发展目标的实现。

3.3.4 整体性原则

整体性原则是城市土地资源再利用中生态修复与景观设计的耦合模式的重要原则，是指从土地资源的整体生态系统和全景观尺度出发，综合考虑各生态要素与景观元素的结构功能及其之间的交互作用，在模式运行中采用整体出发、全面布局的方式。

城市土地资源再利用中生态修复与景观设计的耦合模式是将生态修复与景观设计进行同步运行，实现多元化协同性的运行目标。因此，整体性原则成为了模式运行的重要原则。在模式运行的过程中，整体性原则主要体现在对场地内部各项要素之间、场地内部与外部以及工程项目建设全过程3个层面的关系中。

从场地内各项要素上看，它包括光、热、水、气候、土壤、生物等生态元素，也包括地形、植被、水体、道路、构筑物等各种景观要素，要综合考虑它们各自的结构功能及其之间的交互作用，兼顾场地建设的生态性、科学性、实用性与美观性。

从场地内部与外部关系上看，一方面，生态系统是随时进行内外部能量传递和物质循环的开放系统，要充分考虑生态系统与周围的交互作用；另一方面，场地景观是城市景观中非孤立的单元与部分，要纳入到城市整体景观规划与建设的网络系统中。

从工程项目建设的全过程上看，无论是场地生态演进还是景观更迭都是动态的过程，所以该模式的运行要从时间与历史的维度出发，进行长期准备、长期监测、动态管理、灵活调配等。

城市土地资源再利用中生态修复与景观设计耦合模式运行原则分解如图 3.1 所示。

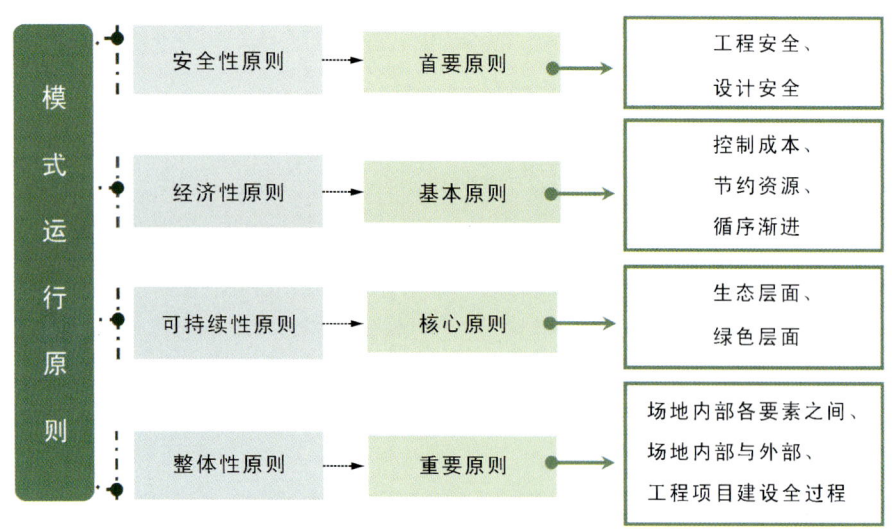

图 3.1　城市土地资源再利用中生态修复与景观设计耦合模式运行原则分解图

3.4 运行策略

城市土地资源再利用中生态修复与景观设计耦合模式的运行策略主要包括多维把控、多观融合、多规合一、多手段并用4个方面。

3.4.1 多维把控

多维把控是指该模式运行在时间维度上和空间维度上采用的多层次结合与全面把控策略。它在时间维度上包括过去—现在—未来的全线性动态过程,在空间维度上包括地表、地上或地下多个空间区域范围。

多维把控在时间维度上,要对场地过去的环境演替、历史发展、文脉传承等做好背景调查工作,也要充分调研场地环境与资源的现状、正确评估现实风险、客观分析实际条件,进行科学的统筹规划与合理的改造建设,还要对改造建设后的场地严格管理,监控跟进,确保城市土地资源的可持续性利用。

多维把控在空间维度上,要对场地全空间区域范围综合统筹,包括城市土地的地表、地上或地下等多个空间,进行土地分层次地开发利用,更能让具有稀缺性和不可再生性的土地资源得到充分、合理的利用。

多维把控的策略是将时间周期与空间区域共同考虑,对不同土地区域在不同时间跨度的差异化做协调与把控。

3.4.2 多观融合

多观融合是指该模式运行融合宏观、中观、微观的不同尺度关系与因素,将其纳入统一整体的策略。

城市土地在不同的尺度关系上呈现出不同的形式,具有不同的状态与属性。它在宏观尺度上表现为"点",在中观尺度上表现为"斑块",而在自身微观尺度上则表现为"面"。多观融合的策略既要体现城市土地在不同尺度关系下生态修复和景观设计的侧重与区别,又要兼顾统一整体的布局体系,因此,要建立以单元—片区—专项为层次的运行策略,对应点—斑块—面的尺度关系。在宏观层面上纳入国土空间总体规划,明确模式运行的方向和重点;在中观层面对片区进行详细规划,激活土地资源和优化产业结构;在微观层面上构建场地的景观空间与实用功能。

多观融合的策略是在模式的运行中,从宏观、中观、微观角度,融合不同尺度关系,进行统筹规划。

3.4.3 多规合一

多规合一是指将国民经济与社会发展规划、城乡规划、土地利用规划、生态环境保护规划等多个规划融合到一个区域上,实现一个市县一本规划、一张蓝图,解决现有各类规划自成体系、内容冲突、缺乏衔接等问题[31]。

多规合一作为城市土地资源再利用中生态修复与景观设计耦合模式的运行策略,是指在政府主导下,强化城市规划、土地利用规划、城市生态环境保护规划、景观规划设计等各类规划的衔接,以确保城市土地空间、边界、规模等重要参数上的一致性,信息平台上的统一性,改造建设上的同步性等,从而科学、高效地实现空间布局优化与土地资源配置。

城市规划是为实现城市发展目标、合理利用城市土地、协调城市空间布局、开展经济社会建设所作的综合部署和具体安排,可分为总体规划、控制性详细规划和建设性详细规划,是建设城市和管理城市的基本依据。

土地利用规划是在区域范围内,根据可持续发展要求和区域条件对土地开发与利用、治理与保护在时间和空间上所作的总体统筹安排和战略布局。土地利用规划目的在于加强土地利用的宏观计划与规划管理。生态环境保护规划的目标是加强环境保护、推进生态建设、减少污染物排放量,增强生态系统稳定性,改善人居环境,构建资源节约型、环境友好型社会等。景观规划设计是根据场地区域的特征和属性,依照尊重自然适应自然、保护资源节约资源、以人为本、可持续性发展等原则,进行的功能设施、景观形象、行为心理等内容的规划与设计。

多规合一是在模式运行中将城市规划、土地利用规划、城市生态环境保护规划、景观规划设计等各类规划综合衔接的策略。

3.4.4 多手段并用

在城市土地资源再利用中生态修复与景观设计耦合模式所涉及的领域从科学技术到文化艺术,所覆盖的层面从宏观调控到具体操作,所以运行策略需实行多手段并用的方式。

在模式的运行中,多手段并用的策略主要包括维护自然演替、引入各类循环机制、多种技术手段综合运用等。

维护自然演替是模式运行的基本手段,即充分发挥生态系统的自组织或自维持力,使人为干预与自然演替相互协调、相互适应,达到土地资源生态系统动态平衡的稳定状态。

引入循环机制是在模式的运行中采用水资源的回收利用、绿色能源和可再生资源的利用、环境废物和污染物的无害化处理与再利用等手段,实现能源与资源高效循环利用,减少环境负荷,节约成本。

多种技术手段综合运用是指在模式的运行中,采用土壤的修复、地形地貌的利用与设计、道路规划与设计、植被修复与设计、水体景观的修复与营造、环境废弃物的利用与再生、建筑与构筑物改造、公共艺术与环境设施设计等技术手段,同时实现生态环境修复改善与景观再造优化的目标。

多手段并用是基于城市土地资源再利用中生态修复与景观设计耦合模式的复杂性,是不拘一格地采用多样化方式与手段的模式运行策略。

城市土地资源再利用中生态修复与景观设计耦合模式运行策略分解如图3.2所示。

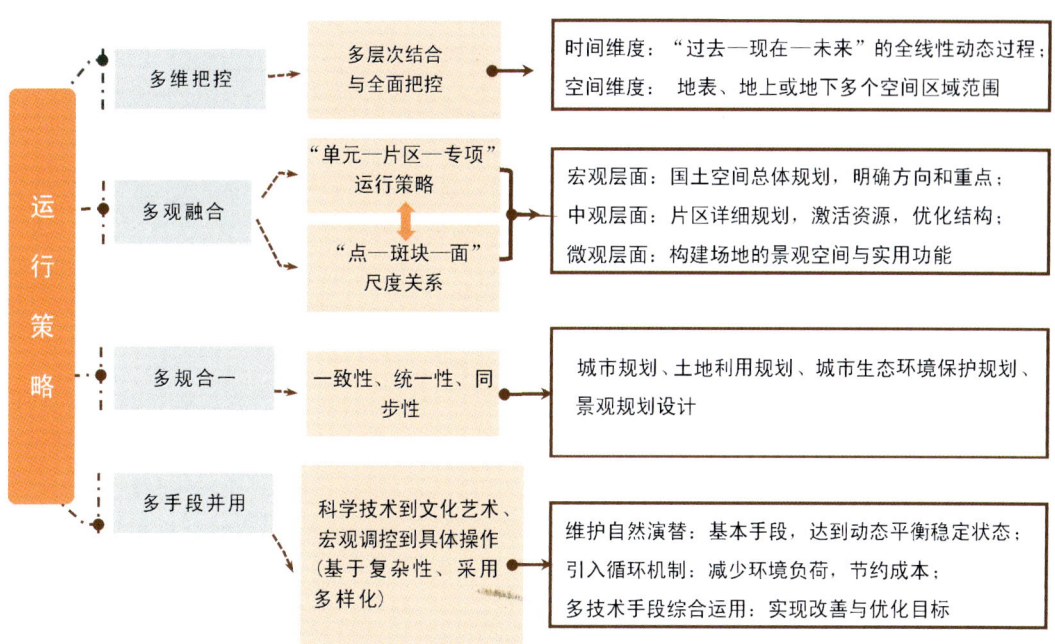

图3.2 城市土地资源再利用中生态修复与景观设计耦合模式运行策略分解图

3.5 运行程序

城市土地资源再利用中生态修复与景观设计耦合模式的运行程序以全生命周期管理理念为参照,采用完整化、系统化与动态化的运行程序。

生命周期管理理念是基于模式运行的全生命周期特征和内容,采用动态连续的生命周期评价方法、系统优化等动态连续的手段,使模式的运行具有全面性、连贯性、可持续性等,从而减少模式运行实施或土地再利用过程中产生的不确定性。生命周期管理理念是模式运行的坚实科学基础,能对运行过程从整体上层层把控,形成具有完整化、系统化与动态化的运行程序,具体的程序阶段为调研分析→评估决策→方案设计→工程建设→管理维护。

3.5.1 调研分析

调研分析是运行筹备与建设阶段的起点,为模式运行提供资料背景与现实参考,并贯穿后续运行过程的始终,在运行程序中至关重要。

城市土地资源再利用中生态修复与景观设计耦合模式运行程序的调研分析包括多方面的考察内容,如土壤资源、地形地貌、自然生态系统、水循环体系、道路以及建筑存量等,还要结合考察内容的相关数值指标,分析土地资源的种类与复杂程度,并根据环境污染物对环境影响的劣性程度评估,辨别土地资源中的潜在危害因素等。

该模式运行的调研方法多样,比较常见的主要有田野调查法与PSPL调研法。田野调查又叫实地调查或现场研究,是要求研究人员在项目实地中的多个区域停留较长的时间,通过开展个体走访、问卷调查、相关数据观测和影像记录等的研究方法。PSPL调查法,即公共空间－公共生活调研法(public space & public life survey),是侧重对城市公共空间质量和城市居民生活的一种评估方法,其核心是空间中的人及其活动,是对城市公共空间尺度和类型的观察,一般由场地标记法、现场计数法、实地观察法、访谈法等组成[32]。

该模式运行的调研活动通常采用多次集中的形式,因为在实际调研过程中,通常会存在调研内容不充分、原始资料数据采集不确定、前期归纳整合不完整等问题,因此在调研过程中要多种方式并用,多次集中开展。

该模式运行的调研步骤通常包括3个方面:一是进行项目场地相关资料整理与文献采集,主要有项目场地总规图、区域的自然地理资料与历史文化文献等。二是进行实地考察,收集项目实地以及周边的物质空间环境特征,包括区域建筑业态布局、道路交通现状分析、地形水体物质空间情况、公共服务设施配套问题等;收集项目实地的人文与社会特征,如人群活动分析、区域人口、性别、年龄、职业等社会构成因素的信息。三是分析与借鉴优秀案例,选择相似度较高的国内外优秀经典案例作为参照,在归纳共性与借鉴经验的基础上,开发项目个性与优势。

3.5.2 评估决策

评估决策是以调研分析内容为参照,根据政府以及有关部门制定总体规划意见,进行项目各项指标评估与方案措施的制定等。

城市土地资源再利用中生态修复与景观设计耦合模式运行的评估决策通常以多维度、全生命周期性形式呈现,是长期跟踪、周期评价、综合性规划改革的评估决策体系。具体内容包括对项目方案的技术性评估决策、项目可利用土地资源的价值评估决策、工程建设的效能评估决策以及项目竣工后的绩效考核评定等。

城市土地资源再利用中生态修复与景观设计耦合模式运行的评估决策通常分为3个阶段:第一阶段是基地初步评价、基地详细物质空间评估、经济效益评估等;第二阶段是结合数据进行相关计算和评价策略,例如判断土地资源的污染源所造成的环境影响与危害程度,评估各类生态修复手段对土地资源的优化能力等;第三阶段是分析决策并制定措施意见,整理多方数据,明确场地改造方向与生态修复方法,结合多个部门、企业共同制定应对措施,并设计多个初步改造方案,由专家意见进行综合评价与排序,为后续具体方案提供正确导向,为工程建设提供合理化保障。

该模式运行评估决策体系的建立不仅依托于传统实证主义的技术评估方法,还要建立在运用多维交叉透视方法研究社会行为、心理和文化的基础上[33]。多维交叉透视强调在技术方法上将城市土地资源与城市的社会性、心理性、文化性内容综合评定。

值得注意的是,随着时代技术的发展,基于大数据的评估决策理念更契合城市土地资源再利用中生态修复与景观设计的耦合模式。大数据理念的优势体现在以下3个方面:一是更快速、全面地监测获取信息,大数据能快速地获取城市空间内包括居民活动、基建运行、公共服务设施指标等多领域信息,能更全面地综合城市中生态环境、社会经济、空间变换要素等多方面内容。二是能动态多元地覆盖需求性评价,特别是对于流动性与功能性强的城市空间,如地铁、商圈、社区等,通过大数据提供的企业经济、产业生态布局、居民行为活动、公共设施等数据,对进行城市土地资源的再开发、功能混合程度、用地效率、空间发展质量的评估决策尤为重要[34]。三是大数据的引入能转变传统被动式评估决策为可持续性评估决策,大数据为多方参与提供平台,实现政府与多元主体间的信息共享与交互,开展合作,满足多元化群体的共通需求,建立具有宜居性与可持续的城市土地资源评估决策新模式。

3.5.3 方案设计

方案设计是城市土地资源再利用中生态修复与景观设计耦合模式运行的核心环节,是在评估决策的基础上,完成包括污染防治方案、场地总体规划设计、场地景观设计、基础设施修缮设计和施工图设计等方案。

该模式方案设计的首要任务是需要对污染控制与生态修复提出解决措施与方案,包括对土壤污染的控制、水系和水体的修复、空气质量的提升、噪声的消除、环境废弃物的处理以及多元化自然生态体系的构建与维护等。

该模式方案设计的主要内容是场地的总体规划设计,对城市土地资源及空间格局重新规划,解决用地紧张及活化空间问题。场地总体规划设计是项目建设整体性与轮廓性的全面规划。它既是近期建设计划,也要考虑远景发展;既是从规划总体方向上设计,也要落实每个细节构成要素。总体规划图一般配备的图件可分为两大类:平面总体规划类和要素配置规划类。平面总体规划包括场地地区位图、土地利用现状图、现状用地权属图、建设现状图(包含各类建筑范围、绿化、工程管线位置等)、土地利用规划图、与土地利用总体规划协调图等。其中,与土地利用总体规划协调图是指对需要协调的区域进行突出标记显示。要素配置规划类包括道路交通规划图、公共服务设施规划图、生态用地规划图、竖向规划图(包含道路交叉点、变坡点高差、室内外地坪规划标高)、工程管网规划图、其他图纸如鸟瞰图等。另外,总体规划图还应配有总体规划说明书,包括对项目承建、投资估算等内容的详细说明,内容可根据城市土地资源不同规模、性质和特点进行适当增减。

该模式方案设计的具体内容还包括场地景观设计、基础设施修缮设计和施工图设计等。场地景观设计是结合场地地理因素与历史特色,塑造具有地域文化风貌与美学价值的景观,包括通过地形地貌再造、水体再造与设计、植物的规划与配置、道路重新规划、建筑格的重建与改造等。基础设施修缮设计主要是对场地原有的基础公共设施进行与更新改造,根据因地适宜、以人为本、可持续性发展的原则,以公共艺术介入环境空间,构建适合城市居民的美好生活。施工图设计是设计意图和全部结果的实践性表达,作为施工制作的依据,它是设计和施工工作开展的桥梁。

3.5.4　工程建设

工程建设是城市土地资源再利用中生态修复与景观设计耦合模式运行的实践环节,分为建设准备、施工、竣工验收和考核评价阶段。

建设准备是在具体项目正式开工前,政府与有关部门需要完成相应的准备工作,如组建项目法人、组织订购材料和设备、办理建设工程质量监督手续与施工许可证等。具备开工条件后,建设单位申请开工,正式进入施工环节。工程项目竣工之后,需要全面考核建设成果,检验设计和施工质量。考核评价阶段指项目在投入使用或运营一段时间后,对项目总体过程的一次综合性评估。

城市土地资源再利用中生态修复与景观设计耦合模式的运行主体虽然是以政府机构为主导,包括企业、社会组织、公众等在内组成的多方合作体,但在工程建设中应采用工程建设总承包模式。

早期项目的工程建设常采用分体模式,包含设计、招投标、建造3个模块,但随着土地资源再利用项目内容的复杂化与综合化,近年逐步被工程建设总承包模式取代。工程建设总承包是为实现项目目标而采取的包工方式,相较于传统的工程建设分体模式,具有降低投资成本、优化各类资源结构配置、节约工期、促进设计技术改进与创新等优势。目前工程总承包模式不断在环境、矿山、建筑、景观等领域的建设项目中推广并加深应用。工程总承包按照过程内容可分为设计采购施工总承包、设计采购与施工管理总承包、设计施工总承包等。根据项目规模、类型和需求性的不同,具体的工程模式选择也不同。工程总承包模式是承包企业依照合同规定,从设计采购到运行服务对项目全周期负责的一种模式,因其在质量控制、成本控制与进度控制上的全权把关,是我国工程建设项目中目前最主流、最广泛、最推崇的一种模式。因此,在城市土地资源再利用中生态修复与景观设计耦合模式的运行中,工程建设也应该采用此种模式。

3.5.5　管理维护

管理维护是城市土地资源再利用中生态修复与景观设计耦合模式的收尾阶段,是指对工程建设后续投入运营监督与管理,对相关设施的持续与追踪,对此模式运行机制的评价、反馈。

管理维护阶段的主要任务是始终坚持可持续性发展的原则,协调与改进方案措施与未来城市发展出现的差异化问题。管理维护不仅依靠政府与有关部门的人力物力等资源的持续投入,更依赖于社会公众自发性地维护意识,管理维护要强调社会公众的参与,公众居民作为最终受益者的同时,也应当成为模式运行中不可分割的一部分,共同维护模式运行的良性发展。

管理维护需要构建系统性的保障机制和多元化的管理格局,主要从以下3个维度展开：

一是制定具有全局观、前瞻性的法规制度体系。管理维护工作通常涉及资金来源与投入、项目运行与监管、工作人员调动与作业执行、相关风险影响的补偿机制等事项,一般由政府部门与其下属机构组织或委托企业代为执行,需要制定相关法规和条例,以明确管护过程各方的权责问题。同时,也应鼓励市场和企业通过投资等方式参与管护工作；鼓励非盈利组织和公众成立志愿小组参与日常管护、监督工作等。法规制度体系的完善不仅是对多方利益的综合平衡,也紧密联系与协调了政府、企业、公众之间的关系。

二是建立规范评估机制,加强维护管理过程中的监督体系。评估机制包括项目投产后实际收益的对比预测,公共服务类设施在安全性、舒适性、私密性方面的评价指标,以及项目场地面临特殊情况下的对抗性与恢复能力等。监督体系是在明确评估标准之后,建立专业的监管部门,推进透明化、长期性、安全治理的监督体系。监督体系可通过社交媒体或公共空间作为交流平台,为公众反馈提供途径,促进不同主体间的相互沟通、合作和监督,形成多方利益综合最大化的信任监督机制体系,提高管护治理能力。

三是加强与创新管理维护的技术手段。管护工作涉及多学科领域的融合,应结合信息化时代的科技手段,基于城市土地资源的大数据库和管理平台,建立数字化的管理系统,提高现代综合检测水平。如城市土地资源中的公共服务设施和基础设施管理维护中可建立预警与应变系统,通过数据分析快速发现灾变反应并及时处理,将灾害损失降至最低[35]。

四是提高全民参与意识,建立公众参与机制。公众作为工程项目的受益者,应当培养管理者的服务意识,尤其是对于城市公共服务类设施,全社会应形成共同参与维护、延长使用和节约成本的维护机制,通过各类宣传引导的社会性公益性活动,使公众产生责任感,主动维护、志愿服务等。

城市土地资源再利用中生态修复与景观设计耦合模式的运行程序分解如图3.3所示。

3.6 本章小结

城市土地资源再利用中生态修复与景观设计耦合模式的运行机制由运行目标、运行主导、运行原则、运行策略、运行程序共同构筑。

运行目标是具有多元化内容的协同性目标体系,旨在实现城市土地资源的可持续利用,以全面高效的方式实现城市生态、经济、社会、文化的协同发展。运行主体是以政府机构为主导,由包括企业、社会组织、公众等在内组成的多方合作体。运行原则为安全性原则、经济性原则、可持续性原则、整体性原则。运行策略主要包括多维把控、多观融合、多规合一、多手段并用4个方面。运行程序包括调研分析、评估决策、方案设计、工程建设、管理维护5个阶段。

城市土地资源再利用中生态修复与景观设计耦合模式运行机制分解如图3.4所示。

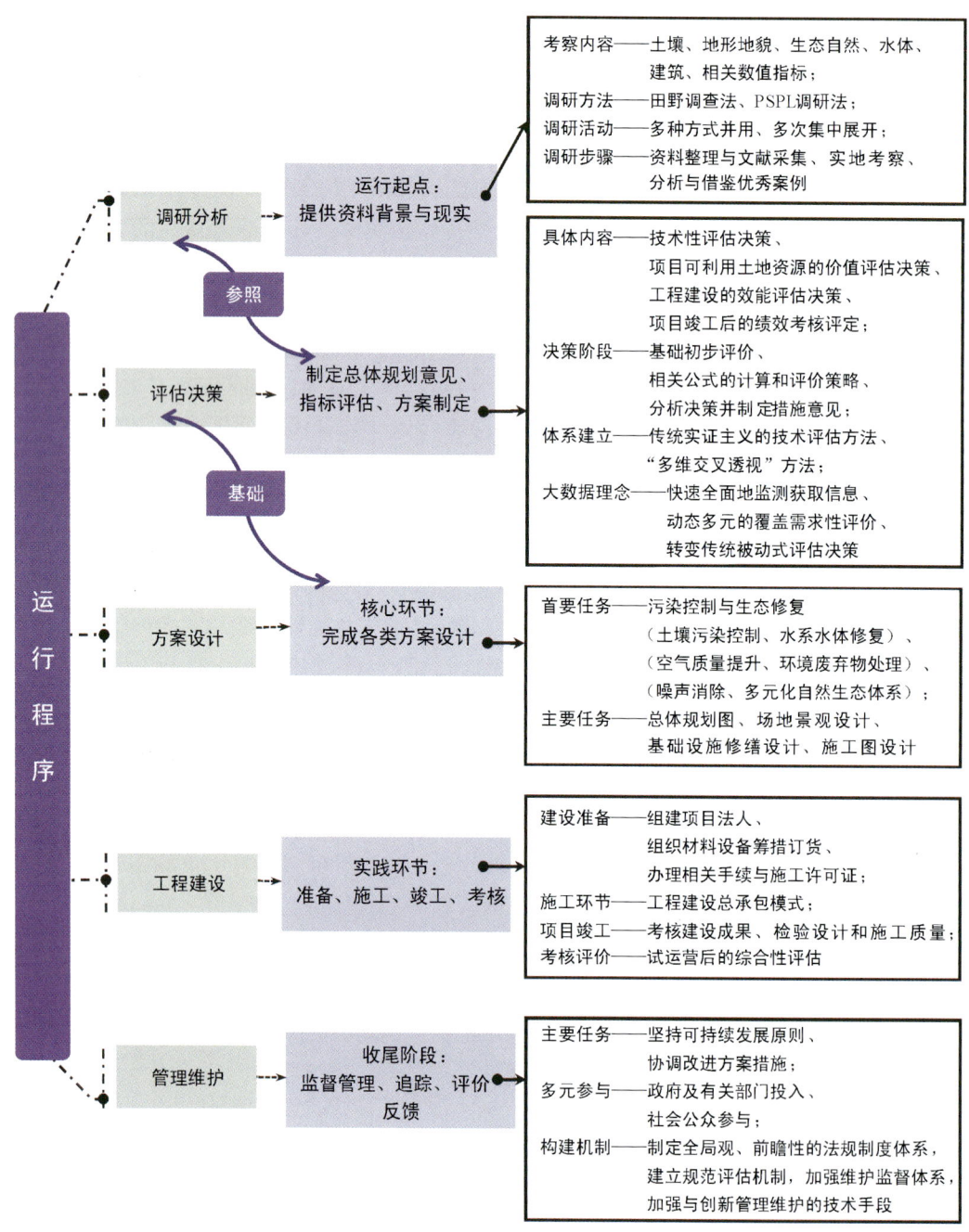

图 3.3　城市土地资源再利用中生态修复与景观设计耦合模式的运行程序分解图

第 3 章　城市土地资源再利用中生态修复与景观设计耦合模式的运行机制

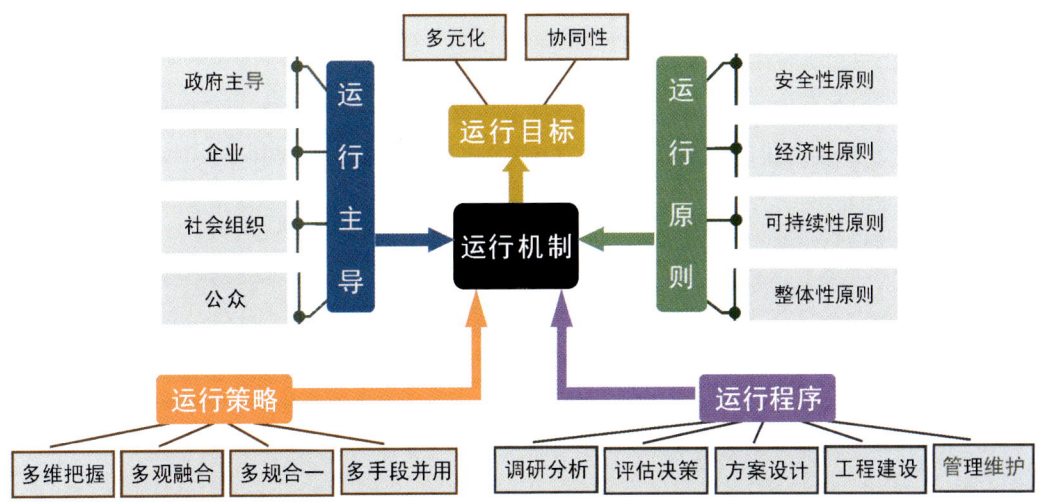

图 3.4　城市土地资源再利用中生态修复与景观设计耦合模式的运行机制分解图

第4章 城市土地资源再利用中生态修复与景观设计耦合模式的技术手段体系

城市土地资源再利用中生态修复与景观设计耦合模式的技术手段体系是建立在生态修复与景观设计耦合机制的基础上,将城市的土地资源中所包括的各个生态元素(光、热、水、气候、土壤、生物等)与各种景观要素(地形、植被、道路、水体、环境废弃物、建筑、设施等)综合考虑,将生态修复技术与景观设计手段全面融合,形成的综合技术手段体系具体包括8个方面的内容,分别是:土壤污染控制与修复、地形地貌的利用与设计、道路的规划与设计、植被的修复设计、水体景观的修复与营造、环境废弃物的资源化与景观化处理、建筑与构筑物的改造性再利用、艺术景观与公共设施设计。

这8个方面的内容是在生态修复与景观设计耦合关系下的不同技术和局部手段,共同构成了城市土地资源再利用中生态修复与景观设计耦合模式的技术手段综合体系。

4.1 城市土壤污染控制与修复

土壤是指陆地表面具有肥力、能够生长植物的疏松表层,其厚度一般在2m左右。"万物土中生",土壤质量决定万物的质量。土壤是其他生态景观元素的物质载体,是植物生长的基础,与水资源、空气质量、人的健康关系密切,是场地生态系统的重要组成部分。

土壤污染控制与修复是城市土地资源再利用中生态修复与景观设计耦合模式的先行技术手段,是该模式展开后续技术手段的前提和基础。

4.1.1 城市土壤环境问题

城市土壤环境问题是城市及其周边土壤在高强度的环境负荷下,物理性质、化学性质、生物特征发生改变,对污染物的容纳-净化功能接近极限甚至被超过,从而导致土壤功能退化。

不到全球地表面积2%的城市却是80%工业与生活污染物的来源。城市土壤理化的性质变化和土壤中有害物质的增加,往往是城市生态环境恶化的根本原因[36]。

城市土壤环境问题的可归结为土壤退化,包括物理退化和化学退化。

1. 城市土壤物理退化

城市土壤物理退化的原因一方面在于城市中存在大量的粗骨物质,影响土壤水分的运动,使水分更多地以优势流的方式进行,更易于污染物的传输,而土壤不能充分发挥过滤功能,直接影响地下水质量。另一方面在于城市土壤普遍存在各种压实现象,如机械压实、踩踏压实、打击压实、建筑压实、堆放压实、客土压实等。压实后的土壤结构被破坏,孔隙减少,容重增加,水分调节能力下降,强度增加,对城市生态系统形成诸多不良影响,包括地下水自然回灌减少,地表径流量增加,河流污染物负荷增加,影响城市气候、植物生长及微生物活动等。

另外,在城市土地资源再利用中常出现大规模土壤置换,若缺乏科学的环境风险评估,置换后土壤很有可能成为污染源。

2. 城市土壤的化学退化

研究表明,城市土壤中的物质聚集主要是以磷素富集为主的养分积累、以重金属和有机物污染为主的污染物积累[37]。

大部分城市土壤磷素含量明显高于农业土壤,存在磷素富集和富营养化,高浓度的磷素对环境威胁很大。除磷素外,其他的养分元素(如氮)也在城市土壤中富集,城市土壤处于养分积累状况比较明显的富营养状态。

城市土壤中重金属含量一般要高于农业和森林土壤,重金属污染主要涉及 Cu、Zn、Pb 和 Hg 几种典型的"城市重金属",城市土壤的外源重金属主要来源于人类生活、交通运输、废弃物处理、采矿和冶炼、制造业、发电厂、燃料燃烧等。

城市土壤中持久性或难降解有机污染物在工业区、居住区、花园绿地附近的含量较高,是农田土壤中含量的几倍,并呈现从中心城区向郊区逐渐递减的趋势[38]。多氯联苯(PCNs)、多环芳烃(PAHs)、塑料增塑剂、除草剂、丁草胺等,这些高致癌的物质常在工业区周围的土壤中被检测到,并超过国家标准多倍[39]。

4.1.2 城市土壤污染的危害和风险

在城市土地资源再利用中,土壤污染的危害和风险主要表现为对水环境的影响、对城市空气的影响、对生物的影响3个方面。

1. 对水环境的影响

土壤通过过滤、吸纳降水和径流中的污染物质,发挥着水体净化器的功能。土壤在长期的城市化进程中,会蓄积大量的污染物质,从而对水体构成威胁。同时,城市中普遍存在土壤压实现象,降低了土壤孔隙度,减少了土壤的含水量,一方面使土壤水分入渗作用减弱、短期储蓄缓冲功能消失,导致洪涝灾害的出现;另一方面水分入渗量减少降低土壤的净化能力,加剧污染物的表聚现象,增加径流携带的污染物负荷,导致地表水污染。

2. 对城市空气的影响

在城市建设的背景下,土壤扬尘将会是我国城市大气污染的主要持续来源。大气颗粒物有很大部分来自土壤扬尘。城市内土壤扬尘的污染物携带量高,传播高度低,致使污染物以大气颗粒直接进入人体,危害人体健康。另外,城市土壤影响空气质量的另一个重要方面是有机污染物和重金属的直接挥发。

3. 对生物的影响

城市土壤污染的生物效应主要体现在对城市生态过程和生态系统服务功能的破坏,影响植物、土壤动物、微生物的生存和繁衍,对人体健康也存在威胁。土壤是植物和一些生物的营养来源,污染物会通过食物链发生传递和迁移,对人体健康造成风险;城市建设用地土壤污染还可能经皮肤接触、口摄入与呼吸等途径,对人体健康造成危害。

4.1.3 土壤污染修复与控制

对土壤污染控制与修复,分别从污染土壤的修复技术与土壤污染的控制方法两方面进行介绍。

1. 污染土壤的修复技术

污染土壤修复往往是控污、减污、降毒、化险的综合净化过程,目的是去污染、复质量、再利用、保安康,即实现土壤的生产力恢复、场地安全、生态健康、景观美化。污染土壤修复技术体系主要包括生物修复、化学修复、物理修复及其联合修复技术等。

生物修复技术包括植物修复、生物修复等技术,属于绿色环境修复技术。植物修复是利用植物的生长吸收、转化、转移土壤中的有机污染物;生物修复是利用微生物的生命代谢活动来降低土壤中有毒有害物质的浓度。

物理修复技术是指通过物理过程去除或分离土壤中的污染物(特别是有机污染物),方法主要有蒸汽浸提修复、固化修复、物理分离修复、玻璃化修复、热力学修复、热解吸修复、电动力学修复、换土修复等。

化学修复技术是利用重金属与改良剂之间的化学反应进行土壤中的重金属固定、分离提取等。经济有效的改良剂是该技术的关键,主要有原位化学淋洗、异位化学淋洗、溶剂浸提技术、原位化学氧化、原位化学还原与还原脱氯、土壤性能改良等。

联合修复技术是联合协同两种或两种以上修复技术,不仅可提高单项修复的效率,也可弥补单项技术的局限,已成为土壤修复技术中的重要方式。

常用的城市土壤污染修复技术比对如表4.1所示。

2. 土壤污染的控制方法

世界上大约90%的污染物最终滞留在土壤内,土壤是污染物的归宿。面对日益加剧的土壤污染,除采取有效的修复技术与措施外,对土壤污染的控制更主要的是以防为主,加强综合防治与环境管理才能从根本上解决问题。

表 4.1 常用的城市土壤污染修复技术比对表

类型	修复技术	优点	缺点	适用类型
生物修复	植物修复	成本低,不改变土壤性质,无二次污染	耗时长,污染程度不能超过修复植物的正常生长范围	重金属、有机物污染等
	原位生物修复	快速,安全,费用低	条件严格,不宜用于治理重金属污染	有机物污染
	异位生物修复	快速,安全,费用低	条件严格,不宜用于治理重金属污染	有机物污染
物理修复	蒸汽浸提	效率较高	成本高,耗时长	挥发性有机化合物(volatile organic compound, VOC)污染
	固化修复	效果较高,时间短	成本高,处理后不能再农用	重金属等
	物理分离修复	设备简单,费用低,可持续处理	筛子可能被堵,扬尘污染,天然颗粒组成被破坏	重金属等
	玻璃化修复	效率较高	成本高,处理后不能再农用	有机物、重金属等
	热力学修复	效率较高	成本高,处理后不能再农用	有机物、重金属等
	热解吸修复	效率较高	成本高	有机物、重金属等
	电动力学修复	效率较高	成本高	有机物、重金属等,低渗透性土壤
	换土法	效率较高	成本高,污染土还需处理	有机物、重金属等
化学修复	原位化学淋洗	长效性,易操作,费用合理	治理深度受限,可能会造成二次污染	重金属、苯系物、石油、卤代烃、多氯联苯等
	异位化学淋洗	长效性,易操作,治理深度不受限制	费用较高,淋洗液处理问题,二次污染	重金属、苯系物、石油、卤代烃、多氯联苯等
	溶剂浸提	效果好,长效性,易操作,治理深度不受限制	费用高,需解决溶剂污染问题	多氯联苯等
	原位化学氧化	效果好,易操作,治理深度不受限制	使用范围较窄,费用较高,可能存在氧化剂污染	多氯联苯等
	原位化学还原与还原脱氯	效果好,易操作,治理深度不受限制	使用范围较窄,费用较高,可能存在氧化剂污染	有机物
	土壤性能改良	成本低,效果好	使用范围窄,稳定性差	重金属

城市土壤污染的控制方法主要涉及以下几个方面:

一是切实加强土壤污染物来源控制。包括加大工矿企业污染控制力度、对造成土壤污染的企业实行限期治理、排查整治工矿污染及土壤环境隐患、加强监管治污设施、规范危险废物储存和处理、严格控制污水和污泥等。

二是严格管控受污染土壤的环境风险。包括加强土壤污染调查,特别是开展高污染风险区调查、加强受污染土壤安全利用与管理、强化被污染地块的环境监管。

三是优化城市产业发展规划布局。防止无序开发城市项目造成土壤污染以及重污染企业、资源开发与开采、各类城市区域建设活动对土壤造成污染。

除此之外,城市土壤污染的防治工作还需从多层面综合考虑,具体包括:健全我国土壤污染防治法制和管理体系,完善相关的政策法规标准,完善土壤环境质量标准体系;加强土壤污染治理与修复技术的科研力度、强化科技支撑能力、夯实科技基础等;进行广泛的宣传教育,提高全民对土壤污染危害的认识,增强公众的环保意识;建立土壤污染防治投入机制,建立公共财政投入为引导的多渠道广泛参与投入机制等。

4.1.4 小结

城市土壤环境问题可归结为土壤退化,城市环境中的土壤退化包括物理退化和化学退化。在城市土地资源再利用中,土壤污染的危害和风险主要表现为对水环境的影响、对城市空气的影响以及对生物的影响。

污染土壤修复技术主要包括生物修复、化学修复、物理修复及其联合修复技术等。城市土壤污染的控制方法主要有控制污染物来源、管控污染土壤环境风险、优化城市产业规划布局等方面。

土壤污染控制与修复是城市土地资源再利用中生态修复与景观设计耦合模式的先行技术手段,目标是让土壤恢复到自然健康状态,为该模式后续技术手段的开展提供安全的基础和前提。

4.2 地形地貌的利用与设计

4.2.1 地形地貌的概念

在环境设计与景观设计的范畴内,地形地貌是指景观和场地的地表形态,表现为场地表面三维空间尺度上的起伏与变化。它们是场地的骨架,承载了场地内一切环境景观元素与设施构件等,并为场地提供存在的基面和背景依托。地形地貌是内力或外力综合作用的不同结果,内力作用决定其构造格架,外力作用细化其基本形态。

地形地貌是环境设计与景观设计中重要的载体元素和内容,地形地貌的利用与设计不仅对场地中土地的恢复和土壤的修复起到重要的帮助作用,同时也对场地整体环境的优化和景观效果的提升具有显著效果,是生态性和艺术性并重的环境设计手段与内容。

4.2.2 地形地貌的分类

地形地貌依据空间尺度大小,可划分为大地形(以人为标准界定的超人尺度地形)、小地形(以人为标准界定的人性尺度地形)和微地形(雕塑式地形)。

大地形是相对于国土范围、城市规划及风景区来讲的,包含高山、高原、盆地、草原、平地等大规模的地形地貌变化。大地形以自然地形为主,在环境景观设计中,一般不改变这种地形地貌的天然性[40]。

小地形是自然地形与人工地形相结合的地形地貌,主要包含台地、土丘、斜坡、平地,或者是因台阶和坡道引起有水平面变化的地形地貌。环境和景观中所涉及的设计对象一般是指此类地形地貌,如小型城市公园、街头绿地、私家园林等场地。

微地形常指人工化的地形地貌,是起伏最小的地形地貌,如场地中那些有微小起伏的土坡、沙丘、草坡、石头或石块隆起的变化等。微地形本身具有雕塑特性,比如地景雕塑、人工山石等。

各类地形如图4.1~图4.3所示。

图4.1 大地形

(图片来源:https://www.sohu.com/a/129579024_563613)

图4.2 小地形

(图片来源:https://zhuanlan.zhihu.com/p/103350669)

在现代城市土地资源再利用中的环境和景观设计主要涉及的是小地形和微地形,从空间形态上看具体包括平地、凹地、凸地等类型。

平地是指土地基面在视觉上与水平面平行的地形地貌,完全水平的地形很少,多是看似水平,一些坡度微小、起伏变化较小的地形都可视为平地。平地一般具有稳定、开敞、多向的特征(图4.4)。

图 4.3 微地形

(图片来源:https://huaban.com/pins/1056912218/)

图 4.4 平地形

(图片来源:https://huaban.com/pins/1210561216/)

凹地是指比周围环境地势低的地形地貌。它不是空间实体,而是一种呈碗状洼地的空间虚体,具有内向、静态、隐蔽的特点,也具有较强的空间独立性,与其邻近空间的连接性较弱,易形成孤立感和私密感(图 4.5)。凹地的劣势在于容易积水、比较潮湿等。凹地因空间呈聚集性,视线较封闭,既可观景,又可布景,也有潜在的功能,那就是和景观中的水元素结合,形成湖泊、水池等水体景观。如在自然界中,湖泊往往在暴雨季节可储存水资源,在干旱时就是一处凹地。

凸地是一种正向实体,同时是被填充的空间,例如土丘、丘陵、山峰等,通常表现为同心环形等高线,具有明显的动态特征(图 4.6)。此外,凸地还表现出更强的地域限制性、内向性以及地标性特征。在低矮与平坦的地形环境中,凸地往往是景观环境中的焦点或者具有支配地位的要素。

在实际的景观环境空间中,平地、凹地与凸地并不会孤立存在,它们往往在场地中彼此相互连接、互相融合,共同构成了复合地形,是有机统一的整体。

图 4.5 凹地形

(图片来源:https://www.sohu.com/a/160457884_291647)

图 4.6 凸地形

(图片来源:https://www.sohu.com/a/140382633_742986)

4.2.3 地形地貌利用与设计的功能

地形地貌是环境设计与景观设计中的重要的载体元素和内容。地形地貌的利用与设计在城市土地资源再利用中有着重要的功能与价值,主要表现在基面与背景功能、景观功能和生态功能 3 个方面。

1. 基面与背景功能

基面与背景功能是地形地貌承担的场地最基本功能。对地形地貌的合理利用与设计能恢复并实现地块的基面和背景作用,对城市土地资源的再利用具有重要意义。

地形地貌是场地中所有景观环境元素与设施的载体,为场地中所有的景观环境要素提供赖以存在的基面,同时也是整个地块景观环境的背景。作为依托基面,地形地貌影响和限制着其他各种景观要素在环境空间中的安排与设置,它们对建筑的选址及朝向、水体的分布、道路的规划、植被的配置、设施的布置等往往起到决定性作用。作为背景角色,起伏的地形地貌在场地中通过围合、划分、勾勒地平轮廓线等方式去建构空间,通过自身的位置、大小、形状、尺度、形态、质感、肌理等要素，成为场地中水体、建筑或构筑物、前方植物、重要设施等的背景依托。

2. 生态功能

地形地貌利用与设计的生态功能主要表现在改善场地小气候、加强场地排水能力、增加绿化面积、保障生物多样性等。

（1）改善场地小气候。通过地形地貌的利用与设计可以对场地的降水量、风向、光照进行调节，改善场地的湿度、温度等微气候。例如，从日照的角度而言，地形的合理塑造可形成充分采光、聚热的南向地势，从而使场地内各空间在一年中的大部分时间都保持较温暖和宜人的状态；从风的角度而言，为了防风，可以选择场地中冬季寒风的上风地带，堆置较高的山体，以阻挡或减弱冬季寒风的侵袭，同时也可利用地形地貌来汇集和引导夏季风，改善通风条件，降低炎热程度，还可以在夏季常年主风向的上风位置，营造湖泊水池，季风吹拂水面带来的湿润空气对场地的小气候有显著改善。

（2）加强场地排水能力。未渗透或未蒸发的雨水都会成为地表径流，而径流量、径流方向以及径流速度都与地形地貌关系密切，地形地貌的利用与设计要充分考虑到排水的组织。较好的地形地貌可以创造场地内良好的自然排水条件，自然排水可以减少人工设备、场地灌溉和抗旱的成本，即使是在暴雨季节，大量的雨水也不会在场地内淤积。例如在场地中，从排水的角度考虑，斜坡为了防止水土流失，最大坡度一般不超过10°，而为了防止积水，最小坡度不应小于1°。

（3）增加绿化面积。合理的地形地貌利用与设计有利于增加场地绿化面积，增加城市的绿地量。相对于平地或斜坡地而言，高低起伏、错落有致的地表形态会明显地增加表面积和土壤容量，同时也为植物根系提供更为广阔的纵向生长空间，进而提高植物的种植量和成活率等。

（4）保障生物多样性。合理的地形地貌有助于提高场地生物的多样性。地形地貌的变化可以在场地中产生不同的坡度，从而形成干、湿、水中以及阴、阳、缓坡等多样性的环境基础，既为场地内各种不同生活习性的植物提供了适宜的生存条件，也为场地内栖息动物提供了多样的生存环境，能有效地丰富场地内的动植物种类，增加生物多样性。

3. 景观功能

地形地貌利用与设计的景观功能主要表现在确定并限制景观空间形态、限制和引导观景视线与游览路线、营造景观气氛影响人们感受和体验等。

（1）确定并限制景观空间形态。景观空间的形态由地形地貌因素直接制约着，地块的平面形状如何，景观空间在水平方向上的形状也如何；地块在竖向上有什么变化，景观空间的立面形式也就会发生相应的变化。例如，在狭长地块上形成的空间是狭长空间，在平坦开阔的地形上形成的空间是开敞空间，在山谷地形中的空间一般是闭合空间。

（2）限制和引导观景视线与游览路线。在景观环境设计中通过地形地貌的利用与设计能阻隔视线，防止视线看向不雅景物，避免风景直接一览无余；还可以将视线导向某一特定点,影响某一固定点的可视景物和可见范围,或者形成连续的景观序列和区域等。同时,地形地貌可在环境中影响行人和车辆运行的方向、速度、节奏等,从而限制和引导观景视线。

(3)营造景观气氛影响人们感受和体验。地形地貌具备许多视觉特性,如位置、大小、形状、尺度、形态、质感、肌理等,对其进行改造和组合,可形成不同的空间形态,从而产生不同的视觉效果和心理体验,使人们对空间范围和空间气氛形成不同的感受。例如,平坦的地形缺少垂直性的空间要素,所以在视觉上缺乏空间的限制性,使人感到开阔;而斜壁地形或地面中的突高点是垂直性的空间要素,在视觉上具有一定的限制性,使人感到封闭或隐秘[41]。

地形地貌的利用与设计是城市土地再利用的重要技术手段和内容,其功能与价值如图 4.7 所示。

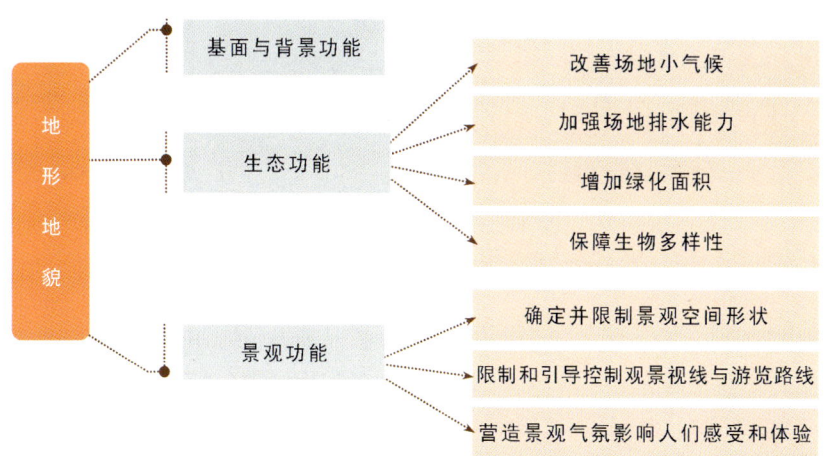

图 4.7　地形地貌利用与设计的功能和价值示意图

4.2.4　地形地貌利用与设计的方法与表现

1. 地形的利用与设计

地形的利用与设计应遵循因地制宜、因形就势的原则。正如我国古代园林著作《园冶》中所指的"高方欲就亭台,低凹可开池沼""自成天然之趣,不烦人事之工",充分巧妙地利用原有基地的条件和优势,采用因地制宜的原则,既可减少工程投入和项目成本,又可避免逆势而为出现的困难,从而提高效率,缩短工期。

例如,德国海尔布隆市砖瓦厂公园改造项目,采取因地制宜的原则,只对地形地貌作最小的干预,场地内保留的原有黏土壁、黄土坑等成为了公园中最有吸引力的景观。原场地再利用时,还充分利用原有砖瓦厂如红砖、瓦片、石材等元素,建造座椅、游乐设施、喷泉、跌水,并搭配植被,既实用又美观,也保留了砖瓦厂的历史文脉和原场地记忆,这个公园在纪念城市历史的同时又延续着新的价值(图 4.8)。

图 4.8　德国海尔布隆市砖瓦厂公园

(图片来源:http://blog.sina.cn/dpool/blog/s/blog_6c3fed810101q4oe.html)

地形的利用与设计以原有场地地形为基础,对原有的水平界面、垂直界面、斜界面进行有针对性的差异化处理,通过合理设置坡度、高程、位置等,改变场地地形的起伏变化、重建场地骨架线条、重塑场地肌理纹路等。

地形的利用与设计对成因和特点不同的凸地形、凹地形和平坦地形等,在设计上应该采用不同的处理方法。凸地形是正的实体地形,属于填充的空间,针对堆垫地形和凸地常用的改造方法为原地整形、外运利用、表面覆土3种;凹地形则是低的负地形,属于空缺的空间,针对沉陷地形和洼地,可根据其深度、面积、坡度以及破坏程度与地下水水位等因素,采用浅埋法或充填法进行处理;另外,在场地中也常会同时出现凸地与洼地,最便捷的方式是就近利用凸形堆垫物去填充凹地,对场地地形进行整合。

2. 地貌的修复与设计

城市土地的地貌常包括有自然地貌和人工地貌两类,随着人类活动的加剧,往往场地中自然地貌特征渐弱,而人工地貌比重逐渐加大。人工地貌具有线性特征、结构单一、变化少、人工痕迹重等特点。

在城市土地再利用中地貌的修复与设计应充分利用场地的自然地貌形态和现有地表痕迹,充分尊崇场地的场所精神与历史文脉,采用保护与修复结合、生态与艺术结合的原则进行设计。

在设计中,对地貌的修复与保护不仅可以延续场地的文脉、提升场地的景观质量,还能使其成为人们精神的家园和心灵的归宿;在设计中,强化艺术与生态并重是因为场地的生态与景观虽遭到不同程度损坏,但其独特的衰败与颓废特质具有强烈的视觉震撼和深沉凝重

第4章　城市土地资源再利用中生态修复与景观设计耦合模式的技术手段体系

的韵味,其至具有一定的警示意味,这种特殊的地貌环境常会成为艺术家偏爱的创作场地,因为场地的内涵与意味正好与生态艺术的理念与严肃的审美追求不谋而合。例如,上海辰山植物园矿坑花园原址是历经沧桑的人工遗址,在地貌修复与设计中结合了原址地形特点,利用原有山水条件,突显山体自身的裂纹和肌理,产生富有独特韵味的景观效果,赋予场地中国山水画般的形态和意境(图4.9)。

图4.9　上海辰山植物园矿坑花园
(图片来源:https://www.sohu.com/a/302877989_750199? sec=wd)

3. 不同场地的针对性设计

在城市土地资源再利用中,由于场地地形地貌的成因与现存条件不尽相同,不同的场地采取利用与设计的具体方式各有不同。

依据污染和破坏程度,地形地貌可分为污染型场地和无污染场地两类。污染型场地包括污染严重、轻度污染、潜在污染的场地,往往存在地形复杂、地表破坏严重、生物多样性退化等问题,地形地貌利用与设计的前提和重点是污染的消除和生态的修复,并要结合土壤修复、水体修复、植被修复等进行综合考量。无污染场地在地形地貌利用与设计上则更侧重于资源的再利用、城市的生态疗愈、景观环境的美化等。

在城市土地资源再利用中,地形地貌利用与设计针对不同的场地采用的具体方法会有明显的不同,以下就矿区场地、工业场地、垃圾填埋场在地形地貌利用与设计上的不同为例进行说明。

矿区场地包括矿山地、煤矿地、采土场、原料场等,其暴露的地表土壤层和裸露的岩石表层因雨水冲刷、风力剥蚀极易被侵蚀,稳定性差,存在滑坡、水土流失、泥石流等安全隐患。地形地貌利用与设计重点是对工程场地、弃渣堆体、矿坑边坡和边脚针对性的加固,同时进行地表整理和地貌塑造,达到稳固地表、有利于地表排水、适宜植物生长与造景等要求。

工业场地大多位于城市中心区域,如工厂、码头、各种货物堆场与弃渣场等,通常地形平缓、高差小,还会伴随着一定程度的污染。在场地的再利用中,首先是通过化学、生物及物理手段对场地中的工业污染物进行降解和处理,再结合场地的现有地形地貌条件、历史文脉、场所精神等进行利用和设计。

垃圾填埋场场地中通常存在各种生活垃圾、建筑垃圾、电子垃圾等,污染问题比较严重,一般会伴有堆积成山的废弃物,有较大的地势高差和地形变化。在地形地貌的利用和设计中要着重考虑垃圾渗滤液的处理、填埋气体的控制与回收、雨水的排导、防渗、回收系统等问题,以防止渗滤液和雨水污染地表水、地下水。同时,在坡脚处要设置集排水系统要注意地形坡度,设置高差,以便排水和收集沼气,场地中不宜有过多山顶,以减少气体爆炸的安全隐患等。

在城市土地资源再利用中,地形地貌的利用与设计应根据各种不同场地的特殊性和要求采用具体有针对性的方式展开。

4. 利用与设计的表现形式

地形地貌利用与设计的表现形式丰富,常见的形式有独立几何式、规则组合式、艺术曲线式、自然抽象式、传统山水式、大地艺术式等。

独立几何式是以大型且独立的几何式地形地貌要素独立成景,对场地空间具有较强的控制感和限制性,可有多种几何形体,如圆锥、棱锥、圆环、圆台等。独立几何式的地形地貌往往要有足够大的体量和变化突出的形式,形式上具有稳定、集中、向上等特征,功能上具有向心力,在场地中起到引导和汇聚等作用(图4.10)。

图 4.10 独立几何式地形地貌

(图片来源:https://www.sohu.com/a/164667540_756825)

规则组合式是多个单体地形地貌要素有序排列与组合的形式,遵循点、线、面相结合的原则。作为多个单体地形地貌要素"点"通过重复、分散、镜像、聚集等不同方式的组合,形成"线"和"面",丰富场地层次,引导视线,分割空间。规则组合式地形地貌具有规律性、秩序感和逻辑性(图4.11)。

艺术曲线式是利用地形的塑造与变化,形成柔美而流畅的曲线地貌形式,从而分割场地空间、引导路线等。艺术曲线式的地形地貌常常有超强的吸引力和极佳的律动感,能形成独特的形式魅力(图4.12)。

第 4 章　城市土地资源再利用中生态修复与景观设计耦合模式的技术手段体系

图 4.11　规则组合式地形地貌

(图片来源：https://www.sohu.com/a/164667540_756825)

图 4.12　艺术曲线式地形地貌

(图片来源：https://www.sohu.com/a/164667540_756825)

自然抽象式是运用抽象、重复、变形等艺术手法，保留、强化、借鉴、模拟具有特色的自然原始地形地貌。自然抽象式的地形地貌在既可以带来自然的美感，又能够创造多样性的空间，可以形成山峰、山谷等微地形结构，也可以创造凸起的山脊、山顶的制高空间和山谷驻地等延展空间等(图 4.13)。

图 4.13　自然抽象式地形地貌

(图片来源：https://bbs.zhulong.com/101020_group_687/detail33484993/)

传统山水式是以我国传统山水地形观为核心的地形地貌利用和设计。中国古典园林的设计就经常巧妙地借助地形进行空间分割和园区布局。传统山水式就是在地形地貌利用和设计中追求并体现"天人合一""虽为人作，宛若天工""知者乐水，仁者乐山"等儒释道思想，在环境空间的设计中尊崇并体现优秀的中华传统文化(图 4.14)。

图 4.14 传统山水式地形地貌

(图片来源:https://bbs.zhulong.com/101020_group_687/detail33484993/)

大地艺术式是以大地艺术为表现形式的地形地貌利用和设计。大地艺术源于观念艺术,强调对生态和自然的关注,倡导人与自然的和谐共生。在大地艺术中常可以看到以自然为材料,以大地、山川、河流为空间,挖坑填土的大尺度地形地貌塑造。大地艺术极大地丰富了地形地貌设计的形式与语言,将观念美和艺术美融入地形地貌中(图 4.15)。

图 4.15 大地艺术式地形地貌

(图片来源:https://m.sohu.com/a/277549296_742101)

在城市土地资源再利用中,地形地貌利用与设计的方法与表现形式如图 4.16 所示。

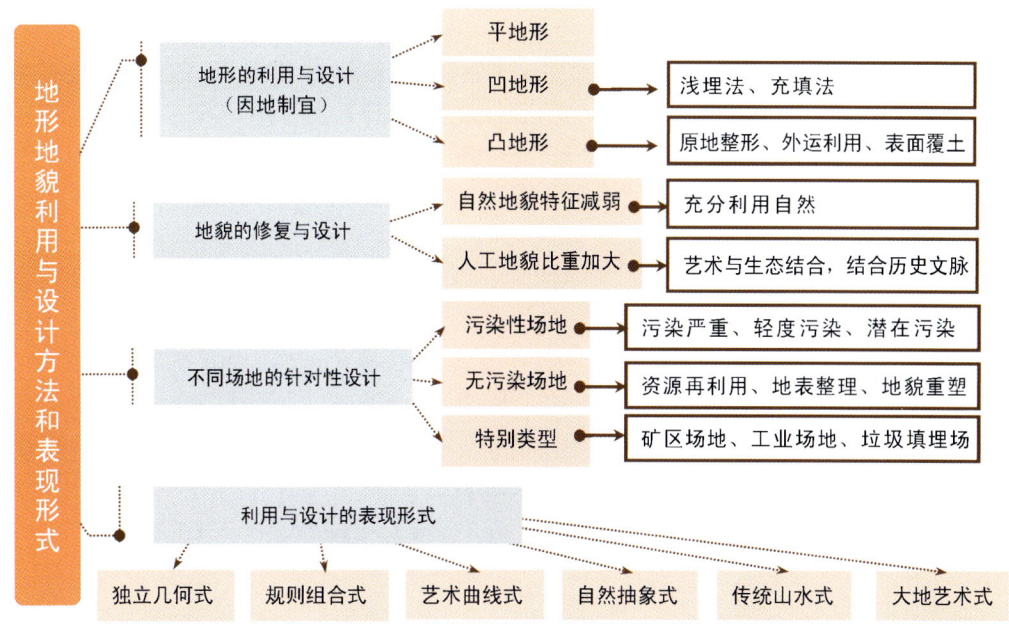

图 4.16　地形地貌利用与设计的方法和表现形式示意图

4.2.5　小结

地形地貌是环境设计与景观设计中重要的载体元素和内容，依据空间尺度大小，可分为大地形、小地形、微地形，从空间形态上有平地、凹地、凸地等类型。地形地貌的利用与设计在城市土地资源再利用中有着重要的功能和价值，主要表现在基面与背景功能、景观功能和生态功能3个方面。

在城市土地资源再利用中，地形的利用与再造设计应遵循因地制宜、因形就势的原则；地貌的修复与设计应采用修复与保护结合、艺术与生态结合的原则。由于场地地形地貌的成因与现存条件不尽相同，针对不同的场地，采取利用与设计的具体方式各有不同。地形地貌利用与设计的表现形式丰富，常见的形式有独立几何式、规则组合式、艺术曲线式、自然抽象式、传统山水式、大地艺术式等。

地形地貌的利用与设计不仅对场地中土地的恢复和土壤的修复起到重要的帮助作用，同时也对场地整体环境的优化和景观效果的提升具有显著效果，是生态性和艺术性并重的环境设计手段与内容。

4.3　道路规划与设计

道路首先是作为运输通廊的交通空间存在，从其形态上来看是一种"线型"空间，具有显著的方向指引性和空间通达性。它划分架构场地空间结构，组织连接场地空间内容，是整个场地的支撑网络和连接通道。

在城市土地资源再利用的场地中,道路一般具有指向性、引导性、标志性和可达性等特点,在规划与设计中,应从可达、连通、安全、生态、应急等因素出发,通过整合场地外部交通网络与改善场地内部道路结构形态,去构建连续、安全、宜人的场地空间。在城市土地资源再利用中,道路的规划与设计是场地建设中最基本和重要的内容之一。

4.3.1 道路的分类

道路类型划分的依据多样,可按活动主体、等级、功能特征进行不同的划分。

依据活动主体,道路类型可划分为车行道、人行道、非机动车道及人车混合道。车行道是指专供汽车行驶的道路;人行道是指禁止车辆行驶,供行人自由安全步行的道路;非机动车道是指专供非机动车行驶的车道,又可细分为自行车道、人行道、盲道及残疾人设施专用道等;人车混合道是指机动车、非机动车、行人混合行驶的道路。

依据道路等级,道路类型可划分为快速路、主干路、次干路及支路。快速路是为城市提供长距离快速交通服务的道路,一般为双向行车道,在中央设有分隔带且进出口均设有立体交叉控制,路况视线良好,可满足车辆高速安全畅通行驶;主干路是连接城市不同区域的主要交通干路,主要职能是交通功能;次干路是区域内的主要道路,与主干路共同构成城市道路网,主要职能为集散交通与服务;支路是次干路与街坊路间的连接,主要职能为局部区域的交通及服务。

依据功能特征,道路类型可划分为交通性道路、商业性道路、生活性道路、休闲游览性道路等。交通性道路是城市交通的基础框架,连接城市各个不同的功能区,承担交通运输功能;商业性道路是两侧商业发达或间隔拥有多处购物和娱乐场所的道路;休闲游览性道路是以行人的休闲、休憩和布置绿化为主的道路;生活性道路是为城市居民生活、居住、工作等提供交通服务的道路。

4.3.2 道路规划与设计的目标

在城市土地资源再利用中,道路规划与设计的目标主要包括3个方面:一是搭建生态廊道,二是构建景观骨架,三是实现场地功能。这三者是相互裨益、协同作用的关系。在道路的规划与设计中,应秉持因地制宜原则,通过生态廊道的科学搭建、景观骨架的完整构建、场地功能的充分实现,共同建构生态、合理、高效的场地道路系统。

1. 搭建生态廊道

生态廊道也称生物廊道,是可以满足生物物种迁徙、交换、扩散和通过的条带性或线性生态空间,其作用是连接分布孤立分散的生态单元与系统,是构建和谐完整生态系统的重要纽带。

在城市土地资源再利用中,由于建设和破坏,许多场地中生物的栖息地呈碎片化或块状化分布，相互不连通，各种群之间孤立，无法交流，近亲繁殖严重，最终导致物种退化甚至灭绝。通过搭建生态廊道可以充分地保障场地内生物迁徙的通过性和安全性，极大地丰富区域内的生物多样性。

城市土地资源再利用中的生态廊道规划与设计，在原则上一般要求有较强的连续性、较多的数目及合理的宽度；在类型上可根据场地的区域范围设计成相应的带状廊道、道路廊道、河流廊道等；在形式上可根据基址的具体情况设计为不同的形态，比如各种穿越型兽道、小动物通道、生态跨线桥、桥涵、暗沟、暗管等。目前在搭建生态廊道方面我国已有较多经验和成功实例，例如湖北神农架生态区为消除G347国道对景区野生动物和保护区生态系统的隔离影响，根据当地野生动物生活习性、迁徙规律、觅食习惯等修建了缓坡式、上跨式、下涵式等不同形式的生态廊道，为当地野生动物提供安全的通道，减少公路系统对其生存的干扰和伤害(图4.17、图4.18)。

图 4.17　上跨式生态廊道

(图片来源：https://www.qnget.com/54651.html)

图 4.18　下涵式生态廊道

(图片来源：https://www.qnget.com/54651.html)

2. 构建景观骨架

在城市土地资源再利用中，道路是形成场地空间结构和景观骨架的本体性要素。首先，道路本身是场地中的"线型"空间景观存在；其次，道路连接并划分着场地中各部分的空间和景观；再次，道路构建了场地景观的区域、边界、节点等重要空间要素。因此，道路规划与设计对场地空间景观的组织、连通起到了决定性的系带作用，道路系统的构建也就决定了整个场地的景观骨架。

道路的规划与设计对场地景观骨架的建构具体体现在道路景观本身、划定景观边界、形成景观区域、创建景观节点、影响景观感受等几个方面。

道路景观本身是指场地中的道路作为"线型"景观,其方向、韵律、节奏及断面等形式特征本身就是构成景观的内容。

划定景观边界是指场地中的道路能界定、区别或连接不同的空间,形成不同景观之间的分界线,例如场地中的道路可以是山体、水面、建筑、广场、植物或以上若干景观要素组合体的边界。

形成景观区域是指道路能在地形、建筑、植物、路面、边界线等要素特征上形成具有某些共同特征的景观,通常为连续性的较大面积与较长的景观空间。

创建景观节点是指道路在交叉口、交通路线上形成空间与景观的变化点和焦点(如广场、公园、雕塑等),即景观节点。景观节点在整个景观环境中为视觉与行为的集中点,是具有标志意义的景观元素。

影响景观感受是指道路能通过不同的形式影响人们对场地景观的直观感受,如直线型道路创造节奏强烈、氛围庄严的开阔景色;曲线形道路形成生动鲜明、变化丰富的多样景致等。

道路景观如图 4.19 所示。

图 4.19 道路景观

(图片来源:https://kuaibao.qq.com/s/20200312A06HO300?refer=spider)

3. 实现场地功能

在城市土地资源再利用中，道路的主要功能根据不同场地的需求侧重有所不同。通常，场地中的道路要具有交通、商业、休闲、生活等方面的功能。道路的规划与设计不仅要考虑场地在生态性和景观性上的需求，还要结合城市土地资源再利用的目标，充分发挥道路系统在场地中的各项功能和作用。

对于交通功能的实现，在道路的规划与设计中要注意设置较宽的、视线开阔的车道，道路两侧的景观应整体、简洁，道路绿化不能遮挡视线，道路设施尺度宜大、造型宜简，交通标志指示醒目，照明均匀无眩光等。

对于商业功能的实现，在道路的规划与设计中要注意加强道路的通达能力，减少人与车的相互干扰，强化沿路建筑、商铺、店面的设计，道路绿化要体现美观与实用，道路设施配置要多功能化和个性化，还要充分考虑夜间照明等。

对于休闲功能的实现，在道路的规划与设计中要以行人的休闲、休憩和布置绿化为主，加宽步行道，结合开放式绿地、设置休憩与步行区，道路植物配置应兼顾观赏功能和游憩功能等。

对于生活功能的实现，在道路的规划与设计中要充分考虑车速慢、人流多、易拥堵的问题，保证机动车与行人的安全，为人们的生活居住、商业服务、出行办公等提供便捷服务。

道路功能如图 4.20 所示。

图 4.20　道路功能

（图片来源：https://huaban.com/pins/4085600448/）

在城市土地资源再利用中，道路的规划与设计除了要搭建生态廊道、构建景观骨架、实现场地功能外，还要遵循场地所在的城市整体规划、土地利用规划和道路系统规划，兼顾城市用地及场地周边环境要求，使场地内的道路系统并入城市整体路网，构建合理的多层次道路网络体系,构筑完整畅通的城市生态格局,引导城市空间的健康发展。

道路规划与设计的目标如图4.21所示。

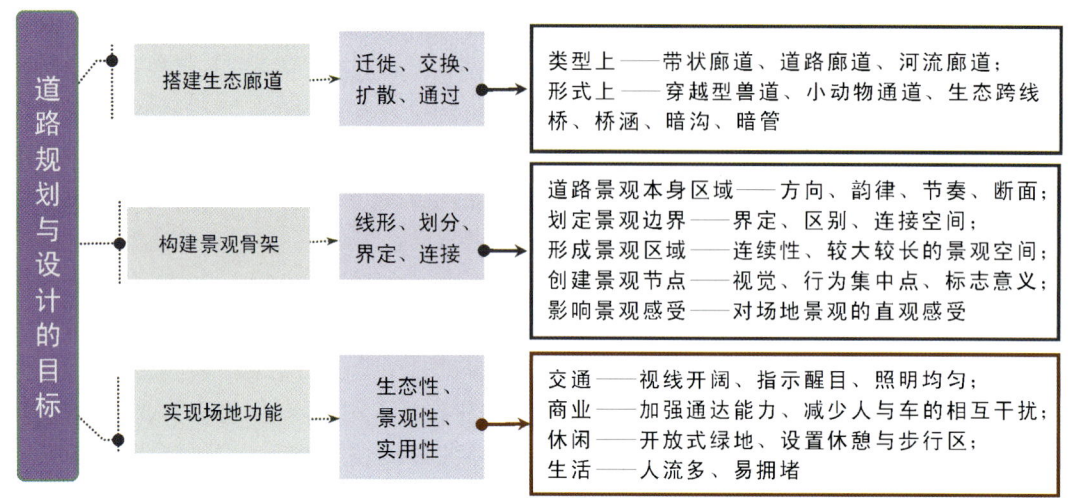

图4.21 道路规划与设计的目标示意图

4.3.3 道路规划与设计的内容

在城市土地资源再利用中,道路规划与设计的内容包括道路修复与更新、道路绿化设计、道路附属物设置3个方面。

1. 道路修复与更新

在城市土地资源再利用的场地中,由于城市发展与规划的变化以及土地资源再利用目标和原服务对象的转变,场地中的道路会出现损毁、污染、废弃、老旧等问题。具体的问题如道路指引性和通达性改变,道路原功能丧失,道路土质污染、路面损毁、路基板结,道路生物流断裂,与城市路网隔离等。这些问题都是城市土地资源再利用中亟待解决的前提和必要问题,解决的途径就是进行道路的修复与更新。因此,修复与更新成为了道路规划与设计中的首要内容。

针对场地中不同的道路问题,可采取不同的修复与更新方式。

对于损毁、污染轻微的场地道路,采取保留与再利用的方式。一是保留基本路径、基本设施与风貌,承袭原来的道路结构,保留场所精神与历史文脉;二是在原有道路的基础上进行改造和再利用,进行道路功能的转换,建立新的道路景观,建构不同的景观空间和结构。

对于损毁、污染严重甚至废弃的场地道路,则需要进行重新规划与设计,重置新的道路系统结构与层次,构建符合新场地需求的多层次道路网络体系,设置生态廊道,将场地道路纳入城市生态网络系统,变成绿色廊道。

2. 道路绿化设计

道路绿化是指在道路两旁及分隔带内栽植树木、花草以及护路林等[42]。城市道路绿化的目的在于改善交通环境、降低驾驶疲劳感、提升空气质量、规划交通的标志等;功能是改善道路沿线的环境质量和美化城市,主要包括庇荫、滤尘、减弱噪声等;内容主要包括道路绿带设计(分车带绿地、行道树绿带、两侧分车绿带、中央分车绿带、路侧绿带)、广场绿化设计、交通岛绿地设计等;布置形式从断面布置形式看,常用一板二带式、二板三带式、三板四带式、四板五带式等[43]。

在城市土地资源再利用中,道路绿化设计应注意的常见问题如下:

(1)道路绿地率应符合相关规定,如园林景观路绿地率不得小于40%;红线宽度大于50m的道路绿地率不得小于30%,红线宽度在40～50m的道路绿地率不得小于25%[44];红线宽度小于40m的道路绿地率不得小于20%。

(2)道路绿化应符合行车视线和行车净空要求。

(3)道路绿化应以乔木为主,乔木、灌木、地被植物相结合,不得裸露土壤。

(4)植物配置应适地适树,并符合植物间伴生的生态习惯。

(5)对于场地中不适宜绿化的土质,应改善土壤进行绿化。

(6)建道路时应保留有价值的原有树木,保护古树名木。

(7)道路应与城市排水系统结合,根据需要配备灌溉设施,防止积水和水土流失。

(8)规划设计应有长远观点,远近期结合考虑。

3. 道路附属物设置

在城市土地资源再利用中,道路规划与设计还包括各类道路附属物的设置。它们内容丰富、种类繁多,功能各自不同,但都是场地道路系统中不可缺失的部分,共同构建了安全、合理、高效、健康的道路系统。常见的道路附属物主要包括如下内容:

(1)公路护栏。具有防止车辆越出道外、诱导视线等作用,常见的有波形梁护栏、缆索护栏、混凝土护栏。

(2)隔离设施。指在路面上为分隔对向交通或分隔机动车、非机动车和行人等而设置的简易构造物,如分隔栏杆、分隔岛、分隔墩等。

(3)防护设施。包括桥梁防护网、防落石网、防雪栅等。

(4)防眩设施。防眩板为道路广泛使用的防眩设施,其次为植树、防眩网。

(5)视线诱导标。是指设置道路两侧用以指示方向、行车道边界以及危险路段位置的设施。

(6)交通标志。包括用于指示、警告、禁令、指路主标志和起辅助说明的辅助标志。

(7)路面标线。路面上用于管制和引导交通信息的标识,如线条、箭头、文字、标记、路标和轮廓标等。

(8)照明设施。包括交通照明设施、休闲商业照明设施、游憩步行照明设施等。

(9)道路家具。包括垃圾桶、公厕、公共座椅、书报亭、地图牌、指示牌、导向牌、广告牌、广告塔、信息查询系统、候车亭、自行车架、花坛、雕塑、小品、喷泉、游乐设施、健身器械等。

（10）路缘石。设置在路面边缘与其他构造带分界的条石，是公路两侧路面与路肩之间的条形构造物，有平缘石和立缘石[45]。

（11）路面铺装。城市道路中常见的铺装有混凝土铺装、防滑面砖铺装、橡胶板铺装、塑胶板铺装、木质地板铺装、薄层彩色防滑铺装、沥青铺装等。

（12）透水性路面。在现代城市道路建设中，为了对水资源进行高效合理的利用，常常会设置透水性路面，铺面材料多用透水沥青混合料、透水水泥混凝土、透水路面砖，并结合植草砖、砾石铺装或透水自然石块铺装等。

道路规划与设计的内容如图4.22所示。

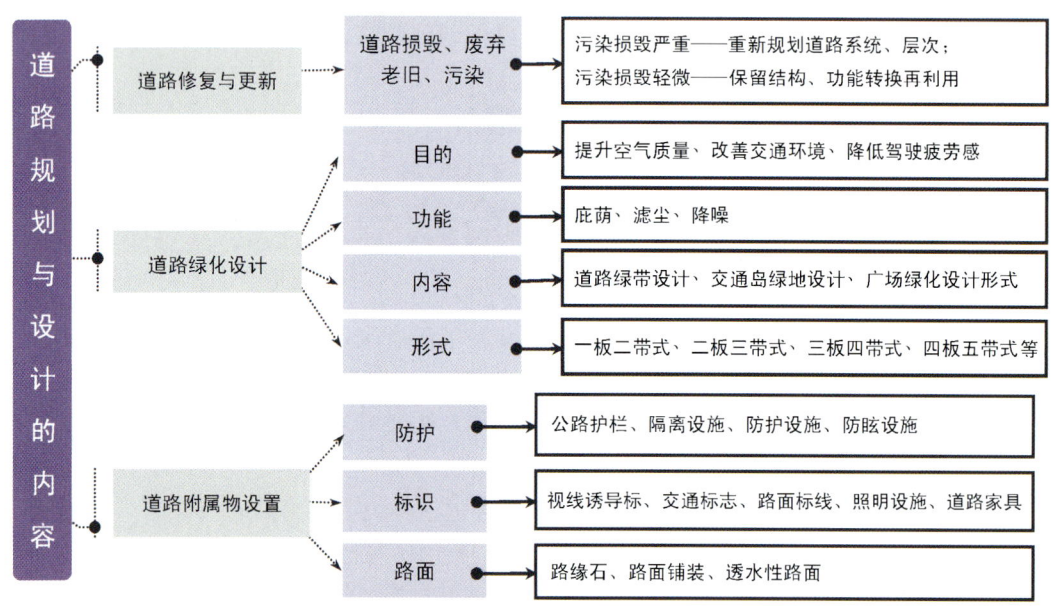

图4.22 道路规划与设计的内容示意图

4.3.4 道路规划与设计的策略

在城市土地资源再利用中，道路规划与设计的策略主要是保持整体性与连续性、与原生生态景观相结合、突显人性化与个性化。

1. 保持整体性与连续性

在城市土地资源再利用中，道路规划与设计要秉持整体性与连续性的原则。

（1）在道路规划与设计中保持整体性包括两个方面内容：

一是从城市整体出发。从土地资源再利用的目标出发，道路规划与设计要与整个城市的发展相匹配，要符合整个场地建设的需求。

二是从道路本身出发。将道路系统作为统一整体,综合考虑道路两侧的建筑物、绿化、街道设施、历史文化等,能和谐地与周围景观环境融为一体。

(2)在道路规划与设计中保持连续性包括3个方面内容:

一是布局结构上的连续性。道路的布局结构既要与场地内的各种景观元素相结合,形成"林园相映,林水相依,林路相联"的有机整体,也要与所在城市的整体景观,如水体、绿化、建筑、基础设施等融为一体、相互协调,形成"城在林中、路在绿中、房在园中、人在景中"的总体格局。

二是历史时间上的连续。道路记载着场地的历史演进,是某一特定地域的自然演变、人类群体进化、物质文化更迭的综合反映。道路规划与设计要将道路景观要素置于特定的时空连续体中加以组合和表达,充分反映场地演进和进化,重拾对环境及文化的认同,唤起对原有场所的回忆等。

三是视觉空间上的连续。道路景观的视觉连续性可以通过道路两侧的绿化、建筑布局与风格、环境色彩及环境设施等的延续和设计来实现。

2. 与原生生态景观相结合

在城市土地资源再利用中,道路规划与设计要秉持可持续发展的原则,要求其规划和设计与原生生态景观紧密结合。即以场地自然环境特征和现状景观元素为基础,运用规划设计的手段,尽量减少人工干预,降低场地建设对环境的影响,保障原生环境的生态作用,充分发挥原生景观的功能,加强自然可再生能源的利用,节约不可再生资源等。

如在道路的绿化上,积极重视乡土植物的应用与开发,合理利用乡土植物资源,避免植物资源的浪费;对于引入的外来植物,必须经过科学的调查和分析,避免盲目选用外来物种,引起植物因环境不适而死亡或者出现生物入侵等生态问题。

如在道路的建设中,应注意利用原始地形地貌、保护原生植被,充分保留它们的自然生态价值,同时也要特别保护场地中的古树名木、历史遗迹遗址等,保留其历史文化价值。

如在道路绿地的植物配置中,应尽量维护原生场地的植物种类,避免出现种类减少、景观雷同、群落结构简单、形式单一的植物配置,应加强层次丰富、结构稳定的生态植物群落景观建设,发挥生态效益,改善道路环境。

道路规划和设计与原生生态景观的结合有多种不同的方式和手段,多数情况下还需根据场地的具体现状灵活处理。

3. 凸显人性化与个性化

在城市土地资源再利用中,道路规划与设计还要凸显人性化与个性化。

道路规划与设计的人性化,是指从"人"的角度出发,根据人的各种生理和心理的需求展开规划与设计。道路规划与设计的目标是为"人"提供舒适优美的交通空间,要优先考虑道路对人的安全性、引导性、可达性、便捷性等特点,也要充分考虑道路设施对人的关怀,如功能齐备的公共设施、合适的街道照明、耐久防滑的地面铺装、舒适美观的沿路景观以及无障碍设计的配套等。凸显人性化的道路规划与设计才是高效而实用的。

道路规划与设计的个性化,一是指在道路的建设上,挑选提炼能反映城市与场地特有风采和面貌的色彩、形式、材料等元素展开规划与设计,创造具有一定独特性和辨识度的道路景观,避免雷同与千篇一律;二是指充分利用场地特殊的地理位置、悠久的历史文化等优势,挖掘道路景观的地方特色,根据历史文脉和场所精神展开规划与设计,如道路绿化中采用地方特色的基调树种,富于地方特色,如保持道路与周边传统建筑协调一致,加强居民对地域环境及本土文化的认同感,赋予各种道路设施风格化、艺术化、独创性的设计等。

道路规划与设计的策略如图 4.23 所示。

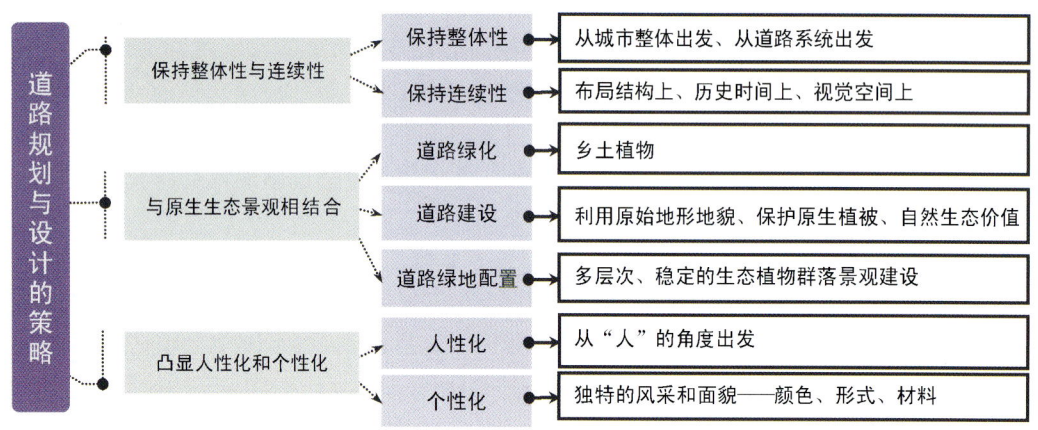

图 4.23　道路规划与设计的策略示意图

4.3.5　小结

在城市土地资源再利用中,道路的规划与设计是场地建设中最基本和重要的内容之一。道路类型划分的依据多样,可按活动主体、等级、功能特征进行划分。道路规划与设计的目标主要包括搭建生态廊道、构建景观骨架、实现场地功能;内容包括道路修复与更新、道路绿化设计、道路附属物设置;策略主要是保持整体性与连续性、与原生生态景观相结合、凸显人性化与个性化。在城市土地资源再利用中,只有通过生态、合理、高效的场地道路系统规划与设计,才能构建连续、安全、宜人的场地空间。

在城市土地资源再利用中道路规划与设计如图 4.24 所示。

4.4　植被的修复设计

植物是城市环境景观的主要元素和组成部分,随着现代城市的建设和发展,人口膨胀和环境污染正在加剧,同时,居民对环境质量的需求也在增强,利用植物的规划与设计增加城市绿化覆盖率、调节和改善城市生态环境、营造高质量的城市景观成为了现代城市建设中的关键手段和途径。

第 4 章 城市土地资源再利用中生态修复与景观设计耦合模式的技术手段体系

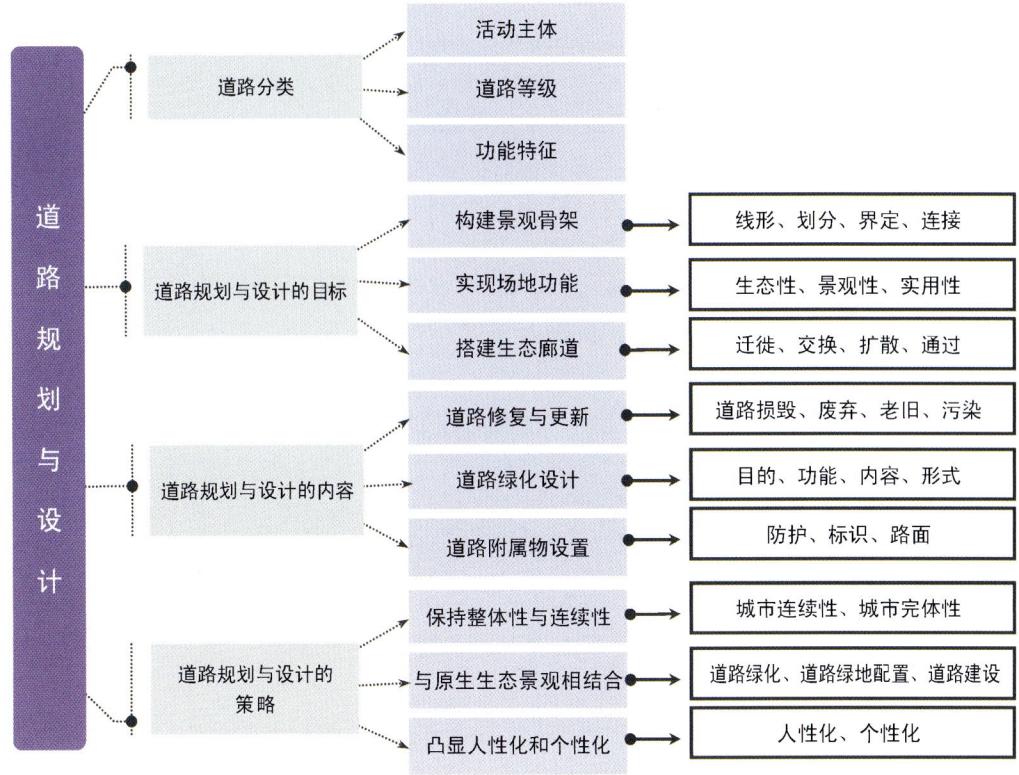

图 4.24 城市土地资源再利用中道路规划与设计示意图

但在城市土地资源再利用中,场地中往往存在土地贫瘠、土壤污染、植被破坏、生态系统面临诸多威胁的问题,加之城市建设的不同要求以及土地再利用目标的特殊性,不同于一般场地的植物规划与设计,城市场地设计要充分发挥植物的修复作用,将场地的污染治理、生态修复与植物的景观规划设计融合起来,进行植物的修复设计。

4.4.1 植物与分类

植物是生命的主要形态之一,也是城市环境景观的主要元素和组成部分,具有重要的生态和景观作用。

在城市土地资源再利用中,作为环境景观元素的植物,主要指的是适用于城市造景、园林绿化的植物,包括各种树木与花卉以及适用于园林绿地和风景名胜区的防护类与经济类植物等。常见的分类如下:

(1)总体上可以分为木本植物和草本植物两大类。木本植物是指质地坚硬、茎内木质部发达的植物,一般为直立形态且寿命长,能多年生长,可分为乔木类、灌木类、藤本类、丛木类、匍匐植物类等。草本植物是指支持力弱、茎内木质部不发达或含木质化细胞少的植物,一般茎干软弱,形态矮小,寿命短,按生活周期的长短又可分为一年生、二年生、多年生,也可分为花卉类与草坪植物类。

(2) 按照植物的生态习性可分为阳生植物、阴生植物、半阴生植物、水生植物、旱生植物、中生植物、岩生植物、沙生植物、高山植物、热带植物、温带植物、寒带植物等。

(3) 按照植物的观赏部位可分为观叶类、观花类、观茎类、观芽类、观果类、观根类、赏奇类、芬芳类等。

(4) 按照植物的景观用途可分为绿篱植物、花架植物、赏景植物、地被植物、庭荫树、行道树、花灌木、片林等。

4.4.2 植被修复设计的功能和作用

植被是环境与景观的重要元素,也是生态系统的重要组成部分,在环境与景观中具有生态、美学、社会、生产等诸多方面功能。生态功能是植物保护自然环境、使生态系统免受破坏或不良发展的功能;美学功能是指植物营造良好观赏性景观的功能;社会功能是指植物益于人类文化生活和身心健康的功能;生产功能是指植物作为满足人们物质生活需要产品的功能。

但在城市土地资源再利用中,场地中往往存在土地贫瘠、土壤污染、植被破坏、生态系统面临诸多威胁的问题,加之城市建设的不同要求以及土地再利用目标的特殊性,植物作为重要的生态景观元素,在这样的场地中发挥的功能和作用与普通的场地应是有所区别和侧重的。

在城市土地资源再利用中,植被修复设计要特别突出植物在修复、生态和景观3个方面的功能和作用。

4.4.1.1 修复功能和作用

植物具有强大的环境修复功能。在城市土地资源再利用中,植物对场地中的土壤环境、水体环境、大气环境等具有重要的修复作用。

1. 植物修复功能

植物修复功能是指植物及其共存微生物通过与环境之间的相互作用,清除、分解、吸收或吸附土壤、水体、大气中的污染物,从而达到净化、恢复、改善环境的作用[46]。植物修复是一种经济、有效、前景广阔的绿色生态技术,因其技术和经济上的优越性被广泛应用。

2. 植物修复作用的过程和机理

植物修复作用的过程和机理常分为3类,分别是植物稳定、植物挥发和植物吸取。植物稳定是利用植物吸收、沉淀来固定环境中的污染物,降低污染物的生物有效性、防止污染物进入地下水和食物链[47]。植物吸取是利用植物吸收污染物,并将其转移、贮存到植物茎叶,然后进行收割离地处理。植物挥发与植物吸取相关联,是利用植物的吸取、积累、挥发功能减少污染物。

3. 植物对于不同环境元素的修复功能

植物修复的实质是植物通过吸收、挥发、根滤、降解、稳定等作用,对环境污染物进行转移、容纳或转化。以下具体分析植物对不同环境元素的修复作用:

(1)在对土壤的修复中。土壤中的无机污染物,如重金属等可以通过植物根系吸收并运至地上部分,植物根系通过分泌特殊有机物促进重金属溶解与吸收,或通过根毛从土壤颗粒上直接交换、吸附重金属;土壤中的有机污染物可以通过直接被植物吸收、在植物组织内代谢或根际刺激效应增加分解等被矿化成无毒、低毒的化合物。植物根系和根际微生物(细菌和真菌)对土壤的修复起关键作用。

(2)在对水体的修复中。水生植物可以发挥吸收利用和富集作用,直接吸收利用污水中的营养物质进行生长发育;水生植物对水体中微生物的污染降解发挥着不可或缺的作用,因为微生物降解污染物质所需的氧主要来自水生植物输送,同时水生植物还是微生物的栖息地;水生植物也具有过滤沉淀颗粒的作用,其发达的根系可以形成过滤层,过滤掉水体污染物,并进行离子交换、整合、吸附、沉淀等,使水体变清澈。

(3)在对大气的修复中。植物通过地上部分的叶片气孔及茎叶表面对大气中的化学污染物吸收积累、代谢降解、排出移除,通过光合作用减轻温室效应。此外,植物还具有滞尘作用,能阻挡、过滤和吸附大气中的烟尘和粉尘,减少附着在尘埃或飞沫上的病原体随气流移动传播。

另外,植被修复的功能不只体现在对土壤环境、水体环境、大气环境的修复上,也体现在对人的身心健康起到非常重要的疗愈和修复作用,怡人的植被景观有助于减轻心理压力,调整烦躁情绪,抚慰心灵创伤等。

4.4.1.2 生态功能和作用

在城市土地资源再利用中,植被修复设计对场地的生态作用主要表现在维护生态平衡、保护生物多样性、改善小气候、净化空气、消除噪音、防风固沙与保持水土等方面。

1. 维护生态平衡

植物具有维护场地生态平衡的功能。生态学表明营养级链对物种多样性的影响极为重要,草食动物同植物之间存在的自上而下的相互作用以及肉食动物同草食动物间的相互作用共同影响着生物多样性的分布。维护生态平衡,仅依靠保护动物本身是不足和无效的,更应重视养护物种丰富的植被生态系统,为其提供丰富的营养物质和良好的栖息环境,才能更好地维持场地的生态平衡,丰富动植物生态系统。

2. 保护生物多样性

植物具有保护场地生物多样性的功能。生物多样性包括遗传多样性、物种多样性、生态系统多样性、景观多样性等,在城市土地这一特定环境中,与植物修复设计关系最大的是物种多样性和景观多样性。

在城市土地资源再利用中,物种多样性是指场地的小生境中多种多样的物种类型和植物种类,通常其群落结构愈复杂,共存物种愈多,抗干扰和自动调节能力愈强,系统也就愈稳定。所以,在植物修复设计中应遵从生物多样性原理,模拟自然群落的植物配置。配置多物种组成的植物群落,相对单物种群落更具稳定性,更能有效利用资源。

在城市土地资源再利用中,景观多样性主要是指场地景观多样的异质性,植物景观中的乔灌木、地被类、藤本植物及其不同的组合,可以构成不同的异质景观单元和内容,而场地中植物景观的异质程度越高,景观的多样性就越高。

3. 改善小气候

植物具有改善环境小气候的功效。植被的蒸腾作用可将水分以水蒸气的形式蒸发到空气中,同时又能阻挡寒风、防风保温,从而调节周围环境的温度、增加周围空气的温度,以改善场地环境的小气候,被称为"天然加湿器"和"温度调节器"。植物改善小气候的能力受到不同种类、形态、叶片大小、枝叶浓密及配置密度等多种因素的影响,一般来说,植被实体结构愈复杂,调温增湿的效应就愈明显。

4. 净化空气

植物具有净化场地空气的功能。植物可以吸收 CO_2 和释放 O_2,固碳释氧,提高空气质量;可以吸收空气中对人体有害的气体,如 SO_2、HF、HCl 等;还可以吸附游离在空气中的烟尘;也可以消除或减少空气中的病原体和有害病菌,给场地带来健康、新鲜、洁净的空气,创造优良的环境。

5. 消除噪声

植物具有消除场地噪声的功能。植物有阻挡、吸收噪声的作用,被称为"绿色消声器",植物枝叶的摆动能够减弱声波的传递,植物茎叶表面的茸毛与气孔可以吸收声音。植物减噪功效与树种及群落结构相关,通常树冠浓密、叶面粗大的树种吸声能力强,实体结构复杂、下层植被及地被稠密的植物群落减噪能力更强。

6. 防风固沙与保持水土

植物在场地中具有防风固沙、保持水土的功能。植物的这种能力是由植被的结构及面积决定的。研究表明,植物覆盖的面积大小同减少二次扬尘进而减少总降尘量的作用成正相关[48]。植被实体结构愈复杂,面积愈大,防风固沙、保持水土的能力也愈强。

4.4.1.3 景观功能和作用

在城市土地资源再利用中,植被修复设计对场地的景观作用主要表现在植物的景观美学功能上,具体表现为空间布局作用、协调柔化作用、观赏美化作用等。

1. 空间布局作用

利用植物的造型与组合可在场地中构成由地面、立面和顶面组成的空间区域,在地面上地被植物与矮灌木可划分、形成、覆盖空间；在立面和顶面上树干、树冠、藤蔓等可闭合、限定、隔离空间。这些空间可以是实体性的，也可以是虚体性的，包括各种开敞空间、半开敞空间、封闭空间、竖向空间、覆盖空间等。利用植物进行空间布局，要充分结合其形态、大小、高低、色彩、季相及生命周期变化，利用艺术手法（如对比、重复、韵律等）进行巧妙的设计和布局，产生疏密不同、层次丰富、尺度合宜的景观空间。

2. 协调柔化作用

不同于场地中的硬质景观，如山石、道路、建筑物、人工设施等，植物是软质景观元素，是具有生命力的物质，在场地中能起到协调与柔化的作用。植物独特的外形、弯曲的枝干、流畅的叶形、丰富的色彩、美丽的风姿等，能与场地中的硬质景观形成鲜明的对比和补充，减弱直线、生硬、冰冷的感觉。同时，植物的自然属性和生命状态，能消除场地中过度的人工痕迹，增加场地景观的生气与感染力，给人以生动温暖的感受。

3. 观赏美化作用

首先，植物自身所具有的形态、质感、色彩、气味等就是构成景观美感和观赏性的要素，各种乔木、灌木、藤本、地被及水生植物在场地中展现出不同的形体、色彩、线条、动态和质地，成为极具观赏性的自然之美；其次，植物的配置与组合能构成多样化的观赏空间和景观效果，并与场地中的建筑、小品、水体、山石相呼应，创造出寄情于景和触景生情的意境之美；再次，植物的季相变化可以在单位时间和周期内，营造不同的美丽景象，保持场地景观持续的观赏性和不同吸引力，即"收四时之烂漫"的变化之美。美感丰富的植物景观满足了人生理与心理、感性与理性的多重需求，极具观赏性和体验感。

在城市土地资源再利用中，植被修复设计在修复、生态和景观3个方面的功能与作用如图4.25所示。

4.4.3 植物修复设计的技术和方法

4.4.3.1 技术原则

现代城市植物景观设计要求以可持续发展为目标，同时兼顾生态、经济、社会、景观效益的高度统一，而城市中再利用的土地一般都属于生态环境比较敏感的区域，因此，植物的修复设计应以保护自然原生景观，维护生态系统的完整性和良性循环为首要宗旨。

在城市土地资源再利用中，植物修复设计应遵循因地制宜、以乡土植物为主、师法自然的原则，做到"适地适树、宜乔则乔、宜灌则灌、宜草则草"，遵循植物的自然演替及生长规律，优先选择乡土植物和本土植物，建构多物种、多层次、高效、稳定的植物群落，维护场地生态系统的自组织调节与系统稳定性，同时兼顾经济效益与景观效果。

因地制宜是指要依据场地自身生态环境的特性选择适宜的植物种类，即植物生态习性与栽植环境相符合；以乡土植物为主，是因为乡土植物具有高度的环境适应性，最适宜生长，

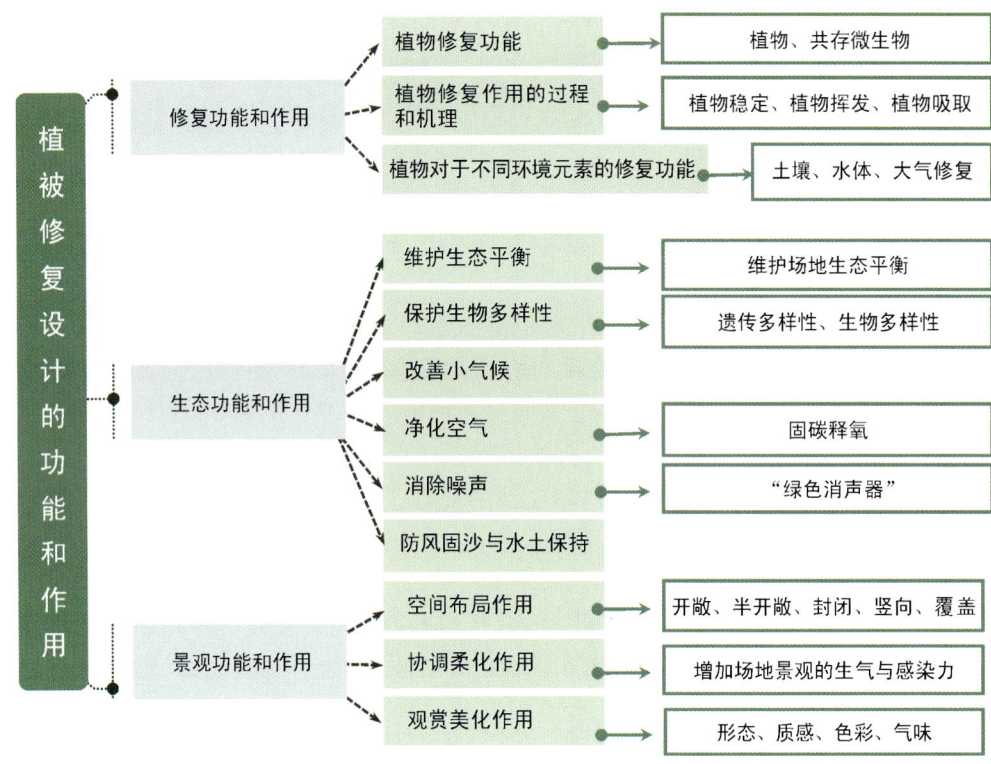

图 4.25　植被修复设计在修复、生态和景观 3 个方面的功能与作用示意图

也最能体现地域特色,应作为植物配置的主要来源;师法自然是指要遵循场地中植物群落构建的自然规律,学习参照自然群落的组成、结构和原理进行植物配置。

4.4.3.2　技术关键点

区别于普通的植物景观设计,在城市土地资源再利用中植物修复设计的技术关键点是植被种类的选择。植被种类的选择要从生态性、经济性和景观性 3 个方面综合考虑。

首先,植被种类的选择要遵循生态修复的原理,合理选择具有针对环境修复功能的植物;尽量选择乡土植物和先锋植物;优先选择适应力强、生长周期快、成活率较高、抗逆性好的品种;多样选择适应立地条件的不同植物类型;科学选择植物群落中的优势种类与伴生种类等。

其次,植被种类的选择要遵循经济性原则,在节约成本、方便管理的基础上,充分考虑经济价值在内的综合效益,多选用寿命长、生长速度中等、耐粗放管理、耐修剪的植物等。

最后,植被种类的选择还要充分考虑景观价值,多选择具有观赏价值和美学价值的品种,多布置色叶特征明显、多年生花卉或花灌木等具有较高观赏价值的植物,适当配植蜜源植物、香源植物、鸟嗜植物、保健植物等,增加景观的丰富性和吸引力,营造优美的植物景观。

4.4.3.3　技术方法

在城市土地资源再利用中,植物修复设计的方法除按常规的植物景观设计方法(如现状分析、概念规划、方案设计、现场调整等)外,由于场地和改造目标的特殊性,要求特别重视场地中植物的恢复与再造,对此,植物修复设计应采用保留与恢复、种植与改造两种具体的方法展开。

1. 保留与恢复

此方法是遵循自然的选择与规律,保留场地中的本地植物,通过促进其自然生长,演变出具有较强适应能力的稳定植物群落。

场地中自然形成的植物群落是植物与场地环境和谐共处的表现,它们是在时间演进中自然与人类活动相融合的产物;同时,自然形成的植物群落也是场地天然条件下物种竞争和适应的结果,是自然生态系统自我调节和恢复的产物。

在植物修复设计中采用保留与恢复的方法,不做过多的干扰,是因地制宜、师法自然原则的具体体现。相比人工植被群落,这样的场地生态平衡会更稳定,生物间的纽带也更强韧,物种的生命力和适应性也更强。

在植物修复设计中采用保留与恢复的方法,也是对自然的尊崇与敬畏,那些经过自然选择生长出的野草、苔藓、地衣、野花等植物,有人工种植植物难以达到的景观效果,它们展示的是强大的生命力之美和自然的野趣之美,作为场地特有的景观元素,它们折射出历史文脉,代表着场所精神,体现了地域特色,具有独特的美学价值。

例如,福州阳光城·檀境项目对原场地中两棵300多年的古榕树做了特意的保留和延续,并采取加强古树底部、增设支撑体系、铺设透水铺装层等措施,最大程度减轻了施工对古树的影响。对古榕树的保留,不仅营造了场地的核心景观元素,也是对岭南人记忆的留存(图4.26)。

图4.26　福州阳光城·檀境的古榕树
(图片来源:https://m.sohu.com/a/372216827_120052779)

再如,佛山保利天悦设计师保留了场地原有自然框架、标记、通过筛选、保留、移栽等手段,最大程度地保留了场地原生榕树,重新排列修整出茂密的榕树林,又利用河流水脉、护河木桩、砾石河滩营造出天然融合的过渡。除此之外,设计师保留了大片的原生草地,摒弃了刻意的人工造景,守住了原本野趣绿意。于此,行走于碧波绿意之中,可以恣意抒发胸中抑郁之气,体验放松畅快之感(图4.27)。

图 4.27　佛山保利天悦的原生榕树和草地

(图片来源:https://m.sohu.com/a/428076520_100163902)

2. 种植与改造

在城市土地资源再利用中,场地中往往存在土壤污染与贫瘠问题,导致植被不同程度破坏,已经无法自然修复,需要人工干预,进行人工种植和改造。

采用人工植种和改造的方法,要结合场地中土壤基质、水体环境的改良和治理,再种植先锋植物与富集植物,对于土壤污染严重的场地,有时甚至要先换土再重新种植。

采用人工植种和改造的方法,要遵循因地制宜的原则,做到"适地适树、宜乔则乔、宜灌则灌、宜草则草";要遵循植物的自然演替及生长规律,根据生态位的原理种植场地植物群落中的优势种类与伴生种类,多选择适应力强的乡土植物和先锋植物等。

例如,都市森林公园坐落于曼谷。作为生态修复与景观建设的项目,设计师重新利用了近 $2hm^2$ 的废弃土地,在植物的种植与改造上,因地制宜地种植大量本土低地热带植被,并根据植被的演替速率和灌溉水源条件,规划植被群落分布,打造一个综合绿地(图4.28)。

无论是保留与恢复的方法还是人工种植与改造的方式,都需要科学持续的后期管理、灌溉、护理,如追肥养护、修剪枝叶、病虫害防治等,才可以保证植物修复设计的实施效果。

植物修复设计的技术和方法,如图4.29所示。

4.4.4　小结

在城市土地资源再利用中,植被修复设计要特别突出植物在修复、生态和景观 3 个方面的功能和作用。植物对场地中的土壤环境、水体环境、大气环境等具有重要的修复作用;植物修复设计的生态功能表现在维护生态平衡、保护生物多样性、改善小气候、净化空气、消除噪声、防风固沙与保持水土等方面;植物修复设计的景观功能具体表现为空间布局作用、协调柔化作用、观赏美化作用等。

第 4 章　城市土地资源再利用中生态修复与景观设计耦合模式的技术手段体系

图 4.28　曼谷都市森林公园

(图片来源:https://m.sohu.com/a/428076520_100163902)

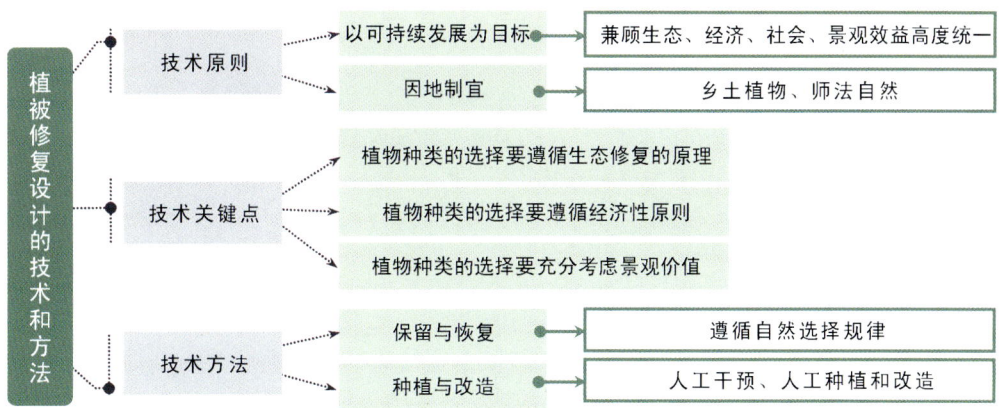

图 4.29　植物修复设计的技术和方法示意图

在城市土地资源再利用中,植物修复设计应遵循因地制宜、以乡土植物为主、师法自然的原则;技术关键点是植被种类的选择,要从生态性、经济性和景观性 3 个方面综合考虑;技术方法应采用保留与恢复、种植与改造两种的具体方法展开。

4.5 水体景观的修复与营造

水是重要的生态景观元素。水体景观是场地中最具活力和吸引力的部分，同时也是生态环境最复杂、景观要素最密集的区域。水体景观是城市建设中的重要内容之一，然而在土地资源再利用的场地中，水体景观往往存在水质污染、水体破坏、水资源利用不合理等诸多问题。

首先，伴随着城市发展和污水排放量增加，各种工业废水、生活污水不可避免地会污染河道与水体；会蓄积在凹地形成沼泽地；会随渗入导致地下水污染；还会造成相关区域的空气污染，进而形成污染降水，造成地表、地下、空气污染的恶性循环。其次，由于以往城市水景营造往往只单一考虑景观效果，并不同步进行水质治理，营造方式缺乏对自然水生系统规律的遵循，那些硬质的底质、生硬的驳岸、过多的人工设施破坏了水体的天然生态系统，难以形成健康的生物群落结构，导致水体丧失自净能力，使水质受到严重影响。再次，我国城市普遍存在水资源匮乏问题，600多个城市中有400多个供水不足，100多个严重缺水，而城市水景用水配置不合理、部分水域污染弃用、地下水污染加重等都加剧了城市水资源的紧张。

因此，在城市土地资源再利用中，水体景观的建设要将水体的污染控制与修复、生态水景的营造与设计、水资源的利用与配置等进行综合考虑并同步实施。

4.5.1 水体景观及其功能

4.5.1.1 水体景观

在城市土地资源再利用中，水体景观的范畴是指整个场地系统中所涉及的水体及水循环过程，包括场地中的河流、湖沼、湿地、自然降水、景观及娱乐用水、灌溉用水、经过处理后的污水，以及这些水体在城市中的循环过程[49]。

4.5.1.2 功能与作用

水体景观具有重要的生态功能和景观作用。

水体景观在场地中具有过滤、源汇、通道、栖息地等生态功能。过滤是指水体通过流动选择性通过物质和生物体，筛选污染物及沉积物，缓解水体污染，这是水体自净能力的一种体现。源汇是指水体景观为周边区域提供能量物质，并将上游和支流的物质汇集携带至下游，促进区域内物质交换。通道是指水体景观作为生命通道，滋养沿岸动植物，传播植被种子，是水生迁徙动物洄游的通道等。栖息地是指水体景观为动植物生长、觅食、繁殖及完成生命循环周期提供场所，当然也为城市居民的生产生活提供物质环境和景观空间。除此之外，水体景观还有水质涵养、净化空气、吸尘降噪、调节空气湿度与温度等功能。

水体景观在场地中具有基底作用、系带作用、焦点作用等景观作用。基底作用是指水面作为场地基底,呈现开阔坦荡的景观感受,水面的反射能丰富景观层次,扩大景观空间。系带作用是指水系连接、贯穿不同的景观空间,形成空间的统一感和区域性,加强整体景观的协调性。焦点作用是指水体景观作为场地节点或标志物,以突出的形态和声响成为场地焦点,起到吸引、聚集的作用。除此之外,水体景观还具有改善环境、美化环境、为观赏性水生动植物提供生态环境等作用。

水体景观及功能,如图 4.30 所示。

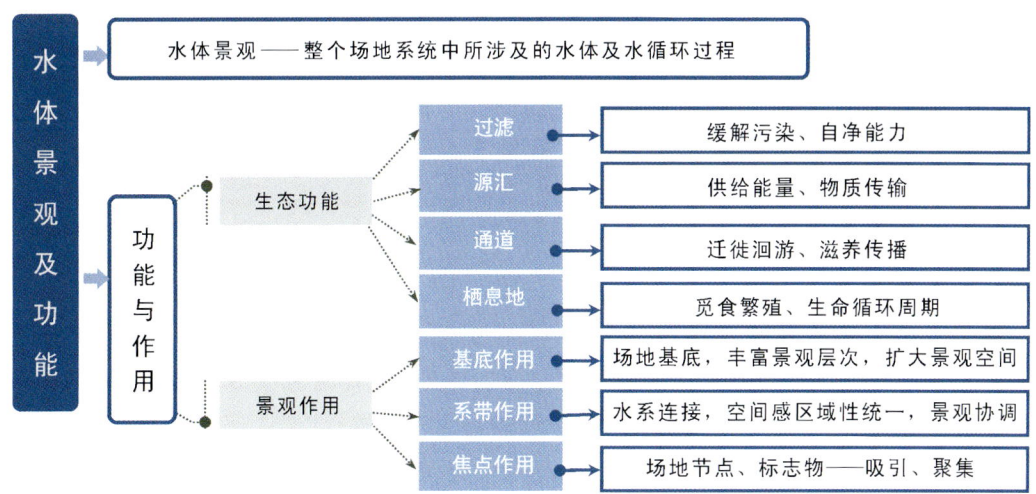

图 4.30 水体景观及功能示意图

4.5.2 水体景观修复与营造的原则

城市水体景观大体上可分为自然形态、人工形态、自然与人工相结合 3 种类型。衡量与评判城市水体景观优劣的因素诸多,其中生态状况、景观效果、健康性质、利用情况、经济成本等都是重要的标准。在城市土地资源再利用中,不能只考虑水体的治理与污染,也不能只关注水景的实用与观赏,应秉持可持续发展的理念,把现代科学与师法自然相结合,构建兼具生态性、实用性、节约性和观赏性的现代城市水体景观。在水体景观的修复与营造中应遵循生态优先、因地制宜、资源节约、以人为本的基本原则。

4.5.2.1 生态优先

在城市土地资源再利用中,水体景观的修复与营造要以生态优先为原则,遵循自然生态系统的规律,充分实现其生态功能。

城市的水体景观是一个连续的、完整的自然系统和景观整体。水体景观在场地中具有过滤、源汇、通道、栖息地等重要的生态功能。在城市土地资源再利用中,对于水体的修复,要充分利用自然系统的循环再生力与自我修复力,实现水生态系统的良性循环和水体净化;对于水景营造,应参照和模拟自然中溪流、湖泊、湿地、池塘等水体的生态原理,并充分考虑雨水利用,保证地下水补给,构建全面合理的生态体系;对于水体景观的建设,在施工中要注意生态保护,对河道、岸线的改造及临水构筑物的建设尽量选择绿色环保材料,建成后应维护生态平衡,降低运行成本。

4.5.2.2 因地制宜

在城市土地资源再利用中,水体景观的修复与营造要遵循因地制宜的原则。

首先,要以场地所处的自然环境和条件为依据,综合考虑所处地区的地形地貌、气候特征、降雨特点、地下水位情况以及洪涝对场地的影响等;其次,要全面分析场地中的水体景观与相邻水域水系的关系,合理处理水体景观的给排水问题;再次,要充分尊重并利用场地内原有的水系资源,并通过场地区域内的雨水收集和中水回用等措施,减少水源投入,节约用水;最后,要尽量利用场地中自然地形、植被、水源等优势造景资源条件,减少人工挖掘和开凿,避免破坏场地的自然生态系统。

4.5.2.3 资源节约

在城市土地资源再利用中,水体景观的修复与营造要遵循资源节约的原则。

在城市水资源短缺与城市水体景观需求日益增强的双重压力下,有效节约水资源、合理配置生态用水对城市可持续发展的意义重大。首先,水体景观的修复与营造要根据水体与水景自身的生态需水量,综合考虑城市水资源状况、水体的循环、生态价值、美学价值、公众需求等多方面因素,进行水资源总量的限制。其次,水资源,尤其是用作水体景观的水资源,除要注重水量配置外,也要注重水质和水生态的要求,好的水质与水生态才能保障高效的用水配置,以达到节约资源的效果。再次,水资源的回收与利用是缓解水资源不足,完善水循环的有效方式,如雨水收集与中水回用等都是高效可行的节省水资源措施。最后,在水体景观的建设中也应充分考虑资源的利用与整合,尽量利用、保留原有设施,减少资源浪费等。

4.5.2.4 以人为本

在城市土地资源再利用中,水体景观的修复与营造要遵循以人为本的原则。

水体景观的修复与营造要从可达性、实用性、观赏性、参与互动性等方面体现并满足城市居民的需求,做到"以人为本"。可达性是指水体景观能够让人轻松抵达并方便进入,是方便车行、步行、水行的亲水空间。实用性是指水体景观中除了水体、植被、山石等景观元素外,应合理地配置相关服务设施,满足人在环境空间中所需的各种信息、卫生、游憩、休闲娱乐等方面的需求。观赏性是指水体景观在优化景观风貌、形成怡人环境等方面的审美价值与功能。参与互动性是指水体景观能满足不同的城市居民参与景观体验、提供设施互动,具有良好的亲水性和优质的体验感等。

在城市土地资源再利用中，水体景观修复与营造的原则如图 4.31 所示。

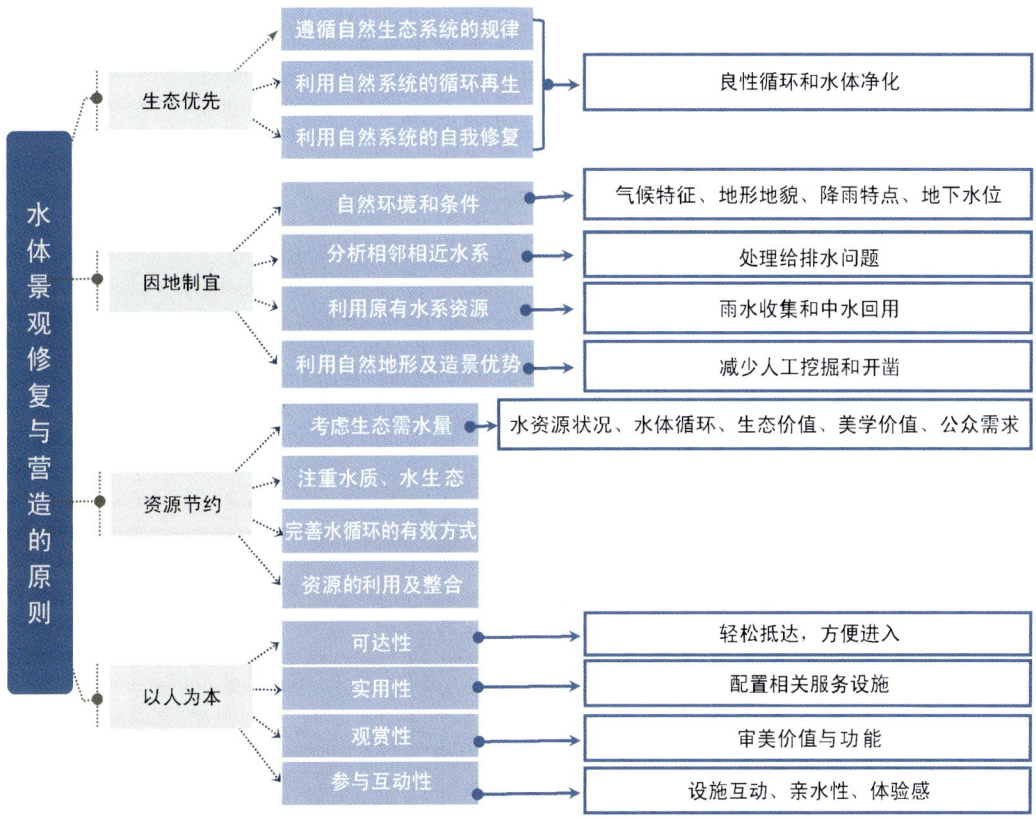

图 4.31　水体景观修复与营造的原则示意图

4.5.3　水体景观修复与营造的内容

4.5.3.1　水体污染控制与修复

在城市土地资源再利用中，水体的污染控制与修复是水体景观修复与营造的首要内容。

城市中常见的水体有流经城市的河流、城区的湖泊与水库、人工运河、自然保护区和生态区水系，还有随城市发展不断涌现出的人工湖、公园水系、景观水池等。在城市土地资源再利用中，由于场地的水体多为流动性差的封闭式缓流水体，相对水域面积小、水环境容量小、水体自净能力差，很容易发生水体污染。

造成场地中水体污染主要的原因有补给水水质差与水量不足、水体流动性差、大气沉降污染、雨水径流污染、枯枝落叶污染、水生动物产生的污染、垃圾和杂物污染、护岸设计不合理等。

研究表明,污染源控制和修复措施的结合是根治水体污染的有效手段。即对污染水体进行有效治理,前提是控制污染源,再采用治理技术对水体进行修复。水体污染源的控制关键在于了解污染产生的来源及其作用机理,只有外源得到控制,修复治理才能行之有效。水体生态修复是采用生态方法与治理技术净化水质、提升水体自净能力,旨在还原受损水环境的生态系统结构和功能。

4.5.3.2 生态水景营造与设计

在城市土地资源再利用中,生态水景营造与设计是水体景观修复与营造的核心内容。

水景是以水为主要对象和基本要素的环境空间景观。自然界中的水,液态有动有静,固态成冰雪之境,气态现云雾之状,它晶莹剔透,可塑性强,能映射风景,以水为主要元素的水景往往是环境空间中极具吸引力的内容。

生态水景不仅具备普通水景的功能,在实现赏心悦目的同时还兼有净化水体、恢复生态系统、优化生态环境等特点,是生态、艺术与科技综合运用的产物(图4.32)。

图 4.32 生态水景

(图片来源:https://jn.news.fang.com/2016-11-29/23669463.htm)

水景营造与设计就是用水造景,利用水的流动、聚散、变化、渗透、蒸发等,创造出各种景观如河湖、涧溪、水池、瀑布、喷泉等,可以美化环境、舒缓情绪、创造生机和意趣。

生态水景的营造与设计是以生态学为指导,参照、模拟自然水体的生态原理构建稳定、协调、宜人的水生态系统和水体景观,除遵循常规水景营造的要求外,更注重其生态功能的体现,更强化各生态要素之间相互依存、相互制约的平衡关系,力图实现水环境的生态平衡。生态水景的营造与设计是从生态和环保的角度来处理水景,强调人与自然的和谐共融,是城市土地资源再利用中水体景观建设的核心内容。

4.5.3.3 水资源的配置与利用

在城市土地资源再利用中,水资源的合理配置与有效利用是水体景观修复与营造的关键内容。

在城市快速发展的同时,水资源供求矛盾加剧、水体污染治理不力、地下水超量开采且补给不足、植被破坏形成水土流失等现实问题导致了水资源危机的日益严重,因此,保护和充分利用水资源对城市可持续发展意义重大。在城市水体景观的修复与营造中，对水资源进行合理配置与有效利用是具有关键作用和重要意义的内容。

在城市土地资源再利用中，水体景观的水资源合理配置与有效利用是在流域、区域及城市水资源配置的基础上，针对规模相对较小的水体景观进行的城市水资源二次分配和利用。合理配置水资源必须综合考虑水量的需求与供给、水环境的污染与治理以及水与生态3个方面的问题。有效利用水资源包括进行雨水的收集与利用、废水的资源化处理、用水循环利用率的提高、供水系统的改进与分质供水等。

在城市土地资源再利用中，水体景观修复与营造的内容如图4.33所示。

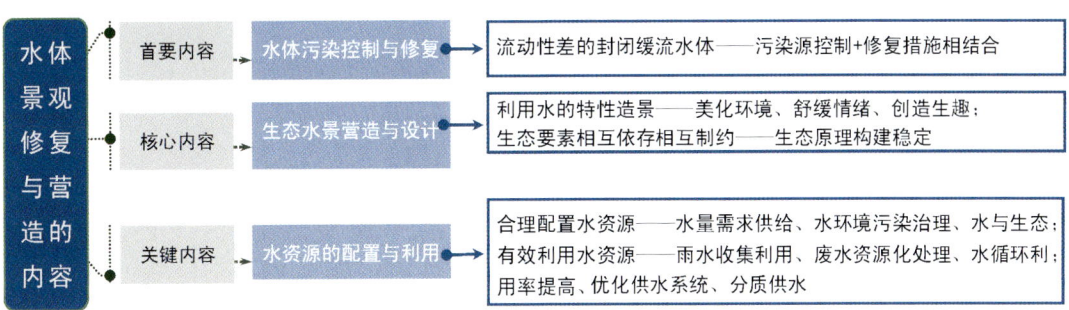

图 4.33 水体景观修复与营造的内容示意图

4.5.4 水体景观修复与营造的技术

4.5.4.1 水体污染控制技术

从源头限制污染物是水体景观修复的必要前提。根据水体景观污染物来源的不同，水体污染控制技术分为外源污染物控制和内源污染物控制两大类。

外源污染物的控制包括控制入水水质、防止污水及垃圾排入、控制周围化肥和农药使用、加强监管维护等。对于大部分的城市水体景观，外源污染主要来自初期雨水带来的径流污染，而利用生态护岸与下凹式绿地是控制径流污染的有效手段。生态护岸能降低地表径流速度、吸收拦截杂质、过滤净化有害物质、截留沉积物等；下凹式绿地能截留初期雨水所携带的污染物，更多地消纳、净化地表径流防止面源污染，也能净化空气，吸收 SO_2、NO_2、CO_2，释放氧气和消减噪声等。

内源性污染控制是对水体景观内部水体的净化。内源性污染控制常见的有化学沉淀法、过滤法、气浮法、生物接触氧化法、曝气复氧法、光催化降解法、杀菌消毒法等。化学沉淀法是加投化学物质使之与污染物发生反应，生成难溶于水的沉淀物从而分离除去污染。过滤法是利用过滤介质降低水的浊度，截留藻类与悬浮物等。气浮法是指通过微气泡让水中污染物黏附其上，并浮至水面形成泡沫，再刮除污染物。生物接触氧化法是使污水与生物膜接触,通过生物膜上微生物的作用使污水得到净化。曝气复氧法是通过复氧强化水体的自净作用,在城市水体景观中常见的是自然跌水曝气和人工机械曝气。光催化降解法是在水中加入光敏半导体材料,利用太阳能提高污水净化效率[49]。杀菌消毒法是抑制水中菌类的生长,常作为景观水的最终处理工序。

外源控制阻止污染与内源控制消除污染相结合才能从根本上控制污染、保证水质。水体污染控制技术如图4.34所示。

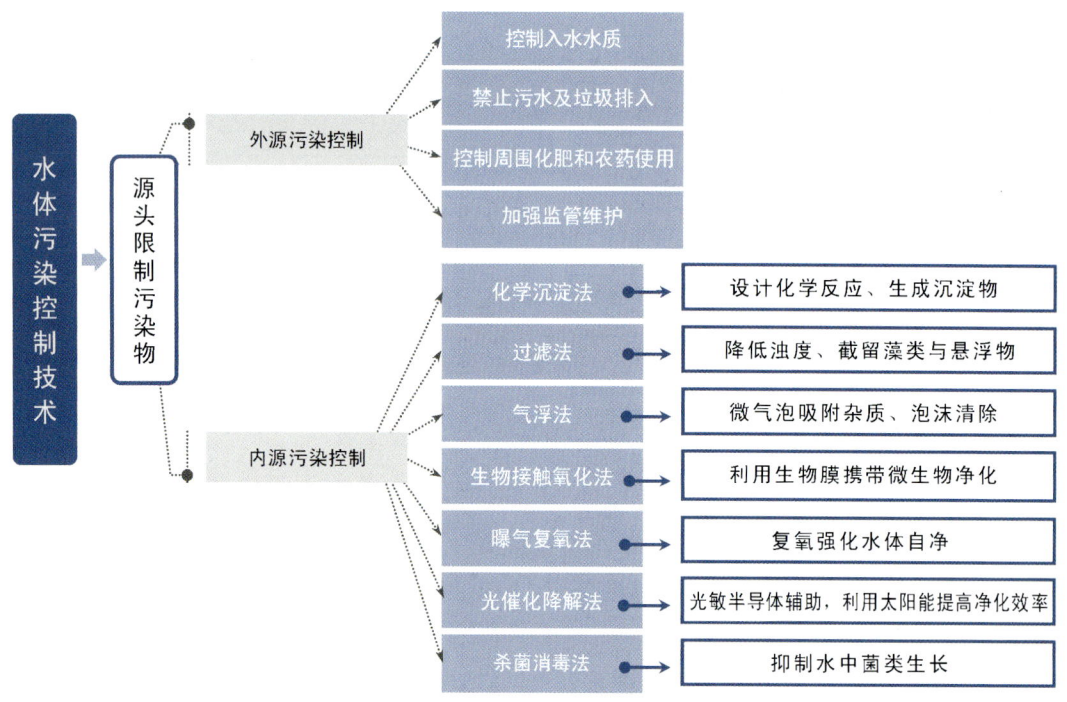

图4.34　水体污染控制技术示意图

4.5.4.2　水体景观修复技术

水体景观修复技术是采取各种方法修复、重建水生生态系统,使其形成自我维持、自我演替的良性循环。对于城市水体景观的修复,常见的技术有物理方法、化学方法、生物方法和生态方法等。

常见的物理方法有人工增氧、底泥疏浚等。人工增氧(曝气复氧)能提高水体溶氧量,加快溶解氧与黑臭污染物质发生氧化还原反应,提高水体中好氧微生物活性,促进有机污染物降解,消除水体黑臭现象[51]。底泥疏浚是通过疏浚河道及湖泊底泥,从而减少底泥耗氧量加剧所造成的水质恶化,防止底泥再悬浮造成的水体黑臭等问题。

化学方法常见有杀藻技术、凝聚沉淀、转化处理等。杀藻技术是利用化学药品控制消除藻类。凝聚沉淀是通过化学药剂凝聚和沉淀污染。转化处理通过化学方法将有害污染物转化为无害或可分离物质从而去除。

生物方法常见有生物修复、生物制剂、生物介质等。生物修复常用的如生物膜法处理技术、集中式生物系统(CBS)水体修复技术和高效微生物群(EM)水体修复技术。生物制剂是在水体中投加微生物制剂,通过微生物与藻类的营养竞争减少藻类[52]。生物介质为微生物提供附着表面,促使微生物对介质周围的污染物进行代谢分解。

生态方法常见有生态塘法、人工湿地法、植物净化法等。生态塘法是通过水生作物种植、水产和水禽养殖形成多条食物链,进行物质能量的迁移和传递,从而降解、转化、去除有机污染物。人工湿地法是模拟自然生态系统物理、化学和生物的共同作用,建构新的湿地系统和动植物生态环境,恢复水体生态健康。植物净化法是使用水生植物抑制藻类,并吸收、附着、降解、转化水体中的有机污染物,通过植物收割清除污染物。

4.5.4.3 生态水景营造技术

水景可以是各种形态的河湖、溪泉、池沼、水渠、潭涌、叠水、瀑布、喷泉等。水景营造通过控制水的基本形态和运动状态,可变化出不同造型的水景;通过水与山石、植物、建筑、雕塑、灯光、声音的结合,可以构筑多种形式的水景。生态水景营造不仅要美化环境,创造出富于生机和意趣的环境景观,而且强调构建稳定、协调、宜人的水生态系统。

在生态水景营造与设计中,比较关键的是水生植物的配置、生态驳岸设计和生态浮岛构建3个方面的技术。

水生植物的配置要从季相配置、水位配置、水面配置、场景配置展开。在季相配置中,季相特征显著能大幅提升水体景观的观赏效果。在水位配置中,水体和地面交界处配置干湿环境下都可以生存的植物;在浅水区可配置多种水生植物;深水区则配置高大水生植物。在水面配置中,小水面应注意保留空白,切忌满种;宽阔水面要突出重点和多样搭配;有污染水域选用具有净化水质功能的植物;观赏型水面选用观赏价值高的水生植物。在场景配置中,节点的配置、湿地配置、庭院配置、滩涂地配置等对植物的配置各有不同的要求和侧重(图4.35)。

图 4.35 水生植物配置

(图片来源:https://www.163.com/dy/article/F4TBK1150515DTVT.html)

生态驳岸设计既要固堤护岸又要营造景观,常用植物或植物与土木工程相结合的方式,如用木桩、活体柳桩、石笼网以及纤维织物袋装土。生态驳岸的主要功能在于补枯与调节水位,美化边坡、增强水体自净能力,并将水体与堤防、岸畔、植被建构成一个完整的水陆复合型生物(图4.36)。

图 4.36　生态驳岸

(图片来源:https://huaban.com/pins/3146926004)

生态浮岛构建一般使用于封闭水域,是使得水体净化的工艺和技术,浮岛上种植水湿生植物通过植物根系的吸收和吸附作用降解污染物,同时也可达到良好的水体景观效果,从而美化环境(图4.37)。常见的浮岛材料形式有泡沫板式浮床、PVC管式浮床、塑料篮式浮床等。浮岛植物的选择要考虑到水体绿化景观及净化污水的双重要求,植物的布置要结合水面大小、水位深浅,综合考虑种植比例、种植成活率、季相需要等,也要注意观花植物与观叶植物错位搭配,并与周围换线的协调等。浮岛建构后需要经过一定的生长周期才能达到最佳效果,其后期的养护管理也很重要。

图 4.37　生态浮岛

(图片来源:http://fuchun-huajing.com/news_show.php? id=77)

4.5.4.4　水资源利用技术

在城市土地资源再利用中,由于场地自身水资源的不足和水循环的破坏,水资源合理配置与有效利用的需求尤为突出。城市水体景观水资源合理利用最行之有效的途径是雨水的收集利用与中水回用。

1. 雨水收集利用

雨水是地表水和地下水的主要来源,且具有再生速度快、分布广泛、便捷获取、就地可用的特点。我国每年降水 6 万 m^3,其中 80% 都流入了大海,需充分利用并发挥雨水的作用。雨水的收集利用具有成本低、周期短、见效快、工艺简单的优势,可以缓解场地用水压力,淡化土壤污染,作为场地补充水源,开拓出如雨水湿地、屋顶花园、透水铺装、植草沟渠等新型的景观类型。

本书将城市土地资源再利用场地中雨水收集利用的方法与流程设计如图 4.38 所示。

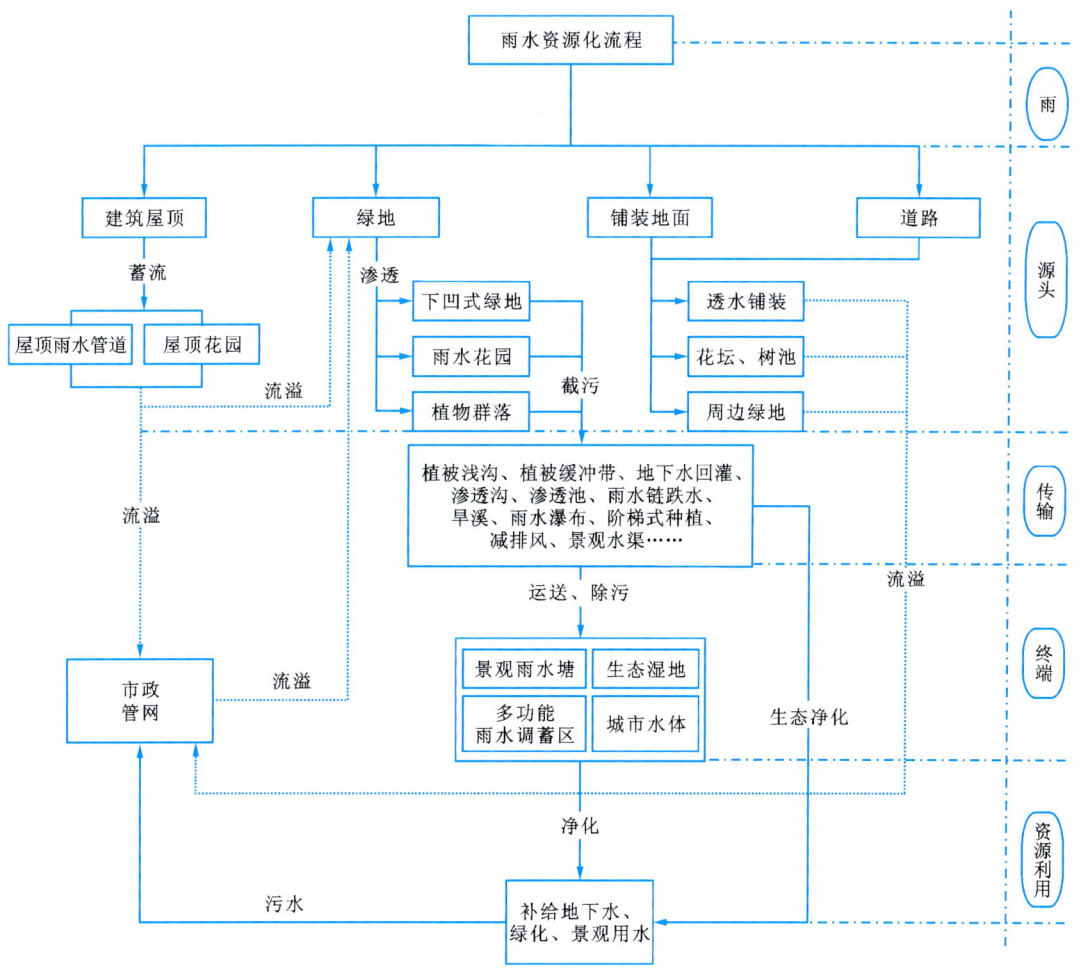

图 4.38 雨水收集利用流程示意图

2. 中水回用

中水是相对于上水(即给水)、下水(即排水)而言,处于中断的用水。如经过污水治理的再生水、工业废水、生活废水,以及收集的雨水等经过去污处理后,达到一定水质条件且满足特定的使用标准,可以在特定的条件下使用。中水在现代城市生活中运用广泛,可用于植被灌溉、园林绿化、建筑施工、消防作业、车辆清洗、厕所盥洗等各方面。中水回用很大程度上缓解了城市用水压力,减少了淡水使用量,实现了水资源合理分配且高效利用,对城市发展建设具有重要意义。

水体景观修复与营造技术如图4.39所示。

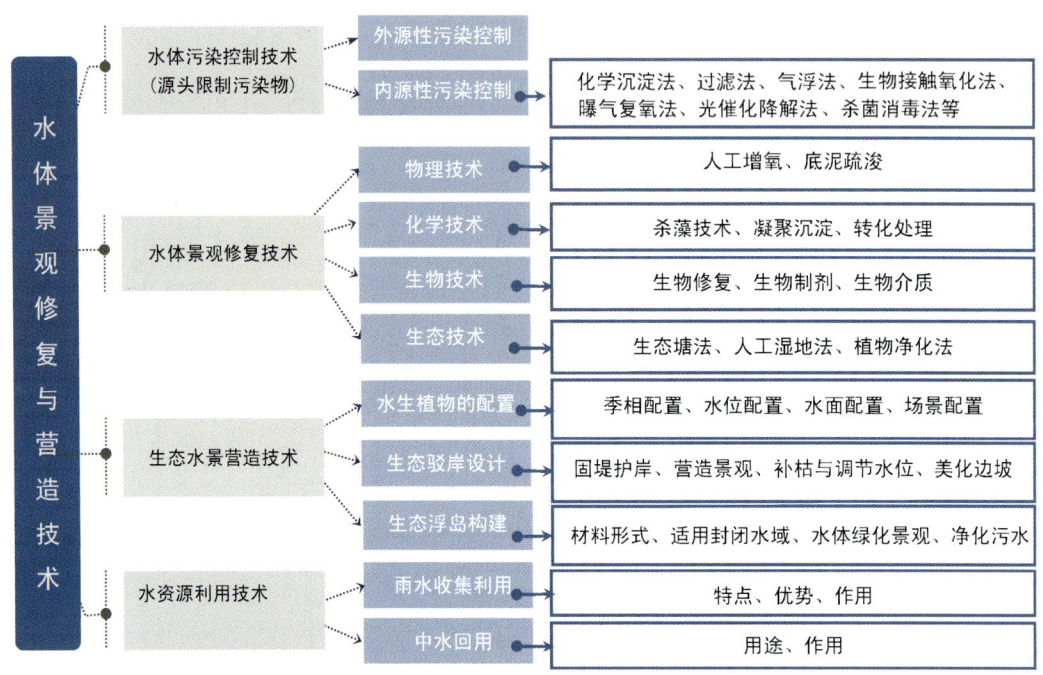

图 4.39　水体景观修复与营造技术示意图

4.5.5　小结

在城市土地资源再利用中,水体景观的建设要将水体的污染控制与修复、生态水景的营造与设计、水资源的利用与配置等进行综合考虑并同步实施。水体景观的修复与营造应遵循生态优先、因地制宜、资源节约、以人为本的基本原则;水体的污染控制与修复是首要内容,生态水景营造与设计是核心内容,水资源的合理配置是关键内容;比较重要的内容包括水体污染控制技术、水体景观修复技术、生态水景营造技术以及水资源利用技术等。

在城市土地资源再利用中,水体景观修复与营造如图4.40所示。

第 4 章　城市土地资源再利用中生态修复与景观设计耦合模式的技术手段体系

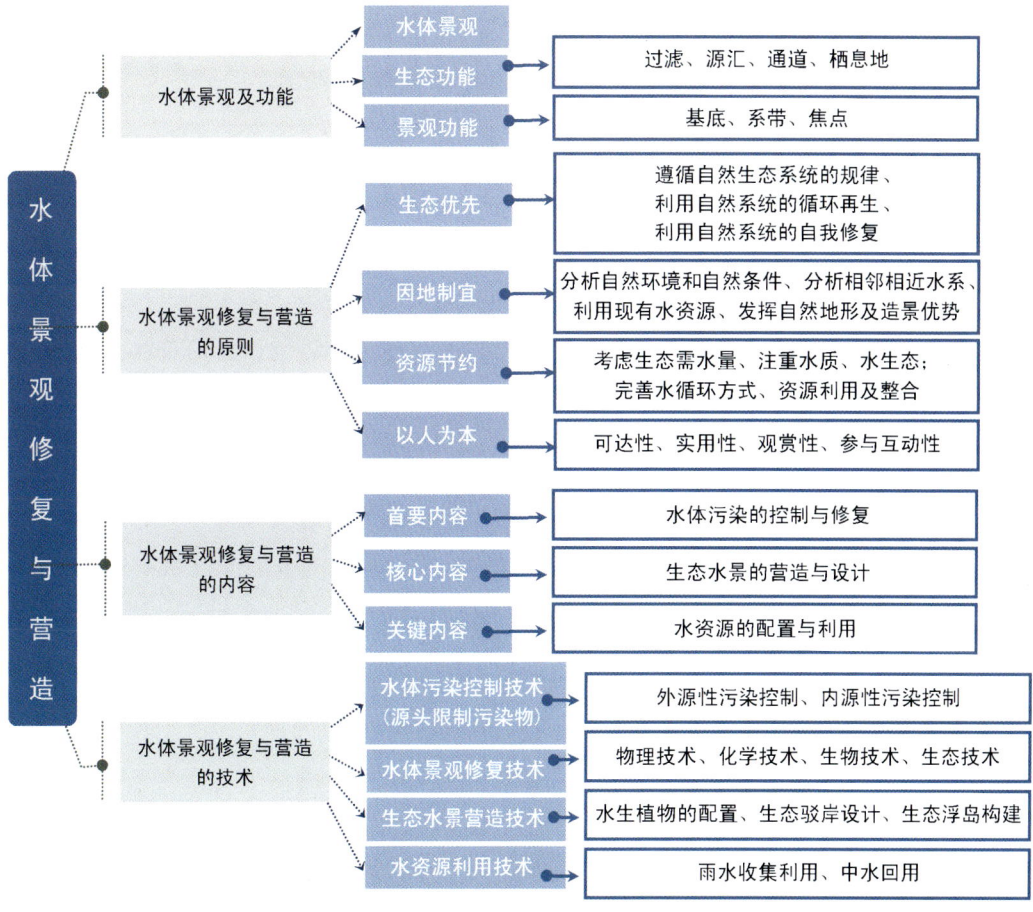

图 4.40　水体景观修复与营造示意图

4.6　环境废弃物的资源化与景观化处理

环境废弃物通常是指在人们日常生活、生产建设、消费活动及其他社会活动中产生的，在一定时间和空间范围内弃置不用、无使用价值或利用性能较低的物体，如各种垃圾、渣土、污水、废水、烟尘、尾气等。

环境废弃物常被认为是"垃圾"，无用或用处不大，有些甚至还具有一定的危害性，如占用空间，影响卫生，传播疾病，污染大气、土壤、水体，破坏食物链，暗藏各种安全隐患等。

但在特定的条件下或随情况的变化，环境废弃物也可通过资源化再生和景观化利用"变废为景（宝）"。现代景观设计中对环境废弃物的利用与再生实践愈来愈受到关注和重视。在城市土地资源再利用中，通过功能的转换和艺术化的改造，能让很多环境废弃物实现"变废为景（宝）"，重新展现出价值，从而促进场地生态修复与景观设计的目标建设。

4.6.1 城市环境废弃物的分类

城市中常见的环境废弃物根据不同方式有多种分类：按形态可分为固体废弃物（如垃圾、渣土等）、液态废弃物（如污水、废水等）、气态废弃物（如烟尘、尾气等）；按组成可分为有机废弃物（如白色塑料）和无机废弃物（如重金属）；按性质可分为可回收废弃物（如废纸、金属、玻璃、塑料、木制品、电子产品等）、不可回收（如食物残渣等）、危险废弃物（如废灯管、水银温度计、医疗废弃物等）；按污染性可分为有害废弃物、放射性废弃物、无害废物等；按来源可分为人体产生的废弃物（如尿液粪便等）、植物类废弃物（如落叶、修剪的枝叶与草等）、生产建设和建筑废弃物等。

一般来说，城市环境废弃物中无机废弃物多于有机废弃物，植物性废弃物多于动物性废弃物，有毒有害及污染性废弃物也占有一定的比重。在城市土地资源再利用中，能通过功能转换和艺术化改造"变废为景（宝）"的常见废弃物多见于金属、纸、纤维织物、塑料、玻璃、轮胎、砖瓦、陶瓷、交通工具及其他。

4.6.2 环境废弃物再利用的意义与价值

4.6.2.1 意义

对于资源、环境面临严重危机的现实状况，如何科学合理地处理城市土地资源再利用中产生的环境废弃物，如何秉持可持续发展的理念，协调环境废弃物利用与城市更新发展间的矛盾，是目前面临的巨大挑战。环境废弃物再利用是一种更节约、更环保、更可持续的方式，它不仅可以最大限度地减少资源浪费和降低环境污染，也可以减少建设与改造的成本与资金投入，同时还能提倡资源节约意识，树立宣传环保理念。环境废弃物再利用为缓解环境压力开辟了新的途径，对推进生态文明、美丽中国建设具有重要意义。

4.6.2.2 价值

环境废弃物再利用的价值分别表现在可持续价值、环境价值、经济价值、社会价值、文化价值5个层面。

可持续价值表现在环境废弃物再利用是"变废为景（宝）"，直接减少环境污染，间接减少资源开发，充分实现可持续发展。从资源消耗上看，对现有物的保护更新与转化利用相对于新事物的建设具有不可比拟的优势，可促进资源的循环利用，推动节约型城市环境建设。

环境价值表现在环境废弃物的循环再生利用，不仅直接减少了工程建设所产生的废弃物数量，降低了处理这些废弃物的能耗与成本，同时还能够从源头上间接减少工程建设对自然资源的消耗和对生态环境带来的污染。

经济价值表现在环境废弃物的循环利用减少了对自然资源的开采与材料加工的环节，大幅度降低了项目建设的费用与成本，也减少了建设施工中对材料严重浪费的现象，还在建设节约型社会的背景下，为在循环利用废弃物生产新型材料的行业发展带来了新的商业契机。

社会价值表现在环境废弃物的再利用让人们认识到潜藏于废弃物中的价值，对生活与消费方式所带来的物质消耗和对自然的干预有更直观的认识，能激发公众对环境废弃物的关注，提高公共意识，有效普及了可持续发展的理念。

文化价值表现在某些特定的环境废弃物代表着一定的城市文化底蕴或历史记忆，并且随时间的流逝会生发出特定的地域及人群认同感。在城市土地资源再利用中，可保留场地上的某些环境废弃物，作为地方文化传承及历史记忆的载体，延续场所文脉。

4.6.3 环境废弃物资源化与景观化处理的路径

在城市土地资源再利用中，环境废弃物可以应用于多个领域，发挥不同的作用，其资源化与景观化处理的路径主要有5个方面，分别是用于打造地形地貌、用于景观道路铺装、用于改造装饰建筑、用于构筑环境设施、用于创作艺术景观。

4.6.3.1 用于打造地形地貌

地形地貌是场地景观的基础。它可以起引导视线、解决排水的作用，同时高低起伏的地形与不同的地貌肌理能围合出多样化形态的景观空间。在地形中的再利用设计中，可利用废弃物作为基层基地来打造地形，将数量较多、成分不复杂、不会对环境和人体造成危害的废弃物，作为地形地貌营造的基质材料，如废石、废渣、废料等。最常见的是将一些废弃混凝土块、桩头、砖瓦等通过机器破碎处理后作为基石填埋塑造高地形，某些生活垃圾通过特殊处理也能作为地形填充材料，以减少土方量，达到节约成本的目的（图4.41）。另外，废弃材料通过创意设计也能在打造地形上别出心裁，如废弃水泥管被用于塑造地形，原本用于排水的中空设计在掩埋时得以保留，中空造型的地形显得非常独特（图4.42）。

图4.41 地形填充材料剖面

图4.42 利用废弃水泥管塑造的地形

例如,Safe Zone(安全地带)为 Les Jardins de Métis Reford Gardens 国际花园节委托的临时花园装置,整个 Safe Zone 是一个开放、起伏的地形构成的互动性趣味花园(图 4.43)。

图 4.43　Safe Zone 临时花园地形

(图片来源:http://www.landscape.cn/news/43131.html)

4.6.3.2　用于景观道路铺装

景观道路起着组织空间、引导游览、交通联系、散步休息等作用。常见的景观铺装有整体路面、块料铺装、碎石铺装、嵌草、步石、汀步等。景观道路要承受行人和车辆的重量,其铺装层的厚度、宽度和类型根据道路区域的功能的不同而有所不同。在景观道路的铺装中,很多废弃物在进行简单的加工之后能重新用作城市景观道路的铺地材料,如各种废弃的混凝土、废石板、鹅卵石、人造石、废砖块、废瓷砖等,通过破碎分解成质地均匀、统一的材料用于景观道路铺装,既生态环保又美观实用。

例如,上海中山公园环保地坪改造利用倒伏树木及废弃树桩进行设计加工改造处理,打造 150 m² 生态自然休闲空间,提升了公园的亲切感和趣味性(图 4.44)。

图 4.44　上海中山公园环保地坪改造效果

(图片来源:https://sghexport.shobserver.com/html/baijiahao/2021/09/29/550106.html)

4.6.3.3 用于改造装饰建筑

城市建筑或构筑物的改造、翻新、美化要求在改造与使用过程中合理地处理垃圾、废水、废气等,防止环境的污染和破坏,改造后的建筑应与地形、地貌、山石、水体、植物等其他景观要素统一协调,有机融合。环境废弃物用于建筑的改造装饰,既可以作为景观建筑的原材料,也可以作为建筑外立面的装饰。

例如,阿根廷 Saint Bernard 教堂由周围房屋院落拆除的废弃砖块建造而成(图 4.45)。

图 4.45 由废弃砖块建造的 Saint Bernard 教堂外立面
(图片来源:https://www.archdaily.cn/cn/787847/)

在建筑改造中产生的废弃物,如建筑垃圾与拆除构建等,也可根据实际情况留存并稍加修缮,形成具有历史价值、凝聚记忆的景观。

例如,宁波历史博物馆利用宁波旧城改造留下的旧砖瓦进行设计组合,改造博物馆外墙(图 4.46)。泰国西萨菊省 Wat Pa Maha Chedi Kaew 寺庙利用回收的啤酒瓶装饰寺庙建筑,形成了世界上最独特外观的寺庙建筑群之一(图 4.47)。四川美术学院罗中立美术馆的外立面利用废弃、破碎的瓷砖拼贴成的彩色图案,学院景墙上利用砖和水泥将各种废弃物拼凑混搭在一起,镶满了拆迁前农舍留下的石磨、食槽、菜坛子、破碎石像等,独具特色(图 4.48)。

图 4.46 宁波历史博物馆外墙
(图片来源:http://www.alwindoor.com/info/2019-5-13/45999-1.htm)

图 4.47　Wat Pa Maha Chedi Kaew 寺庙建筑

（图片来源：http://www.alwindoor.com/info/2019-5-13/45999-1.htm）

图 4.48　四川美术学院景墙装饰

（图片来源：http://www.alwindoor.com/info/2019-5-13/45999-1.htm）

4.6.3.4　用于构筑环境设施

环境设施通常包括休息设施、信息设施、交通设施、卫生设施、照明设施等，主要作用是为人们提供便捷与服务。将一些坚固耐久的废弃物如废弃金属、废弃塑料、废弃木材、废弃交通工具等运用于构筑环境设施，不仅能节约资源，而且在色彩、形式和装饰效果上别具一格。

例如，废油桶质地坚硬，拥有良好的承重性及耐久性，通过喷绘上色作为座椅或自行车停车架；废轮胎因其质地柔软、易于染色创作，经过无毒化处理后可做成秋千、攀爬杆、座椅、花坛等设施（图 4.49）。

图 4.49　由环境废弃物构筑的秋千、座椅和花坛

（图片来源：https://view.inews.qq.com/a/20220402A08SN300）

4.6.3.5 用于创作艺术景观

艺术景观通常有景观雕塑、装饰壁画、景观装置和其他景观装饰物等。将场地中已使用的或遗留下的废弃物运用一系列艺术处理手法和形式去创作与打造艺术景观，不仅能够美化环境，也能表达场所精神、传承历史文脉，还能宣传环境保护理念。

例如，景观装置 Waste Landscape 又叫 Sea of CDs，用 65 000 张旧 CD 缝合并覆盖在充气土堆上，形成 500m² 金属沙丘的"海洋"。CD 是生活中消失的废弃物，创作成大规模艺术装置旨在提醒人们当今环境问题的严重性。Waste Landscape 是结合了当代艺术、地景和环境关系的大型雕塑艺术装置，在展期结束后全部回收，循环利用。作品展现日常用品的生命周期，意在号召人们秉持环保理念，重新审视生态环境和生活方式（图 4.50）。

图 4.50　由旧 CD 构筑的艺术装置 Waste Landscape

（图片来源：https://www.yatzer.com/A-Shining-Waste-Landscape）

环境废弃物资源化与景观化处理的路径分解如图 4.51 所示。

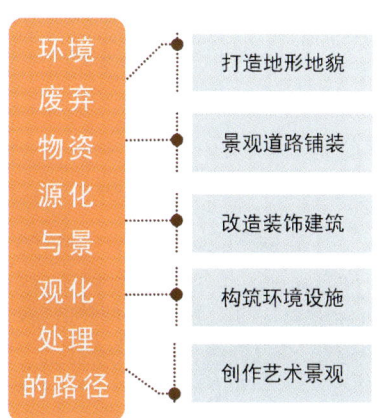

图 4.51　环境废弃物资源化与景观化处理的路径分解示意图

4.6.4 环境废弃物资源化与景观化处理的方法

环境废弃物资源化与景观化处理的方法常见的有以下几种：无害化处理、直接保留、加工再利用、元素重组、生态利用等。

4.6.4.1 无害化处理

针对污染较严重的环境废弃物，主流的处理方式是填埋、清除、外运，从而尽可能降低废弃物对环境的污染，消除对城市的危害。针对可通过有效的化学、物理技术手段降低污染性使其无害化的环境废弃物，可在无害化处理后再加以利用。针对于污染较轻和无污染型的环境废弃物，可选择直接利用或加工后再利用。不管环境废弃物如何进行资源化与景观化处理，前提是不会对生态环境造成破坏，不会对人体健康造成威胁。

4.6.4.2 直接保留

直接保留是指保持原有废弃物或设施的形态、面貌、材料等要素，在此基础上对其进行功能转变，让其发挥新的用途，融入新的环境。

环境废弃物虽是废弃之物，但它是历史的见证者，历经了城市的变迁，见证了城市的发展，是历史文脉价值和场所精神的物质载体，具有社会价值与审美属性，对其加以保护、保留是对城市发展历程的铭刻，对场所精神的歌颂，对历史文脉的尊崇。环境废弃物直接保留的可以是整体也可以是部分，但一定要具有代表性和象征性。此外，恰当的功能转换是关键，只有保留的部分被赋予新的功能价值，真正融入新的环境中，直接保留才有意义。

例如，北京798艺术园设计上保留了原废弃建筑墙体，并将废弃火车头进行保留和翻新处理，作为园区内景观构筑物供游客拍照。此外，它还充分利用场地原有废弃物，如电话亭、废弃工厂零件，经过清洁翻新处理，以景观小品的形式应用于景观空间中（图4.52）。

图4.52 北京798艺术园景观与构筑物
（图片来源：https://mob.798art.org）

4.6.4.3 加工再利用

加工再利用是指将原废弃物、设施或材料进行加工后重新再利用。加工再利用时要秉持"就地加工、就地改造"的原则。

加工再利用主要适用于建筑拆建、设施拆卸等领域,针对那些可塑性较强的废料和废渣。经过加工后的废料和废渣可以用作新的建筑材料、道路施工与铺装材料、景观结构材料,被重新运用于建筑搭建、道路施工、景观设施构筑加工等。此外,无污染的废渣与废料还可充作填充材料和缓冲材料,用于整平、覆土等地形塑造;废弃的设施经拆除、分解、重构、转换等工艺技术和艺术处理后,可以组合构筑新颖、有趣的环境设施、景观小品、艺术装置等。

例如,中山岐江公园中将工厂废弃钢板经过加工处理后再进行利用,改造成为"红盒子",贯穿场地,搭配白色柱阵,烘托出怀旧的工业氛围(图4.53)。

图 4.53　中山岐江公园景观

(图片来源:https://mob.798art.org)

4.6.4.4 元素重组

元素重组是指将体量较小、凌乱散碎的废弃材料进行组合,或者将原有的环境废弃物元素打散、分解后重新组合。

环境废弃物通过元素重组后会拥有全新的面貌、不同的功能和创新的效果。如废纸板、废铁皮、废易拉罐、废砖块这些废弃单品进行大量组合利用,可成为新的景观建筑材料。通过拆分、切割、焊接、敲打、弯曲、拉伸、组合等,可将种类繁多的废弃物重新进行加工处理,使其拥有全新的面貌和使用功能,既保留历史沧桑感,又体现可持续循环发展理念。

例如,以南头古城为原型延伸出来的南头艺术装置,利用建筑废料,将拆下来的废旧砖瓦等废弃材料进行组合,设计了一把以古城门拱形形态为原型的艺术装置椅子,椅子兼具功能性和雕塑美感,映射了空间形态的转译与材料的再生,在展现历史沧桑感的同时,又展现地域文化风貌(图4.54)。天津低碳实践创意园将废弃轮胎、废弃木条和废弃麻绳元素重组为景墙,将废弃PVC水管组合成景观座椅,将废弃轮胎切割重组成景观小品(图4.55)。

 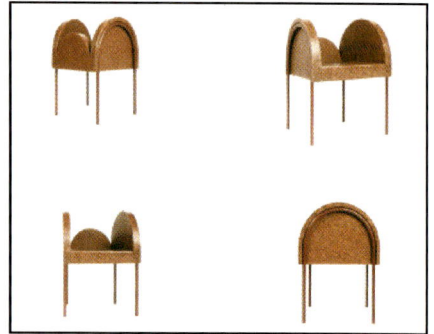

图 4.54　以南头古城门为原型创作的艺术装置
(图片来源:https://www.gooood.cn/the-chair-of-nantou-old.htm)

图 4.55　天津低碳实践创意园的景观小品
(图片来源:https://m.sohu.com/n/347536375/)

4.6.4.5　生态利用

在城市环境废弃物中,除废弃设施、废料废渣外,还包括各类植被产生的枯枝落叶、河道淤积物、生物粪便等。目前这类废弃物的处理方式主要包括有机肥料堆肥、有机覆盖物和生物质能源转化等。

有机废料堆肥主要针对植被的落叶残枝、河道淤积物、生物粪便等,它们含有较多的有机质,极易腐烂,粉碎后可以在微生物的发酵分解下成为优秀的有机肥原料。有机废料堆肥在实现资源良性循环利用的同时,可以有效提升土壤肥力,优化土地质量。

有机物覆盖主要材料是植被的茎干,将植物茎干加工处理后铺设在土壤表面,具有保持土壤水分、抑制杂草生长、降尘抑尘、降低植被养护成本的作用。有机覆盖物还可进行彩色加工,达到丰富景观色彩、美化景观的效果。

生物质能源转化主要是将枯枝落叶、生物粪便等环境废弃物燃烧,这类具有高热值的优质燃剂燃烧后产生的烟灰归于土壤,可滋养土地,提升土地肥力,将其作为燃烧原料转化为生物质能源是资源合理利用的体现,也是将生态效益转化为经济效益的方式。

环境废弃物资源化与景观化处理的方法分解如图 4.56 所示。

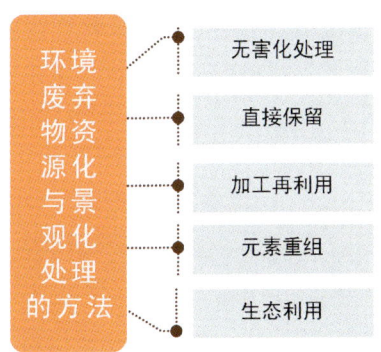

图 4.56　环境废弃物资源化与景观化处理的方法分解图

4.6.5　环境废弃物资源化与景观化处理的程序

环境废弃物资源化与景观化处理的程序主要包括环境调查、收集选用、可行性分析、设计施工。

4.6.5.1　环境调查

环境调查是环境废弃物资源化与景观化处理的客观前提。在城市土地资源再利用的过程中会产生多样的环境废弃物。由于所处环境、场地以及再利用目标不同，环境废弃物的种类、性质、数量、潜在利用价值也会有所不同。要使环境废弃物作为资源的价值得到发挥，就需要对场地环境做充分的调研与评估，包括场地的需求与功能、废弃物现状与占地、区域的地理气候条件、生态环境要素、经济成本因素、社会文化影响等。

4.6.5.2　收集选用

收集选用是环境废弃物资源化与景观化的素材积累。环境废弃物的收集选用要有正确的标准与合理的导向，要从源头开始分类，广泛收集，准确挑选，才能保证物尽其用、切实有效。首先要注重环境废弃物材料的属性，如是否有害或潜在有害，物理性质与化学性质是否有功能缺陷，质感、肌理、色彩等是否合适；其次是要注重环境废弃物在经济成本控制上是否有积极效应，在利用加工的过程中是否便捷且易于操作等；再次是要注重环境废弃物是否具有创意表达的空间，是否具有艺术的美感与形态等。

4.6.5.3　可行性分析

再利用可行性分析是环境废弃物资源化与景观化的关键决策。环境废弃物的再利用毕竟是变"废"为"宝"，因为"废"的特性就不可避免地具有局限性，所以可行性分析尤为重要。

环境废弃物的再利用可行性分析是根据废弃物的产量、成分组成、运输成本,从耐久性、功能性、艺术性、临时性等方面,综合考量是否能再利用以及如何利用。可行性分析包括环境废弃物在投入使用前不会对生态造成破坏,不会对人体健康造成威胁,不会造成二次污染;环境废弃物再利用采用什么样的利用方式最合理、最实用、效果最好、性价比最高;环境废弃物如何才能更充分、更持久地被利用等。

4.6.5.4　设计施工

设计施工是环境废弃物资源化与景观化的实施呈现。环境废弃物再利用的设计施工阶段包括设计方案制订、施工安装组建、后期管理维护等。其中,设计方案包括设计分析、概念图、效果图、施工图等;施工安装组建包括人员准备、设备材料准备、进度安排、进场—施工—收尾等具体环节;后期管理维护包括使用管理、运行维护、修缮升级、预估风险等。设计施工直接关系到环境废弃物资源化与景观化处理的成败与最终效果。

环境废弃物资源化与景观化处理的程序分解如图4.57所示。

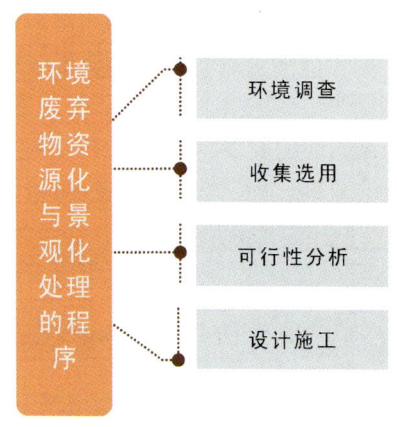

图4.57　环境废弃物资源化与景观化处理的程序分解图

4.6.6　小结

在城市土地资源再利用中,环境废弃物再利用对推进生态文明、美丽中国建设具有重要意义,它的价值表现在可持续价值、环境价值、经济价值、社会价值、文化价值5个层面。环境废弃物资源化与景观化处理的路径主要包括用于打造地形地貌、用于景观道路铺装、用于改造装饰建筑、用于构筑环境设施、用于创作艺术景观;常见的处理方法有无害化处理、直接保留、加工再利用、元素重组、生态利用等;程序主要包括环境调查、收集选用、可行性分析、设计施工。

环境废弃物资源化与景观化处理的程序分解如图4.58所示。

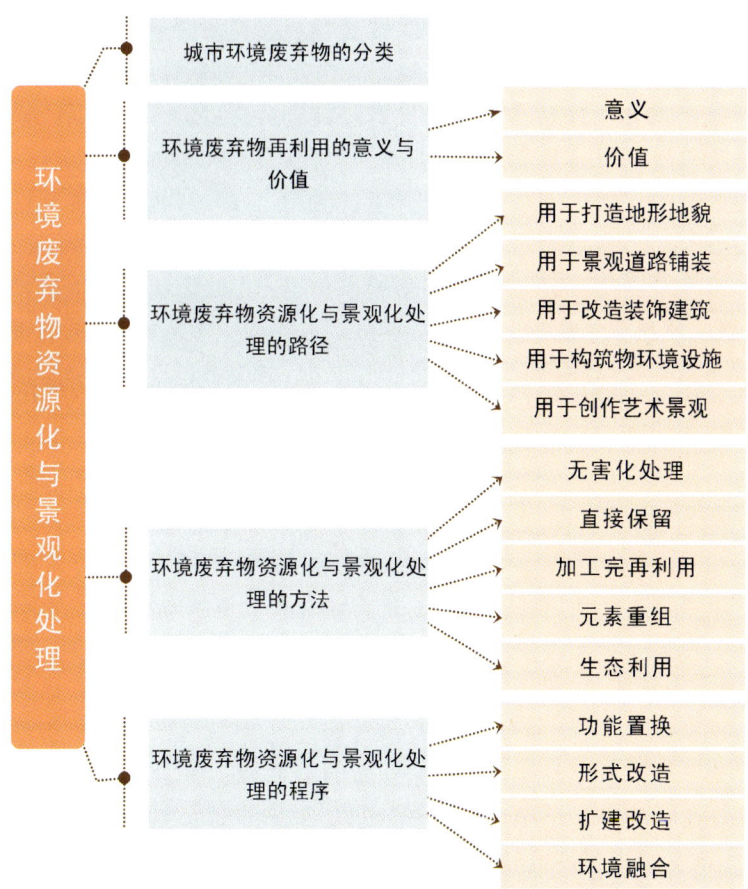

图 4.58　环境废弃物资源化与景观化处理的程序分解图

4.7　建(构)筑物的改造性再利用

　　城市用地中存在用于生产、居住、服务的各类建(构)筑物,它们发挥着生产、生活、商业、文教、办公、医疗、交通、仓储等不同功能。但随着城市土地功能布局的调整,原有建(构)筑物已经不能满足城市发展的新要求,不能与土地资源再利用的新目标相匹配,需要调整更新。

　　城市土地资源再利用中生态修复与景观设计的耦合模式对原有建(构)筑物采用的技术手段主要是改造性再利用。建(构)筑物的改造性再利用是通过保留与更新使旧建(构)筑物的生命得以延续和发展,体现了可持续循环发展的理念。它既有利于节省资金成本,又有利于资源高效利用;既实现了经济价值的转移,又体现了文化价值的延续;既满足了城市更新后的功能需求,又保留了城市的历史痕迹与文化记忆。

4.7.1 建(构)筑物

城市土地资源再利用中的建(构)筑物是属于固定资产的人工建筑,主要是指场地中的各类建筑物与构筑物。

4.7.1.1 建筑物

建筑物是人工建造的供人们进行各种生产与生活活动的场所,按照使用功能可划分为民用建筑、工业建筑、农业建筑。

民用建筑是供人们居住、进行公共活动的建筑,分为居住建筑和公共建筑两类。居住建筑是指供人们居住的建筑,如住宅、公寓、宿舍等;公共建筑是指供人们进行公共活动的建筑,包括用于办公、科研、金融、商业、文娱、医疗、体育、交通、民政、司法、宗教、通信、园林、纪念等的各类建筑。

工业建筑是以工业生产为主要使用功能的建筑,包括生产车间、动力用房、辅助车间、仓储建筑等。

农业建筑是以农业生产为主要使用功能的建筑,包括温室、饲养场、粮食饲料加工站、农机修理站等。

4.7.1.2 构筑物

构筑物是不具备、不包含或不提供生产和生活功能的人工建筑物,是指除工业建筑、民用建筑、农业建筑等之外,有一定功能性或对主体建筑有辅助作用的结构建筑,如桥梁、堤坝、隧道、水塔、水池、碑体、围墙、招牌框架、水泥杆等。

相对于建筑物,构筑物具有单体功能单一、形态多元化、空间划分模糊、尺度跨度大、造型多变灵活等特点。构筑物由于往往只发挥固定作用、辅助与特定的对象,所以其功能相对单一,且由于具备不同的功能,其尺度、结构、造型、材质各不相同,具有千差万别的形态,造成形态上的多元化。构筑物多为半开敞或混合式空间,内部空间与外部空间界线不清晰,空间划分模糊,类型多样,结构灵活,在体量上尺度跨度大,在材料与工艺的选择上也不拘一格。

4.7.2 建(构)筑物改造性再利用的策略

4.7.2.1 改造性再利用的目标

建(构)筑物改造性再利用的目标,一是合理利用空间,二是文化传承保护。

1. 合理利用空间

随着社会的进步,人类生存发展的空间愈来愈有限,如何将有限的空间发挥最大的效益和价值,成为了现代社会生产生活中十分重要的课题。建(构)筑物就是空间和场所的人造物质实体,对它的改造性再利用,本质上就是对空间的再利用。如何最大化利用空间,如何合理地分配空间,如何有效地实现空间的功能,是建(构)筑物改造性再利用的根本任务与核心目标。

2. 文化传承保护

在城市土地再利用中,虽然各类建(构)筑物因原有功能不再适应新场所而需要调整,但它们身上镌刻着城市的历史印记与荣辱兴衰,代表着曾经的光辉与理想,具有重要的历史文化价值。在改造性再利用中,要充分尊重并延续原建(构)筑物的这种人文历史价值。如何让城市的历史得以延续、文脉得以保持,如何让建筑与构筑物在新背景下和新场所中继续焕发光彩,是建(构)筑物改造性再利用的重要任务与主要目标。

4.7.2.2　改造性再利用的路径

建(构)筑物的改造性再利用要从其所处的场所区位关系、空间结构特征、人文历史属性等因素出发,采用以下 3 个方向的路径。

1. 满足建(构)筑物在场所区位中的功能需求

建(构)筑物所处的场所区位十分重要,其功能设定与调整完全取决于场所条件和区位因素,因为场所区位决定了其改建投资的利润、商业房产的价值以及未来发展的态势。建(构)筑物根据不同的场所条件与区位因素,可分别改造为公园、博物馆、学校、图书馆、住宅、旅馆、餐厅、购物中心、办公用房等。

2. 开发原建(构)筑物的空间利用潜力

根据城市土地资源再利用的目标要求,立足于原建(构)筑物的现实空间条件与结构类型,通过空间功能置换、空间结构重组、空间尺度改变、空间布局调整等方式,充分挖掘原有建(构)筑物的空间利用潜力,找到合理的再利用方式和可行的改造路径。

3. 挖掘建(构)筑物自身的历史文化价值

此路径主要针对人文历史属性丰富并独特的建(构)筑物,它们一般既有内在意义的深刻性,又有外在形式的特殊性,将其功能开发为参观、游览、文化传承、历史展现等,在满足人们场所空间使用要求的同时,也成为人们心灵与精神的栖息地。

4.7.2.3　改造性再利用的方式

建(构)筑物改造性再利用主要采取拆除重建与保留更新两种方式。

1. 拆除重建

拆除重建主要针对结构不稳定、存在安全隐患、不具实用价值、接近或达到使用年限的建(构)筑物。拆除可以是全部清除也可以是部分拆除。全部清除腾空了场地,产生了新空间;部分拆除后保留的局部还可以作它用。拆除时要防止"二次污染",对建筑垃圾及废弃物要作无害化处理或合理再利用。重建多是为了满足新场所环境的功能需求。重建的新建(构)筑物要能与场所的生态环境和谐共生,要能与场所的历史文化一脉相承,要能与场所的风貌特征协调统一,能真正的融入其中。

2. 保留更新

建(构)筑物相比于其他的场地元素,具有力学结构稳固、空间布局灵活、使用周期长久等特点,所以很多建(构)筑物保留原状或稍加维护修缮即可再利用。对于具有历史文化价值的建(构)筑物,更要加以保护。有重大历史文化价值的建(构)筑物,若被破坏严重或改变或搬迁,可以仿造原形态进行复原,在复原时要遵循"三原"原则,即使用原物质、还原原规模、保持原风貌。

建(构)筑物改造性再利用策略的分解如图 4.59 所示。

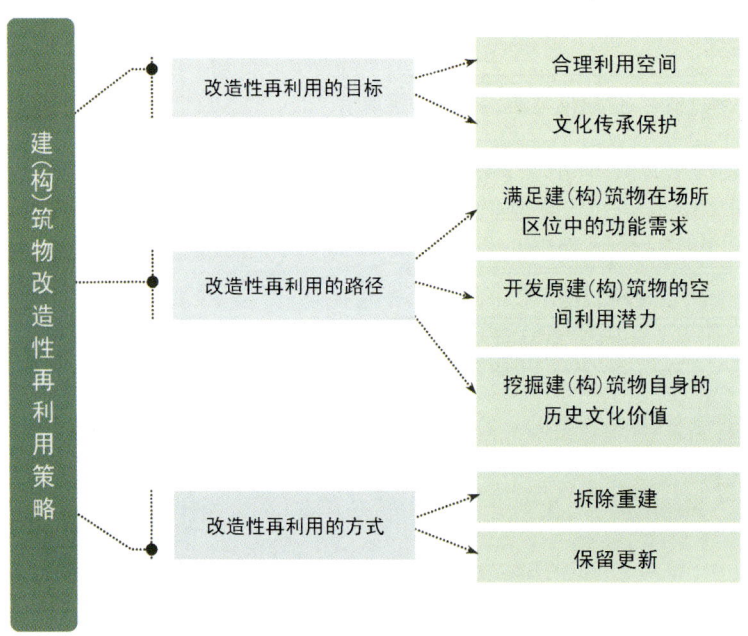

图 4.59　建(构)筑物改造性再利用策略的分解图

4.7.3　建(构)筑物改造性再利用的措施

建(构)筑物改造性再利用的措施包括功能置换、空间重构、形式改造、扩建改造、环境融合 5 个方面。

4.7.3.1 功能置换

功能置换即寻找能与原建(构)筑物相匹配的新使用功能,将原建(构)筑物改作它用。如将空间跨度大、面积尺度大的建筑改为礼堂、剧场、博物馆,将层高低的厂房、仓库改为娱乐购物中心、办公空间等。

功能置换需要根据原建(构)筑物的空间与结构特性,结合场地新的功能需求,选定相匹配的功能方向,是一种节省成本和工程造价的经济改造手段。

功能置换不对原建(构)筑物的空间与结构进行调整或增减面积,只进行保留、加固、修缮等,集中应用于交通组织、开窗、内外装修、设施变更。

英国伦敦泰晤士河畔的泰特现代艺术博物馆就是将巨大的涡轮车间改造成具有聚会、展示功能的大厅(图 4.60)。

图 4.60　英国伦敦泰晤士河畔的泰特现代艺术博物馆

(图片来源:https://k.sina.cn/article_6438955897_p17fcaab7900100lqm6.html)

4.7.3.2 空间重构

空间重构的具体措施有化整为零、变零为整、局部改造。

1. 化整为零

化整为零是采用垂直分层或水平分隔的方式将内部大空间改造为较小的空间,然后再加以使用。垂直分层针对内部高大空间,采用内部纵向分层,将高空间划分为高度适合的多层空间,再加以利用。水平分隔针对内部开敞空间,在主结构不变的框架下,在水平方向增加分隔墙体,转化为多个小型空间加以利用。

2. 变零为整

变零为整是采用打通连接、加连廊搭接、封顶联结等方式使若干相对独立的建(构)筑物形成连贯的连续空间。

打通连接是在共用墙、并联双墙处开通道,或拆除框架建筑的非结构性通墙,使空间连为一体,如 Burrell Collection 博物馆改造项目成功地运用了打通连接的手法。

Burrell Collection 博物馆设计打通室内的特定区域,开拓空间,强调展廊在水平和垂直方向上的运动,大幅增加人们可以同时欣赏的展品比例。改造后的展馆比原本布局总共增加了 35% 的展览空间,北向采光的排列展廊被人们亲切地称为"林间漫步"。绝大部分的藏品保管于可进入的储藏室中,便于轮换展出(图 4.61)。

图 4.61　Burrell Collection 博物馆改造(英国苏格兰格拉斯哥)

(图片来源:https://www.gooood.cn/the-burrell-collection-glasgow-john-mcaslan-partners.htm)

加连廊搭接是在相邻的建(构)筑物之间加连接廊或天桥,使其内部空间能够相互贯通。如丹麦技术大学(DTU)化工学院 228 号楼改造项目。设计团队进行定量优化,使空间得到更好的利用,加强了空间多样化使用。228 号楼通过在实体单体建筑之间加设玻璃隔断和连廊的方式,创造了大量宽敞的功能性连接,满足了增强学院联系、协同和交流的需求。设计团队秉持整体概念,将建筑划分为实验室、大厅等高技术区域,以及行政室、会议室和休息室等低技术区域。通风井使高技术区域直接与屋顶相连,天窗将高技术区与低技术区域隔开,为室内带来阳光,并与使之交通的空间保持一致(图 4.62)。

图 4.62　DTU 化工学院 228 号楼

(图片来源:https://www.gooood.cn/dtu-228-by-mikkelsen-architects-moe-link-architects.htm)

封顶联结是将相邻建筑物加顶封闭,加顶后的空间内可局部增建,可用连廊、楼梯加以连接,使分离的单体建筑联为整体,将室外空间纳入室内,增加可用面积,形成共享空间。如布达佩斯 Vizafogó 幼儿园扩建与改造项目。该项目旨在保留原有 2 层建筑的基础上,对幼儿园进行现代化的扩建与改造,更新其外在形象及服务设施,更好地服务于当地社区。通过加盖木制顶棚,扩建延伸出一个半户外的空间,将教室空间延伸到室外花园。全新的屋顶创造出开放的檐下空间,在将建筑向外部环境打开的同时,柔化了预制板构成的封闭环境带来的生硬感(图 4.63)。

图 4.63　Vizafogó 幼儿园扩建与改造(布达佩斯)

(图片来源 https://www.gooood.cn/extension-and-reconstruction-of-the-vizafogo-kindergarten-by-archikon-architects.htm)

3. 局部改造

局部改造是根据新的功能和空间需求,对建(构)筑物的局部进行增建、拆减、重建等。

局部增建是在建筑空间的内外局部增建新的结构与内容,如紧贴建筑外侧增加走廊,天井加顶改造为中庭,建筑中央围合出露天庭院、增加电梯、楼梯等。

局部拆减可拆减墙体,也可拆减楼板、梁、柱,还可拆减体块。局部拆减墙体可以扩大使用面积,增加采光;拆减楼板、梁、柱可以形成高大开敞的空间;拆减体块可以调整建(构)筑物的内部结构与外观轮廓。

如俄罗斯的 CCC 教育中心改造项目即采用了局部改造的方法。

CCC 教育中心是由建于 20 世纪 40 年代的仓库改建而成的一个容纳艺术教育研讨会和社交的活动中心。由于年代久远,改建只保留了原有的支撑结构,一切非承重的内部结构被拆除,在局部增设了扩建空间,重建了建筑屋顶,扩大了窗户,引入了更多的光线进入建筑内部(图 4.64)。

图 4.64　CCC 教育中心局部改造

(图片来源 https://www.gooood.cn/ccc-education-center.htm)

局部重建是对原建筑构件或结构局部有所损毁的建(构)筑物,在原有结构的基础上进行部分构件或结构的重建,重建要特别注重新建部分与原有建筑的关系以及原有结构承载力等问题。如深圳市的柴油发电厂改造沙井村民大厅的项目,将废墟作为工业遗产进行保护和活化,使其获得新的价值,从物质性和精神性两方面得到再生。该项目选择性拆除了主体建筑旁其他几栋附属建筑,以保障主体建筑向外延伸的空间。一方面,主体建筑的废墟实体、结构和细微痕迹得到最大程度保留,废墟的混凝土结构经过加固后全部被循环利用;另一方面,新的钢结构与玻璃等材料和体块或插入或包裹着旧废墟,它们相互编织、交融在一起,含混了新与旧的绝对界限,使得整个建筑成为连续生长的有机体,犹如老树发新芽,"新"从"旧"中自然萌发、生长出来(图4.65)。

图4.65 沙井村民大厅(局部重建蚝乡湖文创馆)(深圳)

(图片来源:https://www.gooood.cn/shajing-village-hall-arcity-office.htm)

3.7.3.3 形式改造

形式改造的具体方式有维持/恢复原貌、形式协调、形式对比、造型重塑。

1. 维持/恢复原貌

此方式表现为维持、保护、复原改造性再利用建(构)筑物的原有历史风貌与外部形式。改造的重点放在建(构)筑物的内部而不是外部,主要对内部的功能和形式进行调整和更新。对于保存完好的建(构)筑物,尽量维持原貌;对于保存有所缺损的建(构)筑物,在保留原貌的基础上其对外观进行局部修缮与小范围更新;对于严重毁坏、保存不好的建(构)筑物,采用复原外观形式、内部拆除重建的措施。如德国慕尼黑的戴克豪仓库改建、景德镇江西画院美术馆改建。

景德镇江西画院美术馆改建项目将原建国瓷厂改造为专业美术馆,使之承担新时代的艺术使命,完成文脉传承。设计维持和延承了原有建筑的空间尺度、建筑形态、柱网跨度、立面模数等骨骼,利用混凝土、玻璃、铝板等材料以更加简洁的设计语言塑造新增空间。新旧部分在体量、肌理、比例上和谐一致,但在内部空间和建筑细部以及材料构造上却呈现着属于不同时代的建筑技艺,形成和而不同的设计效果,为整个千年历史街区植入当代元素(图4.66)。

图 4.66　景德镇江西画院美术馆

(图片来源:https://www.gooood.cn/giant-panda-national-park-yaan-science-education-center-china-southwest-architecture-design-and-research-institute.htm)

2. 形式协调

此方式是从整体形式上呼应建(构)筑物原貌,使建(构)筑物与整体环境氛围保持协调。在对原建(构)筑物的更新调整中,一般不做突兀的变化与改动,使增建部分与原建筑相呼应,在造型、材料、色彩上与原貌保持一致,延续凸显原貌的特征与代表元素,与周边的环境氛围和场所存在的其他元素相协调,达到整体形式上的协调统一。

3. 形式对比

此方式是在建(构)筑物的更新调整中,塑造全新的形象与内容,让新老形式呈现出显著区别,从而形成历史与现代的穿插融合,展现其变迁的历程。目前此方式在建(构)筑物改造性再利用中较为常见,如采用现代材料(钢材、铝合金、玻璃等)明显区别于原建筑的传统材料。形式对比让改造后的建(构)筑物在材料、色彩、造型上形成鲜明对照,产生出新旧交织的风格,更具历史时空感。

4. 造型重塑

此方式是对建(构)筑物的彻底更新,形式上以新为主,改造后以崭新的形象出现。除历史文化旧址和古建筑外,那些年代较早的老旧建(构)筑物因修建年代久远,造型外观风格与当下的城市风貌已经不协调,需要通过造型重塑的方式改头换面,从而使它焕发新生。改造后的建(构)筑物将以全新的面貌和形象重新去适应、融入城市环境空间中。

4.7.3.4　扩建改造

随着时代的发展,许多老建(构)筑物无论是在空间数量上还是在空间质量上都已无法满足现代的需要,为了完善其功能与空间,扩建改造成为了改造性再利用的重要措施。扩建改造是指在原建(构)筑物的结构基础上,或在与其关系密切的空间范围内,为了对其原有功能补充与扩展而进行的新建与增建。扩建改造不仅要注意扩建部分自身的功能要求,还要处理好与原有建筑在空间上的过渡与融合,形成完整的空间体系。

扩建改造常见的有垂直加建与水平扩建两种方式。垂直加建是在原顶部垂直加层扩建,此方式可增高建筑轮廓线,改变建筑形式,在占地面积不变的情况下增加了建筑面积,但要充分考虑原结构的承载力,同时也要作结构加固处理。水平扩建是紧靠或邻近原建(构)筑物进行增建,或将新建筑与旧建筑连接为一体。此种方式应充分考虑新增建部分与老建筑之间的功能与空间的关系,以及增建部分对原建筑结构的影响。

4.7.3.5　环境融合

建(构)筑物改造性再利用不能仅局限于自身的改造,还要与外部的景观环境充分融合,作为重要的景观元素纳入到城市的整体环境中。建(构)筑物与环境的融合,主要表现在场所精神的塑造与生态环境的维护两个方面,如四川的大熊猫国家公园雅安科普教育中心的设计(图4.67)。

图4.67　大熊猫国家公园雅安科普教育中心设计(四川雅安)

(图片来源:https://www.gooood.cn/giant-panda-national-park-yaan-science-education-center-china-south-west-architecture-design-and-research-institute.htm)

(1)生态环境的维护。建(构)筑物改造性再利用要以维护生态环境为准则,减少施工对生态环境的影响和改造更新所带来的环境负荷;合理处理建筑垃圾,防止二次污染;利用生态环保型材料;注意节能减排;尊重生态系统的自然规律,依据场地自然环境要素合理规划设计。

(2)场所精神的塑造。建(构)筑物改造性再利用要立足于原地段与环境的特征,挖掘地域文化,展现场所精神,在此基础上进行功能定位和更新改造,如美国西雅图煤气厂公园改造项目(图4.68)。

建(构)筑物改造性再利用措施的分解如图4.69所示。

4.7.4　小结

城市土地资源再利用中生态修复与景观设计的耦合模式针对原有建(构)筑物采用的技术手段主要是改造性再利用。

图 4.68　美国西雅图煤气厂公园改造项目

(图片来源：https://you.ctrip.com/photos/sight/shanghai2/r1699175-63758491.html)

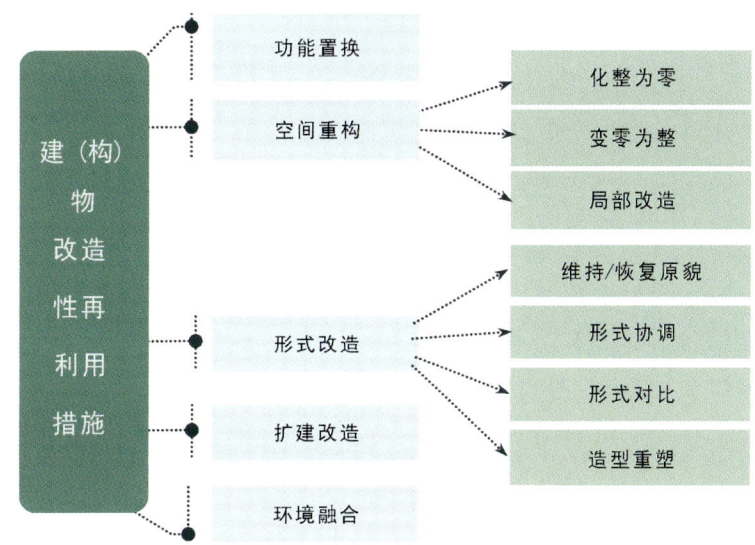

图 4.69　建(构)筑物改造性再利用措施的分解图

建(构)筑物改造性再利用的目标，一是合理利用空间，二是文化传承保护；改造性再利用的路径分别是满足建(构)筑物在场所区位中的功能需求、开发原建(构)筑物的空间利用潜力、挖掘建(构)筑物自身的历史文化价值；改造性再利用主要采取拆除重建与保留更新两种方式。

建(构)筑物改造性再利用的措施包括功能置换、空间重构、形式改造、扩建改造、环境融合 5 个方面。功能置换是将原建筑与构筑物改作它用；空间重构的具体措施有化整为零、变零为整、局部改造；形式改造的具体方式有维持/恢复原貌、形式协调、形式对比、造型重塑；扩建改造是新建与增建，常见的有垂直加建与水平扩建两种方式；环境融合主要表现为场所精神的塑造与生态环境的维护。

建(构)筑物改造性再利用的分解如图 4.70 所示。

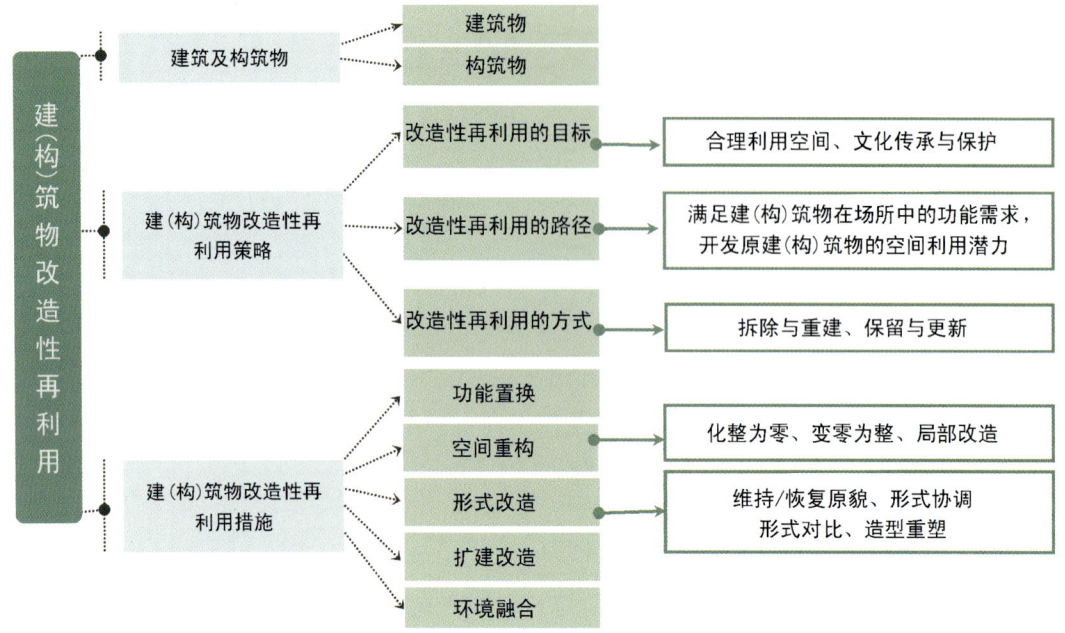

图 4.70　建(构)筑物改造性再利用的分解图

4.8　艺术景观与公共设施设计

城市土地资源再利用中生态修复与景观再造的耦合模式除了兼顾各项生态元素与景观要素外,还会涉及各项人工设施与景观艺术成果,因此在该模式的技术手段体系中,艺术景观与公共设施设计也是不可或缺的重要环节。

4.8.1　艺术景观的主要类型

在城市土地资源再利用中所涉及的艺术景观类型比较多,常见的主要有壁画、雕塑、景观装置、景观小品、地景造型等。

4.8.1.1　壁画

壁画是指绘在"壁"上的画。壁画是伴随着建筑艺术而形成的,是依附于建筑和空间环境的立面与顶面的艺术形式,是最早的绘画形式之一。

壁画与其他绘画形式的最大不同在于它对建筑或空间环境的依附性。这种依附性体现在两个方面:一是对二度空间的强调及在构图上的散点透视;二是材料对建筑与环境的适应。

第 4 章　城市土地资源再利用中生态修复与景观设计耦合模式的技术手段体系

壁画总体上可以分为绘制型与材料加工型两类。绘制型壁画有干壁画和湿壁画之分，绘制的材料有蛋彩、油彩、蜡、漆、丙烯之分。材料加工型壁画常见的有陶瓷壁画、镶嵌壁画、金属材料壁画、木质壁画及综合材料壁画等。

壁画通过艺术的手法对公共景观与空间环境进行优化，与公共环境相互依附，极大提升了公共空间与景观环境的艺术品质与审美质量。

我国陶瓷壁画《九龙壁》由琉璃拼接镶砌而成，姿态生动，光彩照人(图 4.71)；人民英雄纪念碑碑座下层须弥座的束腰部分四面共镶嵌着八幅汉白玉浮雕，其中之一为《虎门销烟》(图 4.72)。

图 4.71　陶瓷壁画《九龙壁》　　　　图 4.72　汉白玉浮雕《虎门销烟》

(图片来源:https://www.sohu.com/a/276837307_617491)

4.8.1.2　雕塑

雕塑是造型艺术的一种，是雕、刻、塑、铸、锻等艺术表现方法的总称。雕塑是指用各种可塑材料(如石膏、树脂、黏土等)或可雕、可刻的硬质材料(如木材、石材、金属、玉、铝、玻璃、钢、砂岩、铜等)，创造出具有一定空间与体积的可视、可触的艺术形象。

雕塑按表现形式可分为圆雕、浮雕。圆雕是可以分方位、多角度欣赏的三维立体雕塑，为雕塑最常见的形式。浮雕是指在需要的装饰面上制作出具有二维空间形态的雕塑，有高浮雕、浅浮雕、线刻、镂空式等几种形式。雕塑按使用材料可分为石雕、铜雕、木雕、牙雕、骨雕、根雕、冰雕、沙雕、泥塑、面塑、石膏像等。雕塑按特征与功能可分为主体性雕塑、纪念性雕塑、功能性雕塑、公共景观雕塑、建筑性雕塑等。

雕塑是公共艺术景观中的传统门类，它往往是公共景观与空间环境的视觉与主题焦点，作为景观环境中的标志物存在。

如毛主席纪念堂门前的雕塑(图 4.73)，具有鲜明的主题与重大的纪念意义；深圳市标志性雕塑"拓荒牛"(图 4.74)，是深圳开拓精神的象征，代表了特区建设者敢闯、敢试、任劳任怨、拼搏进取、开拓创新的奋斗精神；福州江滨公园雕塑"健美操"(图 4.75)，是极具亲和力的公共景观雕塑。

图 4.73 毛主席纪念堂门前的雕塑

图 4.74 深圳市标志性雕塑"拓荒牛"

图 4.75 福州江滨公园雕塑"健美操"

(图片来源:https://baijiahao.baidu.com/s? id=1616364111266112385)

4.8.1.3 景观装置

景观装置是景观中的装置艺术或与景观相关联的装置艺术。它在景观空间环境中,将物质文化实体进行艺术性的有效选择、利用、改造、组合,演绎出新的展示特定观念或精神文化意蕴的艺术形态。

景观中的装置艺术是以表达场所的特定主题为原则来创作的,是景观空间中的视觉焦点和视线停驻点。景观装置的主要特点是强调公众的主动参与,取材广泛、创意独特,多应用新材料与高科技手段,可以与建(构)筑物结合实现环境空间的多功能化与优化。

如位于美国与加拿大边界的巨大的不锈钢制框架装置(图 4.76),看上去一团糟的金属支架中间擦出了整齐的空白,形式与材料极富创意和震撼力,唤醒人们对环境空气问题的关注。美国纽约时代广场上的心形互动装置(图 4.77),是为庆祝情人节而创作的充满爱意景观装置。装置高 3 米,由 400 个透明的亚克力管材制成,中间有红色心形光晕,闪动好似心跳,通过传感器将人触摸的温度转化为光能,心就能更红、更亮,跳得更快。"Court of Water"景观装置(图 4.78),是用喇叭雨水管道装饰的建筑,独特外饰装置很"吸引人的眼球",让人不禁猜想下雨时是否会奏响美妙的音乐。

图 4.76 美国与加拿大边界巨大的不锈钢制框架装置

图 4.77 美国纽约时代广场上的心形互动装置

图 4.78 "Court of Water"景观装置

(图片来源:https://m.sohu.com/a/223730480_526397/)

4.8.1.4 景观小品

景观小品是在景观环境中供美化、装饰、使用和管理及方便之用的小型设施,一般体量小巧,造型别致。

景观小品可分为功能类和艺术类,功能类的景观小品以其显著的功能性存在于环境空间之中,如标识标牌、灯具、座椅、垃圾箱、消防栓等;艺术类的景观小品有显著的艺术效果和对环境的美化提升功能,如花坛、喷泉、置石、盆景、艺术铺装等。

景观小品在景观中有着非常重要的作用,既是景观环境的组成部分,同时又兼具实用和艺术审美的双重功能,美化环境、提高环境品质,是景观环境中的亮点。

如园林中优美的海螺造型种植器(图4.79);植物园中的景观小品,体现着浓郁的徽派建筑风格(图4.80);沙漠风格的艺术花坛设计极具个性(图4.81);园林景观中的各色置石、跌水、廊架、铺装等景观小品(图4.82)。

图4.79 园林中优美的海螺造型种植器

图4.80 植物园中的景观小品

图4.81 沙漠风格的艺术花坛

图4.82 园林景观中的各色置石、跌水、廊架、铺装等景观小品

(图片来源:http://www.dashangu.com/postimg_4557602.html)

4.8.1.5 地景造型

地景造型也是指"大地艺术",是指以由大地的平面和自然起伏所形成的立面空间环境为背景,运用自然材料和艺术创作手法,进行具有审美观念的实践和具有环境美化功能的艺术创造。

地景造型的表现内容和审美对象是自然地物地貌，如水体、山体、泥土、岩石、森林、沙漠、谷地、坡岸等，由它们组成或以它们为元素的艺术作品独具博大、神圣、威严之感，体现了艺术家对大自然的崇敬与尊重，有一种无法言说的独特魅力。地景造型为现代公共性的视觉艺术形式及观念性艺术实践开辟了前所未有的创作空间，是在博大无言的自然之中去建构独特的审美意向。

地景造型（大地艺术）并不以改变自然为目的，更多的是引导人们去重新认识、关注环境与自然，思考人与它们之间的关系等。

如罗伯特·史密森于1970年创作的螺旋防坡堤（图4.83），被喻为"二十世纪最伟大的艺术品之一"，作品用重达66000多吨的黑色玄武岩堆砌成逆时针的环状螺旋造型，盘绕于盐湖城的大盐湖岸边，总长457.2米，从天空鸟瞰，就像是湖畔延伸出的卷曲尾巴。

图4.83　螺旋防坡堤造型及鸟瞰图

（图片来源：https://www.sohu.com/a/339649179_696292）

又如罗伯特·史密森创作的断裂的圆环和螺旋山丘位于荷兰埃门的一个废弃采石场。两个作品分别是深入水中的半圆形堤坝和螺旋形小山丘，断裂的圆环和螺旋山丘建在一起彼此参照（图4.84）。

(a)　　　　　　　　　　　(b)

图4.84　断裂的圆环(a)和螺旋山丘(b)

（图片来源：https://new.qq.com/rain/a/20220316A0B2ML00）

再如苏格兰宇宙思考花园充分利用地形的起伏、波动与叠合,采用柔和的曲线分割来表现对宇宙自然的思考以及数学比例的主题(图 4.85)。

图 4.85　苏格兰宇宙思考花园

(图片来源:https://new.qq.com/rain/a/20220316A0B2ML00)

4.8.2　公共设施的概念与分类

4.8.2.1　公共设施的概念

公共设施一般泛指建筑室内或室外环境中一切具有一定艺术美感、设置成特定功能、为环境所需的人为构筑物。公共设施起着协调人与环境空间的作用,设置的齐备程度和设计品质的高低代表了该区域环境空间的质量和形象。

城市公共设施常见的问题主要有配置不够科学规范、品质低下、缺乏地域人文特色和人性化设计、后期维护差等。

4.8.2.2　公共设施的分类

公共设施总体来讲可分为公共信息设施、公共卫生设施、公共交通设施、公共休息设施、公共照明设施、公共管理设施、公共服务设施、公共游乐设施、无障碍设施等。

公共信息设施具体有导视牌、招牌、路牌、广告牌、街钟、音响装置、电子信息终端等(图 4.86)。

图 4.86　公共信息设施

公共卫生设施具体有垃圾箱、雨水井、洗手器、公共厕所等(图4.87)。

图4.87　公共卫生设施

(图片来源：https://blog.sina.com.cn/s/blog_662b943901017ltc.html)

公共交通设施具体有停车场、地下通道、人行天桥、公交车站、高速公路站、加油站、自行车停放处、道路护栏、道路铺设、阻车柱、交通信号灯等(图4.88)。

图4.88　公共交通设施

(图片来源：http://kan.weibo.com/con/3517012991371505)

公共休息设施主要有休息座椅、休息亭等(图4.89)。

图4.89　公共休息设施

(图片来源：https://www.photophoto.cn/sucai/09074307.html)

公共照明设施主要有道路照明设施、商业街照明设施、庭园照明设施、广场照明设施、建筑照明设施及配景照明设施等(图4.90)。

图 4.90　公共照明设施

(图片来源:http://www.softpure.com/html/gallery_details/305.htm)

公共管理设施主要有路面管理设施(井盖、警巡亭、收费处等)、电气管理设施、消防管理设施、控制设施、管理标识等(图 4.91)。

图 4.91　公共管理设施

(图片来源:http://www.softpure.com/html/gallery_details/305.htm)

公共服务设施主要有售货亭、书报亭、饮水器等(图 4.92)。

图 4.92　公共服务设施

(图片来源:https://www.sohu.com/a/515602211_496435)

公共游乐设施主要有游戏设施和健身设施等(图 4.93)。

无障碍设施主要有公共交通无障碍设施和公共卫生无障碍设施等(图 4.94)。

图 4.93　公共游乐设施

(图片来源：https://www.jia.com/zxq/wuhan/lp-34005/)

 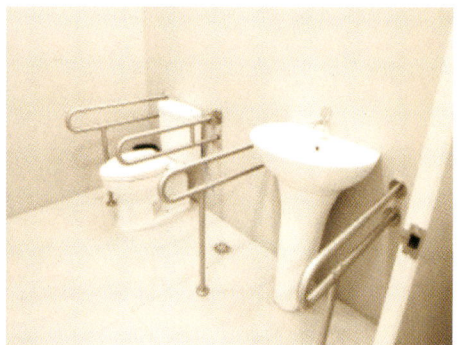

图 4.94　无障碍设施

(图片来源：https://graph.baidu.com/)

4.8.3　艺术景观与公共设施设计方法

4.8.3.1　设计目标

在城市土地资源再利用中生态修复与景观再造的耦合模式中，艺术景观与公共设施设计的主要目标集中在 4 个方面，分别是实现使用功能、美化改善环境、体现区域特点、提高环境品质。

实现使用功能。艺术景观与公共设施，尤其是公共设施，设计的基本目标就是为人们提供在景观活动中所需的生理、心理等各方面的服务，如休息、照明、观赏、导向、交通、健身等方面需求的服务。

美化改善环境。艺术景观与公共设施，尤其是艺术的设计要能达到加强景观环境艺术氛围、创造优美宜人环境、体现场所环境的艺术魅力与审美的效果。

体现区域特点。艺术景观与公共设施的设计要具有特定区域的特征,要反映该区域人文历史、民风民情以及发展轨迹,通过艺术景观与公共设施的设计可以表现城市文脉与精神,提高区域的识别性。

提高环境品质。艺术景观与公共设施集艺术性和实用性于一体,它们不仅可以改良景观生态环境,唤起人们对环境空间的关注,还可以提高环境空间的品位和文化内涵,从而提升整体的环境品质。

如 BMW 设计团队为户外景观家具制造商 Landscape Forms 设计了一系列的公共设施,包括了广告灯箱、候车亭、公共座椅、垃圾桶、路灯等(图 4.95)。从这些公共设施的曲面造型、材质和表面肌理,体现了简洁、流畅、高品质的设计风格,帮助城市提升了整体形象与品质。

图 4.95　BMW 设计团队为 Landscape Forms 设计的一系列公共设施
(图片来源:https://www.archiexpo.cn/prod/landscapeforms/product-9926-228780.html)

4.8.3.2　设计原则

在城市土地资源再利用中生态修复与景观再造的耦合模式中,艺术景观与公共设施设计有自身特定的要求和原则,主要有功能原则、个性原则、生态原则、内涵原则。

1. 功能原则

艺术景观与公共设施设计的功能原则是首先要考虑的基本原则,体现在对舒适度、安全性、方便性等方面的把握上。公共设施的功能需求在使用上显而易见,艺术景观的功能需求则是体现在精神心理层面上。功能无论是在使用上还是在心理上,都要以满足人们的需求为原则,要充分地体现人性化,应方便实用、经久耐用等,满足各种不同人群的需求,包括各类特殊人群。

如梭动的公共座椅(图4.96),人们可根据自己的需求,选择一个、两两、三个、多个自由组合,以防他人干扰,是十分贴心的人性化设计。

再如法国设计师设计的户外小型广告景观亭(图4.97),顶上可种植植物,令人仿佛置身于大树冠下,中间立柱上安有一块触摸屏,可实时更新各种城市服务信息,如地图、新闻、旅游信息等,旁边还配备了迷你吧供休息、停留,并为手机、电脑提供充电插座。这是集多功能于一体的实用景观设施。

图4.96 梭动的公共座椅　　　　图4.97 法国设计师设计的户外小型广告景观亭

(图片来源:https://bbs.zhulong.com/101020_group_201878/detail10059874/)

2. 生态原则

随着人们自然观、消费观、发展观的转变和社会科技的发展,艺术景观与公共设施设计越来越注重生态优先的原则。生态设计的核心是"3R",即少量化原则(reduce)、再利用原则(reuse)、资源再生原则(recycling)。艺术景观与公共设施设计的生态原则一方面体现在节约能源,采用可再生材料;另一方面体现在仅在思想内涵上引导人们的生态保护观念。

如为启发人们关注环保低碳,提倡废旧物品再利用,北京环卫工程集团与中央美术学院合作,以课程教学为依托而组织设计及制作了废旧物品创作的景观小品(图4.98)。

图4.98 废旧物品创作的景观小品

(图片来源:https://bbs.zhulong.com/101020_group_201878/detail10059874/)

再如抱树亭景观小品设计(图4.99),用玻璃构筑的透明建筑正中间有棵大树,像是穿破而出的,建筑将大树环抱,体现了人文景观对自然的尊崇。

图4.99 抱树亭景观小品设计

(图片来源:https://bbs.zhulong.com/101020_group_201878/detail10059874/)

3. 个性原则

好的艺术景观与公共设施最终以个性取胜,景观设施设计的个性特色不仅只是设计师个人的个性与风格体现,更包括该作品所处的环境特色、材料特色、本土意识等。艺术景观与公共设施设计要突出自然环境、人文环境、社会环境3个层面的特性,个性突出的艺术景观与公共设施更引人入胜。

如英国海边设计的长达621m个性十足的公共座椅(图4.100),全部由回收的钢材与硬木拼接而成,融入了色彩和造型等多变元素,与风景迷人的大海相辅相成,既可作为休息座椅,又可作为游乐设施,还是对海岸线的美化与勾勒。

图4.100 英国海边长达621m的个性十足的公共座椅

(图片来源:https://www.zhulong.com/zt_sg_3002264/detail42617623/)

4. 内涵原则

艺术景观与公共设施设计,特别是艺术景观,要能体现地域文化与传统,强调历史文脉,纪念重大事件。它们常常包含了记忆、想象、体验和价值等因素,能够营造独特的、引人神往的意境,使观众的情感找到归宿。

在现实的生活中,不是所有的人都经常和艺术品接触,人们也不是总处于艺术的欣赏与情操的陶冶之中,而存在于公共空间中的艺术景观与公共设施,或许可以为人们在忙碌与枯燥的现实中找到情感慰藉,体现人文的关怀。

如911纪念地景观设施设计(图4.101),为纪念184位遇难者,用不锈钢铸造了184个长凳状的纪念碑,依次排开,每个长凳悬臂的末端刻有遇难者名字,在夜晚时发出寂静的光芒,是对逝者的怀念,也为生者提供一个倾诉思念的场所。

图4.101　911纪念地景观设施设计

(图片来源:https://www.archdaily.com/6152/pentagon-memorial-kbas-studio?ad_name=selected-buildings-stream)

4.8.3.3　设计手法

在城市土地资源再利用中生态修复与景观再造的耦合模式中,艺术景观与公共设施主要的设计手法包括个性化设计手法、人性化设计手法、技艺化设计手法、系列化设计手法及生态化设计手法。

1. 个性化设计手法

个性化是指艺术景观与公共设施设计在功能、形态、精神特质上体现出的差异性。个性是相对于一般的或共性的事物而言的,是物质丰富后人们需求转变的必然结果。有个性的景观设施与普通的景观设施相比,在形态、色彩、材料、功能、精神特质上表现出显著的不同,当这种不同具备一定的积极效应,就形成了设计的个性化。个性化设计是当代设计的一大基本特点。

如隐形路灯设计(图4.102),路灯为不需要任何支撑的叶子造型,紧紧缠绕于树枝上,与树木浑然一体,叶子反面是太阳能电池板,正面安装LED灯,白天吸收太阳能,夜晚发光,自然、节能又美丽。

图4.102　隐形路灯设计
(图片来源 https://tieba.baidu.com/p/2979088621)

2. 人性化设计手法

人性化在艺术景观与公共设施设计中主要从设计的针对性、视觉的吸引力、对历史与文脉的尊重、作品的参与互动性等方面来实现。

"人性"是与"美学、技术、经济"并列的第四大设计要素。人性化设计的核心是以人为本、以人为中心、物为人用,通过研究人类的心理和行为特征,把人的物质和精神需求放在第一要素的位置上来考虑。

人性化设计体现在以下几个方面:一是设计针对特定的人群,分析研究并满足他们显现的与潜在的需求信息。二是设计上以更好的视觉特征和形式去引人关注,供人使用,为人服务。三是在设计中体现对历史与文化的关照,因为历史与文化是人的历史与文化,可唤起人们穿越时空的情感体验。四是人性化也体现在设计突出的大众化、参与性、互动性等方面。

如篮球树设计(图4.103),在同一篮球架上装上高低和朝向不同的若干个篮球板,可充分地利用场地同时打好几场球,也可为不同年龄和身高的人提供便利。

3. 技艺化设计手法

技艺化设计手法符合"高科技艺术"的审美观。不同时代的科技进步直接或间接地催生了不同时代的艺术思维与艺术样式,正是科学技术与艺术的相互发现、交汇互渗发展,共同推动了人类社会的进步与发展。艺术景观与公共设施作为城市空间中的一种使用产品,本身就需要多方面的知识与技术支撑,更受到现代科学技术极大的影响与制约,运用高科技新

图 4.103　篮球树设计

(图片来源：https://m.sohu.com/a/306534932_563997)

材料的艺术景观与公共设施设计正符合"高科技艺术"的当代审美观念。

如人造太阳能空气净化树(图 4.104)，是一个巨大的城市街道空气净化器，有效地解决了空气质量问题。它的造型是美丽高大的树形，材料用的是可降解的回收塑料，树冠上有太阳能电池板，为树下的游乐设施和夜间照明提供动力。同时，树冠上安装有空气净化设备，可吸收二氧化碳，排出氧气。该设计是兼具空气净化、游乐、照明等多功能设施，也是造型优美的空间装饰物。

图 4.104　人造太阳能空气净化树

(图片来源：https://www.sohu.com/a/223537055_294710)

4. 系列化设计手法

系列化设计手法是指运用一定的设计技术手段，对同类设计进行统一的规范化处理，使之具有形象相似的家族化特征,以强化人们的识别与记忆。

艺术景观与公共设施的系列化设计是基于对环境景观设施相关因素的综合考虑,而采用的设计处理手法可分为概念系列、功能系列、形态系列、色彩系列、尺寸系列等。

如自行车停车系统设计(图4.105),分为自行车架、指示牌和凳子3个部分,可供骑行者停放、休息、传递信息等,这个系列化的设计可沿骑行道路分布。

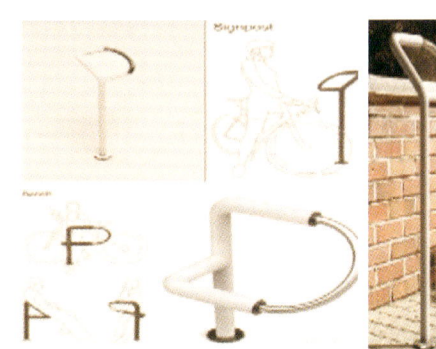

图4.105　自行车停车系统设计

(图片来源:https://graph.baidu.com/pcpage/)

5. 生态化设计手法

保护生态环境与可持续发展是目前面临的最迫切课题,生态化设计手法在当前设计领域中越来越重要。生态化设计手法的核心是"3R"原则,即在设计中遵循少量化原则、再利用原则和资源再生原则。

生态化设计手法在艺术景观与公共设施设计中可从3个方面展开:

一是对材料的选择、结构的设计、生产制造的过程、包装运输的方式等方面,采用能源节约、回收利用、循环使用的手法。

二是在设计中强化设施使用的周期长,设施使用后易于拆卸、易于回收再利用等。

三是注重生态美学,崇尚和谐、有机的美,强调自然美、生态美,欣赏质朴简洁的风格,注重人与自然环境的和谐共生。

如生态景墙设计(图4.106),这个美丽的生态墙体上有许多植物孔调、种植穴、鸟巢以及环形照明设施。墙体本身也是一个水储藏系统,能收集雨水和污水并将其过滤储存,再分配到墙体的各个部分。墙体内还有洒水喷雾装置,墙壁上装有监测噪声、空气质量、灰尘、气味的环境传感器。这个景墙设计对改善微环境和美化环境起到了很好的作用。

艺术景观与公共设施设计方法分解如图4.107所示。

4.8.4　小结

城市土地资源再利用所涉及的艺术景观类型比较多,常见的主要有壁画、雕塑、景观装置、景观小品、地景造型等;常见的公共设施包括公共信息设施、公共卫生设施、公共交通设

图 4.106　生态景墙设计

（图片来源：https://blog.sina.com.cn/s/blog_734b5f7501015yqu.html）

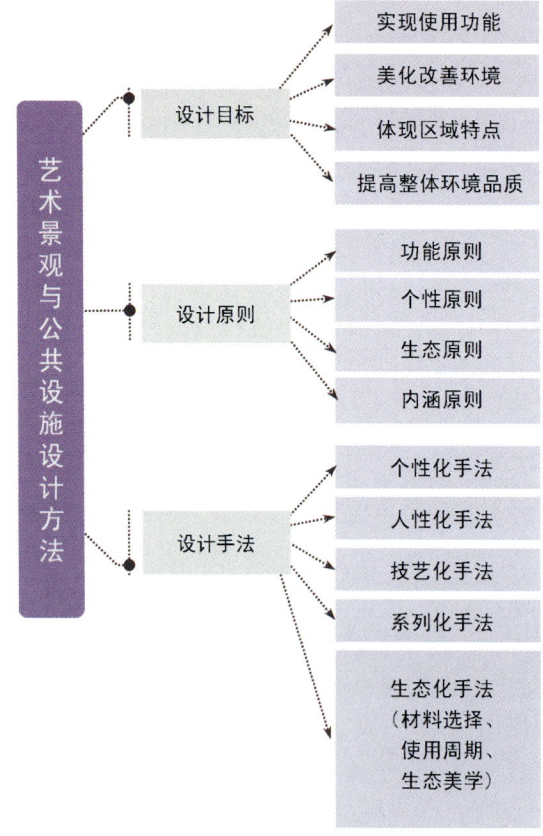

图 4.107　艺术景观与公共设施设计方法分解图

施、公共休息设施、公共照明设施、公共管理设施、公共服务设施、公共游乐设施、无障碍设施等。

在城市土地资源再利用中生态修复与景观再造的耦合模式中，艺术景观与公共设施设计的主要目标集中在实现使用功能、美化改善环境、体现区域特点、提高整体环境品质4个方面；设计原则是功能原则、个性原则、生态原则、内涵原则；设计手法包括个性化设计手法、人性化设计手法、技艺化设计手法、系列化设计手法及生态化设计手法。

4.9 八大技术手段综合体系构建

4.9.1 八大技术手段综合体系

城市土地资源再利用中生态修复与景观设计耦合模式的技术手段主要包括本章前述提出的 8 个方面，分别是土壤污染控制与修复、地形地貌的利用与设计、道路的规划与设计、植被的修复设计、水体景观的修复与营造、环境废弃物的资源化与景观化处理、建（构）筑物的改造性再利用、艺术景观与公共设施设计。

在城市土地资源再利用中，这 8 个方面的技术手段不是孤立、分裂的，而是相互关联、不可分割的，它们是在生态修复与景观设计耦合关系下的不同技术内容和局部手段，共同构成了城市土地资源再利用中生态修复与景观设计耦合模式的技术手段综合体系。

这个技术手段综合体系是建立在生态修复与景观设计的耦合机制基础上，将城市土地资源中所包括的各个生态元素（光、热、水、气候、土壤、生物等）与各种景观要素（地形、植被、道路、水体、环境废弃物、建筑、设施等）综合考虑，并将生态修复技术与景观设计手段全面融合，以达成现代城市土地资源再利用中"资源可持续利用、生态环境改善、景观文化建设"三位一体的目标，并同时实现城市土地资源再利用中资源再生利用、生态环境恢复、城市风貌优化、历史文化保护 4 个方面内容。

4.9.2 技术手段综合体系模型构建

城市土地资源再利用中生态修复与景观设计耦合模式的技术手段综合体系是具有科学性的全方位体系，可广泛地应用于现代城市土地资源再利用的各类项目中，同时也是具有针对性的可操作体系，在实践中可根据城市土地资源的具体情况有所侧重并灵活使用。

该技术手段综合体系具体的层次内容及其逻辑关系如图 4.108 所构建的模型所示。

4.9.3 技术手段综合体系的特点

从城市土地资源再利用中生态修复与景观设计耦合模式技术手段综合体系的模型可以看出，该体系在内容上具有全面性，在功能上具有多样性，在过程上具有同步性，在操作上具有灵活性。

4.9.3.1 内容的全面性

从技术手段综合体系的内容上看，它是从环境科学与工程、景观设计学、资源环境经济学、生态学等跨学科视角，全面考虑了城市土地资源再利用中的各个生态元素与各种景观要

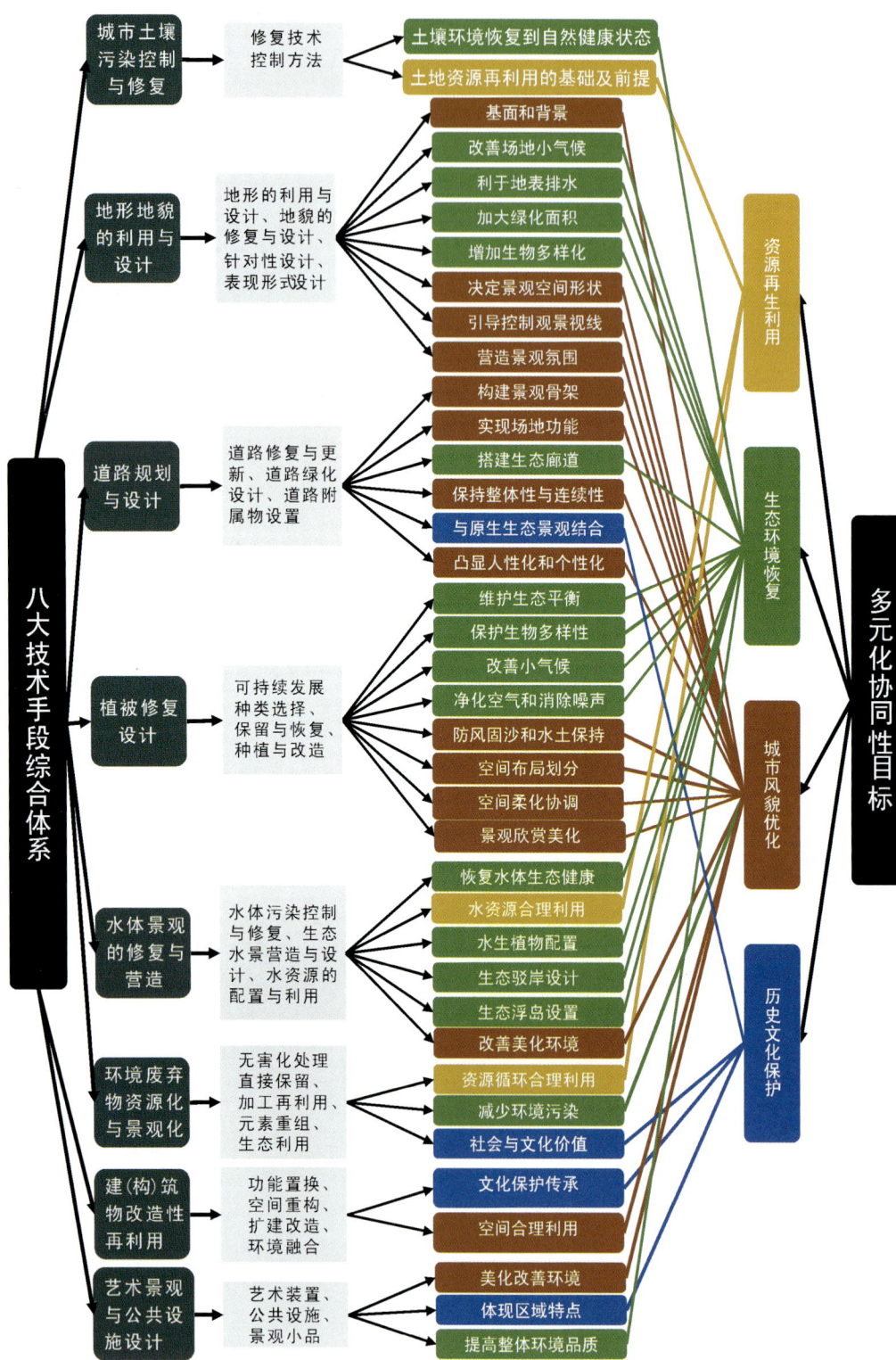

图 4.108　八大技术手段综合体系具体的层次内容及其逻辑关系图

素,充分涵盖了生态恢复与环境修复的多种技术以及景观再造与环境设计的多项手段,针对城市土地资源再利用,构建出全领域覆盖、全生命周期的技术手段体系,其内容丰富,层次分明,逻辑合理,具有广泛的适用性。

4.9.3.2 功能的多样性

从技术手段综合体系的功能上看,它是将多种技术手段融合并重、达到多重目标效果的体系,能同时实现城市土地资源再利用目标内容的4个方面(资源再生与开发、环境恢复与再生、文化保护与重塑、风貌优化与改造),以达成"生态环境改善、资源可持续利用、文化景观建设"三位一体的目标。这个技术手段综合体系特别适用于目标多元的现代城市土地资源再利用项目,通过实际运行去打造多功能、高效率、高协同性的城市区域综合体。

4.9.3.3 过程的同步性

从技术手段综合体系的过程上看,它从全生命周期的角度出发,打破了"单一环境治理"或"先行修复后行景观"的两大传统主流模式,将生态修复与景观设计进行综合考虑、融合交叉,在过程上实现了两者的同步运行、同时展开,从而杜绝了生态修复与景观设计长期以来的割裂与分离,防止了现代城市土地资源再利用过程中出现的复杂曲折与衔接不当,也避免了过程中由此产生的成本提高、周期增长等各种矛盾和问题。

4.9.3.4 操作的灵活性

从技术手段综合体系的操作上看,它是具体技术手段和操作方法的系统体系。它针对城市土地资源再利用中出现的具体要求和实际问题,提出了对应解决的单项措施与方法,同时也针对项目整体内容和流程,科学地构建出高效合理的系统手段和整体方案。并且,此技术手段综合体系可以根据场地与项目的实际情况和不同目标侧重,进行选择运用与变化组合,在操作上具有极大的灵活性。

4.10 本章小结

城市土地资源再利用中生态修复与景观设计耦合模式的技术手段体系是建立在生态修复与景观设计的耦合机制基础上,将城市的土地资源中所包括的各个生态元素(光、热、水、气候、土壤、生物等)与各种景观要素(地形、植被、道路、水体、环境废弃物、建筑、设施等)综合考虑,将生态修复技术与景观设计手段全面融合,形成的综合技术手段体系,具体包括8个方面的内容,分别是土壤污染控制与修复、地形地貌的利用与设计、道路的规划与设计、植被的修复设计、水体景观的修复与营造、环境废弃物的资源化与景观化处理、建(构)筑物的改造性再利用、艺术景观与公共设施设计。

1. 土壤污染控制与修复

城市土壤环境问题可归结为土壤退化,城市环境中的土壤退化包括物理退化和化学退化。在城市土地资源再利用中,土壤污染的危害和风险主要表现为对水环境的影响、对城市空气的影响以及对生物的影响。

污染土壤修复技术主要包括生物修复、化学修复、物理修复及其联合修复技术等。城市土壤污染的控制方法主要有控制污染物来源、管控污染土壤环境风险、优化城市产业规划布局等方面。

土壤污染控制与修复是城市土地资源再利用中生态修复与景观设计耦合模式的先行技术手段。土壤污染控制与修复的目标是让土壤恢复到自然健康状态,为该模式后续技术手段的开展提供安全的基础和前提。

2. 地形地貌的利用与设计

地形地貌是环境设计与景观设计中的重要载体元素和内容。地形与地貌依据空间尺度大小,可分为大地形、小地形、微地形,从空间形态上有平地、凹地、凸地等类型。地形地貌的利用与设计在城市土地资源再利用中有着重要的功能与价值,主要表现在基面与背景功能、景观功能和生态功能3个方面。

在城市土地资源再利用中,地形的利用与再造设计应遵循因地制宜、因形就势的原则;地貌的修复与设计应采用修复与保护、艺术与生态结合的原则。由于场地地形地貌的成因与现存条件不尽相同,针对不同的场地,采取的具体方式各有不同。地形地貌利用与设计的表现形式丰富,常见的形式有独立几何式、规则组合式、艺术曲线式、自然抽象式、传统山水式、大地艺术式等。

地形地貌的利用与设计不仅对场地中土地的恢复和土壤的修复起到重要的帮助作用,同时也对场地整体环境的优化和景观效果的提升具有显著效果,是生态性和艺术性并重的环境设计手段与内容。

3. 道路的规划与设计

在城市土地资源再利用中,道路的规划与设计是场地建设中最基本和重要的内容之一。道路类型划分的依据多样,可按活动主体、等级、功能特征的不同进行划分。道路规划与设计的目标主要包括搭建生态廊道、构建景观骨架、实现场地功能;内容包括道路修复与更新、道路绿化设计、道路附属物设置;策略主要是保持整体性与连续性、与原生生态景观相结合、凸显人性化与个性化。在城市土地资源再利用中,只有通过生态、合理、高效的场地道路系统规划与设计,才能构建连续、安全、宜人的场地空间。

4. 植被的修复设计

在城市土地资源再利用中,植被修复设计要特别突出植物在修复、生态和景观3个方面的功能和作用。植物对场地中的土壤环境、水体环境、大气环境等具有重要的修复作用。植被修复设计的生态功能表现在维护生态平衡、保护生物多样性、改善小气候、净化空气、消除噪声、防风固沙与保持水土等方面；景观功能具体表现为空间布局作用、协调柔化作用、观赏美化作用等。

在城市土地资源再利用中，植物修复设计应遵循因地制宜、以乡土植物为主、师法自然的原则；技术关键点是植被种类的选择，要从生态性、经济性和景观性3个方面综合考虑；方法应采用保留与恢复、种植与改造两种的具体方法展开。

5. 水体景观的修复与营造

在城市土地资源再利用中，水体景观的建设要将水体的污染控制与修复、生态水景的营造与设计、水资源的利用与配置等进行综合考虑并同步实施。水体景观的修复与营造中应遵循生态优先、因地制宜、资源节约、以人为本的基本原则；首要内容是水体的污染控制与修复，核心内容是生态水景营造与设计，关键内容是水资源的合理配置，比较的重要内容则包括水体污染控制技术、水体景观修复技术、生态水景营造技术以及水资源利用技术等。

6. 环境废弃物的资源化与景观化处理

在城市土地资源再利用中，环境废弃物再利用对推进生态文明、美丽中国建设具有重要意义，它的价值表现在可持续价值、环境价值、经济价值、社会价值、文化价值5个层面。环境废弃物资源化与景观化处理的路径主要是用于打造地形地貌、用于景观道路铺装、用于改造装饰建筑、用于构筑环境设施、用于创作艺术景观；常见的处理方法有无害化处理、直接保留、加工再利用、元素重组、生态利用等；处理的程序主要包括环境调查、收集选用、可行性分析、设计施工的流程。

7. 建（构）筑物的改造性再利用

城市土地资源再利用中生态修复与景观设计的耦合模式，对原有建（构）筑物采用的技术手段主要是改造性再利用。

建（构）筑物改造性再利用的目标。一是合理利用空间，二是文化传承保护。改造性再利用的路径分别是满足建（构）筑物在场所区位中的功能需求、开发原建（构）筑物的空间利用潜力、挖掘建（构）筑物自身的历史文化价值；方式主要包括拆除重建与保留更新。

建（构）筑物改造性再利用的措施包括功能置换、空间重构、形式改造、扩建改造、环境融合5个方面。功能置换是将原建（构）筑物改作它用；空间重构的具体措施有化整为零、变零为整、局部改造；形式改造的具体方式有维持/恢复原貌、形式协调、形式对比、造型重塑；扩建改造是新建与增建，常见的有垂直加建与水平扩建两种方式；环境融合主要表现为场所精神的塑造与生态环境的维护。

8. 艺术景观与公共设施设计

在城市土地资源再利用中，所涉及的艺术景观类型比较多，常见的主要有壁画、雕塑、景观装置、景观小品、地景造型等；常见的公共设施包括公共信息设施、公共卫生设施、公共交通设施、公共休息设施、公共照明设施、公共管理设施、公共服务设施、公共游乐设施、无障碍设施等。

在城市土地资源再利用中生态修复与景观再造的耦合模式中,艺术景观与公共设施设计的主要目标集中在实现使用功能、美化改善环境、体现区域特点、提高整体环境品质4个方面;设计原则包括功能原则、个性原则、生态原则、内涵原则;设计手法包括个性化设计手法、人性化设计手法、技艺化设计手法、系列化设计手法及生态化设计手法。

以上8个方面的技术手段不是孤立、分裂的,而是相互关联、不可分割的,它们是在生态修复与景观设计耦合关系下的不同技术内容和局部手段,共同构成了城市土地资源再利用中生态修复与景观设计耦合模式的技术手段综合体系。

这个技术手段综合体系将生态修复技术与景观设计手段全面融合,以达成现代城市土地资源再利用中"资源可持续利用、生态环境改善、景观文化建设"三位一体的目标,并同时实现城市土地资源再利用中资源再生利用、生态环境恢复、城市风貌优化、历史文化保护4个方面内容。

第5章　城市土地资源再利用中生态修复与景观设计耦合模式的评价体系

城市土地资源再利用中生态修复与景观设计耦合模式的评价体系是一个多层、全方位的综合体系，是由环境影响评价、景观美学评价以及综合效益评价构建而成的。

5.1　环境影响评价

环境影响评价是指对规划和建设项目实施后可能造成的环境影响进行分析、预测和评估，提出预防或者减轻不良环境影响的对策和措施，进行跟踪监测的方法与制度[53]。

城市环境因素复杂，存在土壤、大气、水、生物、岩石、日照、声振、电磁辐射、放射性、人群健康等多种环境基质和要素，还有一些环境敏感地区、特殊功能区域、受保护区域等，再加上城市土地资源再利用中生态修复与景观设计耦合模式复杂的运行机制、多样的技术手段，在该模式的评价体系中作为导向与检验标准之一的环境影响评价方式应该具有针对性。

5.1.1　模式中的环境影响评价

在城市土地资源再利用中生态修复与景观设计耦合模式的评价体系中，环境影响评价是最基本的核心内容之一。

该模式评价体系中的环境影响评价，主要是针对城市土地资源再利用建设项目实施前、设计施工中以及后期运营生产的各环节与全过程带来的环境影响进行分析、监测、评估、预测，并提出防治对策和措施，为环境管理提供科学依据，同时也作为该模式运行机制与技术手段的检验标准之一。

5.1.2　模式中环境影响评价的内容

该模式评价体系中的环境影响评价主要考虑污染性环境影响。根据各项环境要素，环境影响评价主要包括土壤环境影响评价、地表水环境影响评价、大气环境影响评价、声环境影响评价、生态环境影响评价等。

1. 土壤环境影响评价

土壤环境影响评价是指根据污染物积累趋势，对土壤环境质量的变化情况进行预测的调查评估。具体过程是以建设项目所在区域的现状土壤环境质量为基础,根据土壤中污染物迁移与积累的规律,提出预测模式,计算污染物累积与残留量,并估测今后土壤环境质量的变化状况,主要内容包括监测、识别、调查、预测、对策拟定等。

2. 地表水环境影响评价

地表水环境影响评价是在地表水体环境质量现状评价与影响预测评价的基础上,以法规和标准为依据,判断污染物排放能否合乎环境要求,提出避免与减少水体影响的措施与对策,并得出评价结论。

地表水环境影响评价的工作内容包括明确工程环境影响性质、划分评价工作等级[根据《环境影响评价技术导则　地面水环境》(HJ 2.3—2018)]、调查和评价地表水环境现状、分析水污染源、预测与评价水环境影响、提出控制与保护措施等。

3. 大气环境影响评价

大气环境影响评价是通过调查、预测等手段,分析、评价建设项目对大气环境质量可能带来的影响,提出预防大气污染、保证大气环境质量的对策与措施。

大气环境影响评价的工作内容包括确定评价工作级别[根据《环境影响评价技术导则　大气环境》(HJ 2.3—2008)]、确定大气环境影响评价范围、调查大气环境状况(污染因子筛选、污染源调查)、监测评价区环境空气质量、调查分析污染气象等。

4. 声环境影响评价

声环境影响评价以噪声源调查分析、背景环境噪声测量、敏感目标调查为依据,按照相关标准评价环境噪声影响,并根据噪声传播规律与计算方法预测环境噪声的影响,提出防治噪声的对策与措施。

声环境影响评价的工作内容包括确定评价标准、监测噪声、评述噪声影响、分析受噪声影响人口、分析噪声源、提出噪声防治对策与建议等。

5. 生态影响评价

在模式的评价体系中,建设项目的环境影响评价除了考虑在土壤、地表水、大气、噪声方面之外,还要考虑对城市整体自然环境和生态系统的影响,维护城市生态系统的稳定性和完整性,因此要展开生态影响评价。

生态影响评价是在影响识别、现状调查和评价的基础上,揭示和预测建设项目对评价区的生态效应,分析评价区的生态负荷、环境容量、生态系统的动态变化等。

生态影响评价的工作内容一般包括生态系统结构与功能的变化趋势、生态资源的变化态势、生态问题的恶化或好转等。生态影响评价的方式多样,有定性、定量、半定量的评价方法,有侧重生物因子评价,也有侧重物理因子评价,有侧重生态系统效应评价也有侧重污染水平评价等。

5.1.3　模式中环境影响评价的原则

《中华人民共和国环境影响评价法》第四条规定,环境影响评价必须客观、公平、公正,综合考虑规划或者建设项目实施后对各种环境因素及其所构成的生态系统可能造成的影响,为决策提供科学的依据。

在城市土地资源再利用中生态修复与景观设计耦合模式的评价体系中,环境影响评价应该遵循以下原则:依法依规原则、科学全面原则、客观公正原则以及广泛参与原则。

1. 依法依规原则

模式中环境影响评价应遵循相关的法律法规、标准和政策,符合国家土地利用、国家资源综合利用、国家产业的政策,国家和地区环保、生态保护的法规和政策,城市区域功能规划与城市发展总体规划,清洁生产、污染物达标排放和区域环境质量要求等。

2. 科学全面原则

模式中环境影响评价应具有明确的科学内涵,评价范围要全面、系统、综合;评价内容要全面反映土地再利用对各种环境要素的影响,分析和评价建设项目全周期的影响作用和因素;评价指标应具有代表性和简洁,易于操作、易于比较应用等。

3. 客观公正原则

客观是指评价主体从实际出发,实事求是,严格按照规则与规范对客观的各种环境因素评价;公正是指评价主体不带主观偏见,不掺杂任何利益,公正评价,一视同仁,严格依照法律法规和规章政策进行调查、分析、预测、评估、编写与审批。

4. 广泛参与原则

模式中环境影响评价除需要保密的外,有关情况和文件摘要应依法向社会公开,广泛地吸收、征求环境保护管理部门、相关领域和行业的专家、相关个人与单位的建议和意见。

5.1.4 模式中环境影响评价的方式

在城市土地资源再利用中生态修复与景观设计耦合模式的评价体系中,环境影响评价的方式从前期环境影响评价、竣工验收环境影响评价、跟踪环境影响评价3个层面展开,并对其结果进行比对分析与评价,作为检验该模式运行与技术手段应用成败的标准。

1. 前期环境影响评价

前期环境影响评价主要侧重于查清环境背景、明确环保目标、分析潜在问题,对拟建设项目所在区的环境现状进行调查,明确该区域的环境质量现状和特征、开展公众意见收集、分析项目污染物排放状况,预测项目建成后对环境的影响和环境质量变化等。

2. 竣工验收环境影响评价

竣工验收环境影响评价主要侧重于调查工程施工、试运行、管理的实施情况,环境保护措施与批复意见的落实情况;调查工程是否采取了土壤、地表水、大气、噪声、生态等方面的污染控制措施;开展区域环境现状监测,检测措施的有效性及达标排放情况、区域生态恢复效果等；客观论证工程是否符合环境保护竣工验收条件等。

3. 跟踪环境影响评价

跟踪环境影响评价是在项目建成运行实施后，在一定的时间范围内定期开展跟踪监测与评价，主要侧重于对同区域范围的环境影响程度、特点、质量的变化监测，分析污染物排放状况是否改善或消失，污染防治方案和措施是否持续有效以及如何改进等，为项目的后期维护与持续管理提供依据。

5.1.5 小结

城市土地资源再利用中生态修复与景观设计耦合模式的环境影响评价主要包括土壤环境影响评价、地表水环境影响评价、大气环境影响评价、声环境影响评价、生态环境影响评价等内容；应该遵循依法依规原则、科学全面原则、客观公正原则以及广泛参与原则；方式表现为前期环境影响评价、竣工验收环境影响评价、跟踪环境影响评价3个层面。

城市土地资源再利用中生态修复与景观设计耦合模式的环境影响评价分解如图5.1所示。

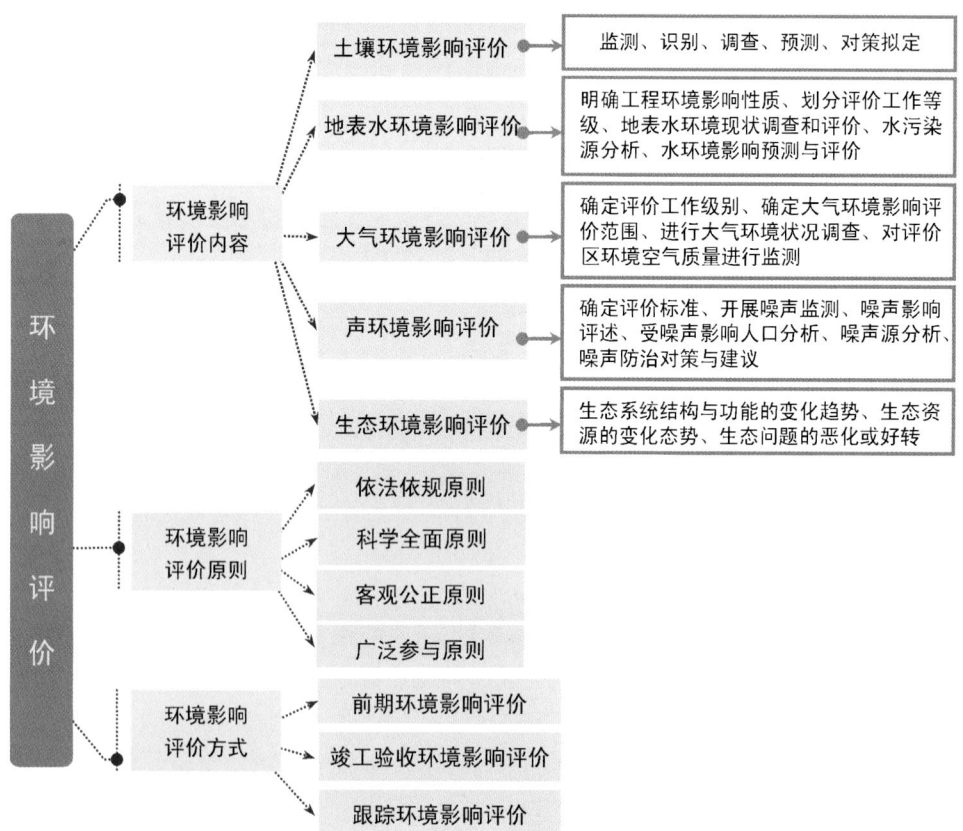

图5.1 城市土地资源再利用中生态修复与景观设计耦合模式的环境影响评价分解图

5.2 景观美学评价

在城市土地资源再利用中生态修复与景观设计耦合模式的评价体系中,景观美学评价是重要评价内容和层次,其目的是科学分析、准确评判区域景观环境效果和质量的变化,是检验该模式运行和技术手段实施成功与否的重要标准。

5.2.1 景观美学评价

景观美学评价是指评价主体(个人或群体)从审美、社会文化和生态文明等视角,根据某一总体目标,以特定标准对景观的价值进行评估,提出在景观保护、开发利用、规划设计、建设运营中提升质量和减缓不利影响措施的行为[29]。

景观美学评价为景观环境设计和管理决策提供客观依据,它是根据一定的评价目标,通过主观描述资料与客观统计资料来获取评价信息,通常包括景观环境构成要素的评价信息和公众景观的偏好评价信息等,采用定性和定量相结合进行结果分析。

5.2.2 模式中景观美学评价的依据

在城市土地资源再利用中生态修复与景观设计耦合模式的评价体系中,景观美学评价的依据是景观审美理论中的审美机制、审美途径、审美研究方法。

以景观审美机制为依据。"景"是客观世界自然环境的形象信息,"观"是人感知形象信息产生的联想、感受与情感等。"景观审美"是以特定"景观"作为审美对象,按照情感逻辑对记忆表象加工而形成新形象的精神活动。景观审美机制不仅是对景观直观性的感性认识机制,也是对景观概括性的理性认识机制。

以景观审美途径为依据。景观审美有多种途径,可以从景观的客观属性中探求美,可以从人的主观认识中探求美,可以从人与景观的关系中探求美,可以从社会生活中探求美,还可以从人的景观建设实践中探求美等。

以景观审美研究方法为依据。景观审美研究方法有以哲学和历史文化为基础审视、研究、欣赏景观的实践哲学方法,也有从心理学角度研究人对景观客观反应的审美理论实验方法。目前的景观审美研究越来越重视多种研究方法的综合运用,既强调实验室研究,也注意自然观察,注重精细定量研究与宏观定性研究并重,综合灵活应用客观观察实验法与自我观察内省法等。

5.2.3 模式中景观美学评价的特点

相对于常规的景观评价,在城市土地资源再利用中生态修复与景观设计耦合模式的评价体系中,景观美学评价具有以下几点特殊性:一是突出景观效果比对评价;二是采用多学科交叉性评价;三是强调主客-动静结合性评价。

1. 突出景观效果比对评价

在城市土地资源再利用中生态修复与景观设计耦合模式的评价体系中,为与前述"环境影响评价"以及后续"综合效益评价-景观效益"的相区别,同时考虑到该模式针对土地再利用评价的动态变化性,景观美学评价在模式的整体评价体系中集中突出景观效果的比对分析,更强调对主客观相结合的审美要素在土地再利用前后的变化情况进行评价与分析。

2. 采用多学科交叉性评价

景观美学是涉及艺术、环境、地理、人文、心理等多个领域的交叉科学。景观美学评价的内容涉及自然环境、空间规划、地形地貌、道路交通、水体、植物、建筑、环境设施等多个景观要素及其复合体,采用哲学、社会学、人类学等多学科研究方法综合运用的评价方法,评价的方式是对审美主体和审美经验全方位、多角度探索分析,评价的手段是借助统计学、应用数学、系统工程等理论,采用多学科融合定量与定性结合的方法。

3. 强调主客-动静结合性评价

在城市土地资源再利用中生态修复与景观设计耦合模式的评价体系中,景观美学评价不仅要将客观环境信息(如地形、土壤、水体、地质、植被等)与专家或公众的主观评价相结合,也要将静态的图片信息(如幻灯片、照片、地图等)与动态的时空环境信息(如季相、水流、植物、色彩、天象等)相结合,还要将单一的生理感受(如视觉、听觉、触觉、味觉、嗅觉等)与综合的主观感受(如景色、空间、景园时空序列等)相结合。

5.2.4 模式中景观美学评价的内容

在城市土地资源再利用中生态修复与景观设计耦合模式的评价体系中,景观美学评价的内容主要包括评价的要素与评价的指标两部分。

模式中景观美学评价的要素包括整体性要素、基础性要素、变化性要素。整体性要素是指全景区域的景观综合特征;基础性要素包括自然环境、空间规划、地形地貌、道路交通、水体、绿化植物、建筑小品、生物多样性、环境设施、历史文化等;变化性要素是指土地资源再利用后引起区域景观特性变化的要素。

模式中景观美学评价的指标在客观方面是景观的自然条件与实际存在形式,具体包括生态性、奇特性、美感度、人文性、自然性、区位条件、人为条件(设施、交通、服务)等;主观方面则是景观的共性特征,如安全性、可达性、舒适性、审美性(自然度、鲜明度、协调度)等多个方面。

模式中景观美学评价的内容如表5.1所示。

表5.1　模式中景观美学评价内容

	整体性要素	基础性要素	变化性要素
评价要素	全景区域的景观综合特征	自然环境、空间规划、地形地貌、道路交通、水体、绿化植物、建筑小品、生物多样性、环境设施、历史文化等	景观构成因素变化的程度、整体区域景观变化的程度、各个观察点变化的程度、观察点视程范围内景观变化状况、各景观构成要素的变化及效果、关键要素对区域景观形成的变化
评价指标	客观指标	生态性、奇特性、美感度、人文性、自然性、区位条件、人为条件(设施、交通、服务)等	
	主观指标	安全性、可达性、舒适性、审美性(自然度、鲜明度、协调度)等	

由于在模式整体评价体系中,景观美学评价需特别突出景观效果比对分析,对此,本书提出特定常见的景观效果比对分析评价因素与指标变化趋势,如表5.2所示。

表5.2　景观效果比对分析评价因素与指标变化趋势

序号	景观效果比对分析评价因素	指标变化趋势
1	主要建筑与区域景观的协调性	增强、无、减弱
2	单个景观与整体景观的协调性	增强、无、减弱
3	绿化种植景观协调性	提高、无、减弱
4	区域地形地貌、道路、水景、设施的协调性	增强、无、减弱
5	有无障碍视觉的要素	无、有
6	建(构)筑物等的状态	变好、无、变坏
7	景观同化建筑物的能力	增强、无、减弱
8	线要素与景观的关系	协调、无、不协调
9	无阻碍自然地形的优越性及其质量	增强、无、减弱
10	地形分布不佳区域情况	好转、不明显、变弱
11	地形与植被的显著对称性	好转、不明显、变弱
12	植物、建筑与地形的关系	好转、不明显、变弱

续表 5.2

序号	景观效果比对分析评价因素	指标变化趋势
13	项目周围的环境质量	变好
14	空间引导的方法和多样性	增强、无、减弱
15	全景眺望的质量	提高、无、减弱
16	绿化种植情况	增加、无、减少
17	大气、水质、清洁度	好转、不明显/变弱

5.2.5 模式中景观美学评价的流程

在城市土地资源再利用中生态修复与景观设计耦合模式的评价体系中,景观美学评价的流程包括确定评价要素、获取评价样本、设计评价量表、选择评价对象等。

确定评价要素。根据区域具体实际的景观特征和功能,针对性地选择评价要素,确定整体性要素、基础性要素、变化性要素及其子项,以及景观美学评价的客观指标与主观指标。

获取评价样本。景观评价样本的选择需要保证时间、场景、条件的一致性,要确保样本类型全面性、整体性、系统性,并根据样本类型的不同,设置不同类型样本的合适数量。

设计评价量表。评价量表是评价者对评价标准、主观态度进行记录的手段,目的是将定性描述的问题进行量化,测出景观美学评价值。

选择评价对象。利用不同评价者的平均审美倾向来表示景观美学质量是景观美学评价最适合的方法,评价对象常见的包括学生、专家和一般公众,学生和专家的受教育程度相对高,其感知能力优于公众,反映相对更客观。此外,评价对象选择还应综合考虑时间成本、普遍性、便捷性、可行性等因素,建议就近选择、多元选择、针对选择。

采用评价方法。景观美学评价方法是一个完整的分析方法系统,既包括量化评价又包括质化评价,在模式的评价体系中,景观美学评价具体常用方法有图片(场景)直接对比法、经验规则评价法、人群统计评价法、数学分析法等。

5.2.6 小结

在城市土地资源再利用中生态修复与景观设计耦合模式的评价体系中,景观美学评价是重要评价内容和层次,它以景观审美理论中的审美机制、审美途径、审美研究方法为依据;特点包括突出景观效果比对评价、采用多学科交叉性评价、强调主客-动静结合性评价3个方面;内容包括评价的要素与评价的指标两部分,评价要素包括整体性要素、基础性要素、变化性要素,评价指标包括客观方面与主观方面;流程包括确定评价要素、获取评价样本、设计评价量表、选择评价对象、采用评价方法等。

城市土地资源再利用中生态修复与景观设计耦合模式的景观美学评价分解如图 5.2 所示。

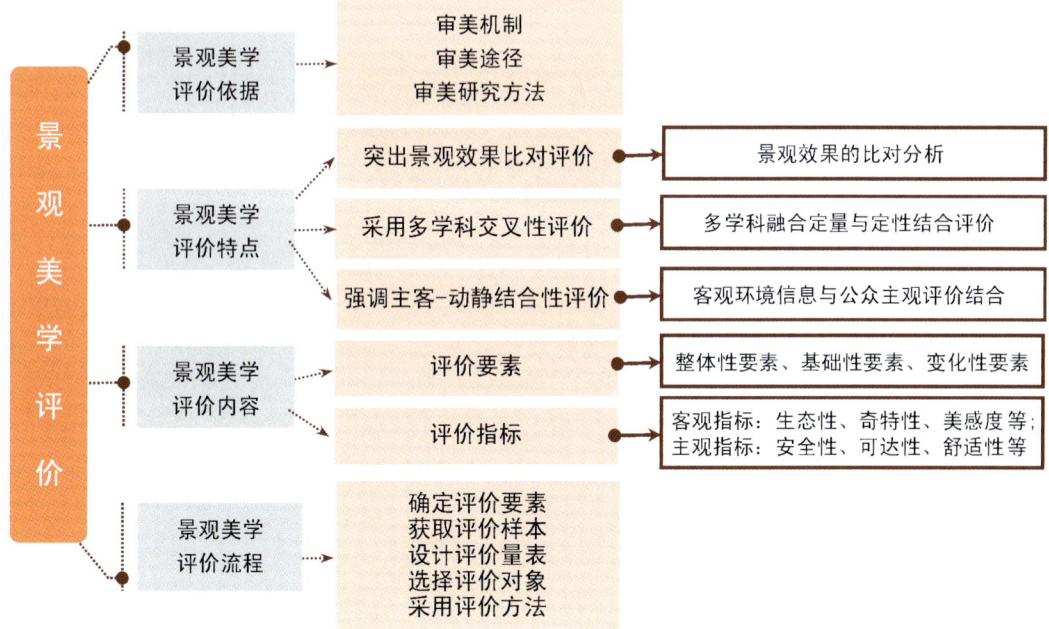

图 5.2　城市土地资源再利用中生态修复与景观设计耦合模式的景观美学评价分解图

5.3　综合效益评价

5.3.1　模式中的综合效益评价

城市土地资源再利用中生态修复与景观设计耦合模式的综合效益是指该模式在实现城市土地资源的可持续利用的前提下，在实现城市环境安全与生态优化、经济效益与产业重构、人文和谐与社会发展的基础上，给整个城市带来的效益的总和。

由于该模式的目标是多元化协同性目标，所以效益评价应该是涉及环境、经济、社会、景观 4 个方面内容的综合评价，即城市土地资源再利用中生态修复与景观设计耦合模式综合效益评价是从环境效益、经济效益、社会效益及景观效益 4 个方面构建的内容全面、层次科学、指标合理的综合评价体系。

5.3.2　模式中综合效益评价的内容

城市土地资源再利用中生态修复与景观设计耦合模式综合效益评价的内容包括环境效益、经济效益、社会效益、景观效益 4 个方面。

1. 环境效益

环境效益是城市土地资源再利用后,在生态与环境方面取得的改善和提升效益,表现为区域内水资源、大气、土壤、植被、噪声、生物治理的效果与改善程度,同时也指各项治理措施对环境产生直接或间接、有利或有害的作用与影响,表现为污染物存量的变化、区域生态压力的改变、生态服务功能的转变、环境承载力的变化、环境废弃物的再利用等。

2. 经济效益

经济效益是城市土地资源再利用后,在生态修复与景观再造方面投入各种资金、技术、劳动等所获的收益。它分为直接经济收益与间接经济收益两类。直接经济收益表现为各类产业的产值收入、复合地产销售、娱乐、餐饮消费、景区公园展馆的门票收入等;间接经济收益表现为对其他相关产业与行业的带动效应、周边地产增值效益、居民收入的提升等。

3. 社会效益

社会效益是城市土地资源再利用后产生的宏观社会效应与社会系统影响,具体表现为对社会政治、科技、文化、生态、环境等方面具有积极效益,如对城市民生福祉的提升、生活居住环境的优化、社会就业环境的改善、历史文化的保护、城市精神的传承、社会和谐稳定的促进、社会矛盾的解决与调和等。

4. 景观效益

景观效益是城市土地资源再利用后,对区域景观环境和景观品质的改善与优化效益,表现为景观观赏性的提高、景观整体性与协调性的提升、景观美景度的加强、景观体验度的提升、景观环境设施的完善与优化、环境景观和谐性的提高、居民生活环境品质的提升等。

5.3.3 模式中综合效益评价的原则

城市土地资源再利用中生态修复与景观设计耦合模式综合效益评价应遵循科学性原则、系统性原则、可行性原则、指导性原则。

1. 科学性原则

模式的综合效益评价应建立在科学理论的基础上,科学表达出不同效益的内容,全面反映评价机制的本质性要素,准确规定评价指标因子的内涵,客观揭示各指标间的隶属关系,合理设计整体评价系统的层次和权重等。

综合效益评价要尽量全面地反映内容,也要简明易懂、便于分析。同时,综合效益评价还应考虑成本与工作量,方法应合适、操作简便,保证准确性。

2. 系统性原则

模式的综合效益评价是一个复杂、多层次、多因素、多变量的等级系统,包括环境效益、经济效益、社会效益、景观效益4个子系统,每个子系统又包含多个指标,最终形成一个系统体系。

综合效益评价应建立在系统性的基础上,要能正确反映整体效益各项之间的相互联系,又能涵盖四大效益所涉及的各子项内容,构建统一协调的完善评价体系。

3. 可行性原则

模式的综合效益评价应具有较高的可操作性和使用价值。综合效益评价是多种因素综合作用的结果,要从不同角度评价各项系统的特征和状况,评价指标的选取应该具有代表性和限制性,应尽量选取已有的统计数据,保证数据的可采集性,原始数据的收集和计算要易于操作,评价方法和分析手段要尽可能简化、高效等。

4. 指导性原则

模式的综合效益评价应要能突出现代城市土地再利用的特点,并能全面反映生态修复与景观设计的关键环节,通过建立和使用该综合效益评价体系,为今后的城市土地再利用提供方向性指导,反映出未来的发展趋势和发展重点,有益于引导并推进城市建设的发展。

5.3.4 综合效益指标评价体系的建立

城市土地资源再利用中生态修复与景观设计耦合模式综合效益评价体系是由总体目标效益分析,环境效益、经济效益、社会效益、景观效益分项分析以及各单项效益分析3个层次构成的综合效益分析体系。

1. 综合效益指标评价方法

综合效益指标评价常用的方法有实地考察法、定性分析法、定量分析法、层次分析法。实地考察法是对项目场地及周围的土地利用与环境现状进行考察调研,通过走访和问卷调查获得评价指标的相关数据。定性分析法是在评价综合效益时,对无法量化的指标采用估测、描述、界定、分析的方法。定量分析法是结合评价标准将考察调研取得的数据,通过数理统计、数学模型、专家系统和情景分析等对结果进行量化,并给出定量评价结果。层次分析法(简称AHP)是在建立评价指标体系和确定权重时常用的一种方法,是一种定性和定量分析相结合的方法。

2. 综合效益指标的筛选

模式综合效益评价的指标应涵盖自然环境与生态、经济发展与产业、景观环境与文化、人类活动等各个方面,具体包括以下方面。

环境效益指标。主要包括水环境质量、大气环境、噪声治理、植被覆盖情况、生物多样性、污染负荷情况、污染排放量控制情况、环境废弃物的利用等。

经济效益指标。主要包括产业结构、产业拉动效果、旅游经济直接收益、旅游生产增值潜力、地产经济直接收益、周边地产增值效益、区域社会经济发展潜力等。

社会效益指标。主要包括道路交通提升、促进改善就业、旅游吸引力、公众满意度、服务配套完善度、社会文化贡献力、社会和谐度等。

景观效益指标。主要包括景观观赏性、景观展示价值、景观美景度、景观体验度、环境和谐性、改善生态效益、景观设施完善、环境品质提升等。

3. 指标体系的构建

根据上述指标的筛选情况，参照国内外土地利用效益评价指标，城市土地资源再利用中生态修复与景观设计耦合模式综合效益评价指标体系应包含3个层次，即目标层A、准则层B、指标层C。

目标层是指标体系的总目标，是准则层和具体指标的概括，是城市土地资源再利用中生态修复与景观设计耦合模式的综合效益。

准则层也叫判断层，即是对指标体系总目标的各种内容分解、多个层次分析、不同角度分类等。根据城市土地再利用系统的组成特征，以环境效益、经济效益、社会效益、景观效益等作为准则层对总目标进行综合评价。

指标层是在指标体系的环境效益、经济效益、社会效益、景观效益4个子系统中，结合实际项目分别选取与这4个判断指标密切相关的参数作为可行的具体指标。在该模式中提供了30个指标（前述指标筛选），在实际项目中筛选使用。

根据目标层A、准则层B、指标层C构建城市土地资源再利用中生态修复与景观设计耦合模式的综合效益评价体系，如图5.3所示。

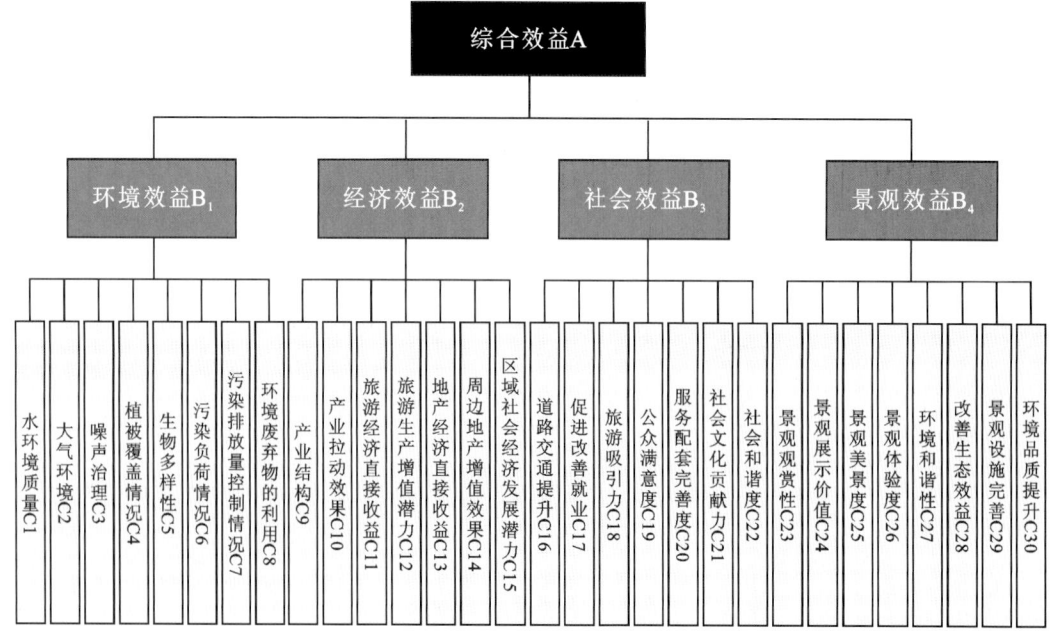

图5.3 城市土地资源再利用中生态修复与景观设计耦合模式综合效益评价指标层次结构模型

5.3.5 小结

城市土地资源再利用中生态修复与景观设计耦合模式的综合效益是指该模式在实现城市土地资源的可持续利用以及城市环境安全与生态优化、经济效益与产业重构、人文和谐与社会发展上,给整个城市带来的效益总和。

城市土地资源再利用中生态修复与景观设计耦合模式综合效益评价的内容包括环境效益、经济效益、社会效益、景观效益4个方面;遵循科学性原则、系统性原则、可行性原则、指导性原则;运用实地考察法、定性分析法、定量分析法、层次分析法的评价方法;综合效益评价指标体系由目标层(综合效益)、准则层(环境效益、经济效益、社会效益、景观效益4个判断指标)、指标层(30个指标)共同构建而成。

城市土地资源再利用中生态修复与景观设计耦合模式的综合效益评价分解如图5.4所示。

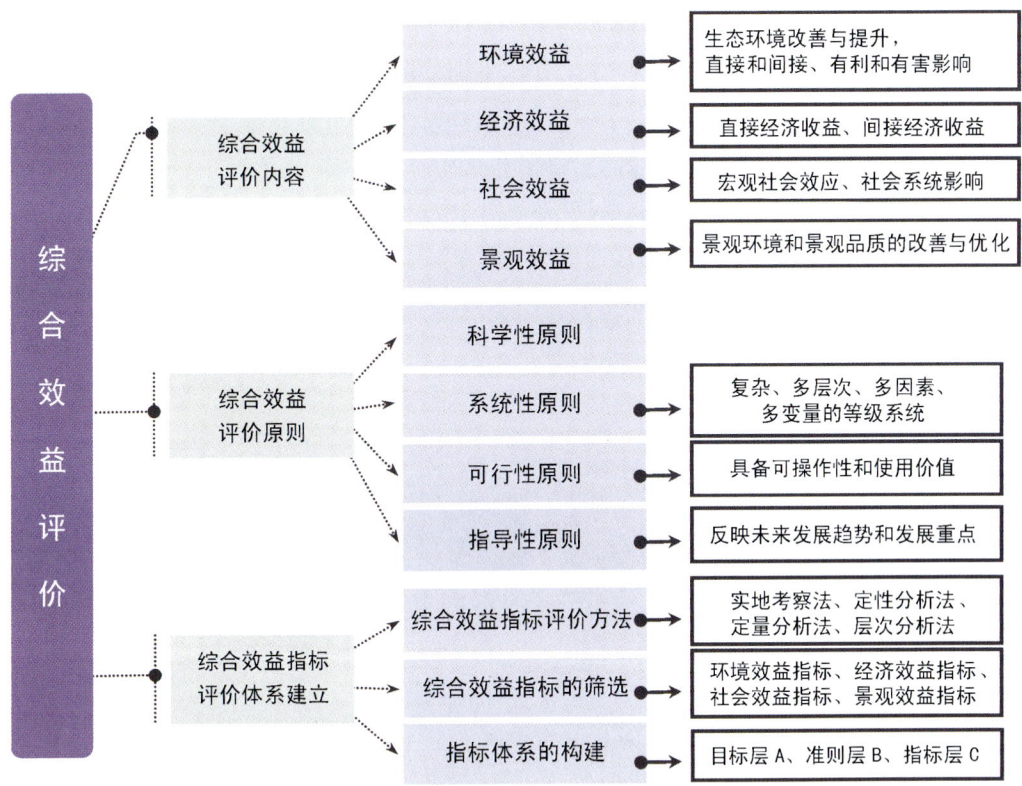

图 5.4 城市土地资源再利用中生态修复与景观设计耦合模式的综合效益评价分解图

5.4　本章小结

城市土地资源再利用中生态修复与景观设计耦合模式的评价体系是一个多层、全方位的综合体系，是由环境影响评价、景观美学评价以及综合效益评价构建而成的。

城市土地资源再利用中生态修复与景观设计耦合模式的环境影响评价主要包括土壤环境影响评价、地表水环境影响评价、大气环境影响评价、声环境影响评价、生态环境影响评价等内容；应该遵循依法依规原则、科学全面原则、客观公正原则以及广泛参与原则；方式表现为前期环境影响评价、竣工验收环境影响评价、跟踪环境影响评价3个层面。

城市土地资源再利用中生态修复与景观设计耦合模式的景观美学评价是重要评价内容和层次，它以景观审美理论中的审美机制、审美途径、审美研究方法为依据；特点是突出景观效果比对评价、采用多学科交叉性评价、强调主客-动静结合性评价3个方面；内容包括评价要素与评价指标两部分，评价要素包括整体性要素、基础性要素、变化性要素，评价指标包括客观方面与主观方面；流程包括确定评价要素、获取评价样本、设计评价量表、选择评价对象、采用评价方法等。

城市土地资源再利用中生态修复与景观设计耦合模式的综合效益评价内容包括环境效益、经济效益、社会效益、景观效益4个方面；遵循科学性原则、系统性原则、可行性原则、指导性原则；运用实地考察法、定性分析法、定量分析法、层次分析法的评价方法；综合效益评价指标体系由目标层（综合效益）、准则层（环境效益、经济效益、社会效益、景观效益4个判断指标）、指标层（30个指标）共同构建而成。

城市土地资源再利用中生态修复与景观设计耦合模式的评价体系分解如图5.5所示。

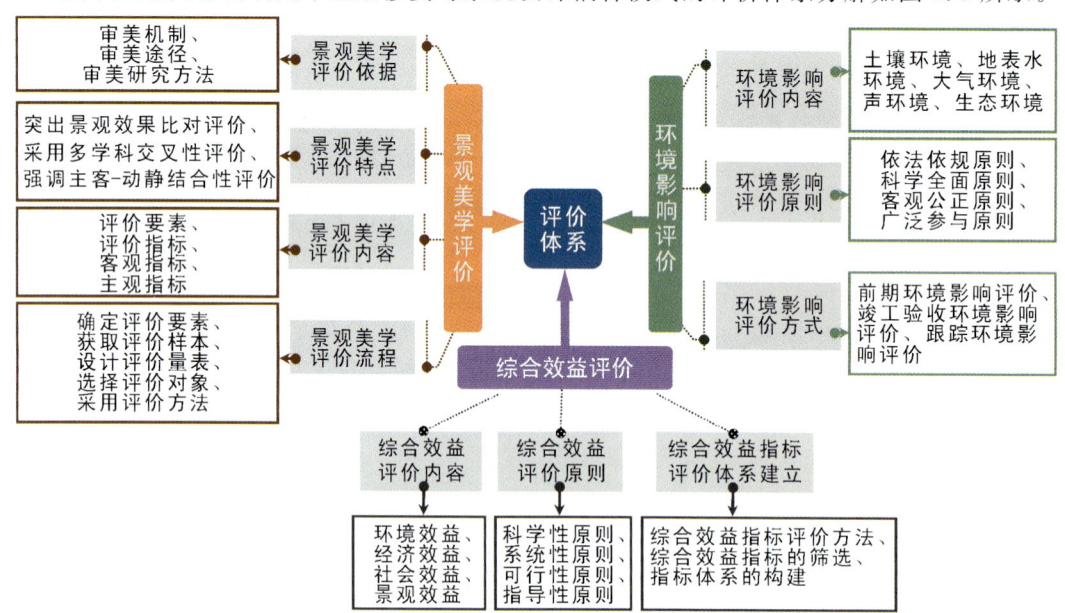

图5.5　城市土地资源再利用中生态修复与景观设计耦合模式的评价体系分解图

第 6 章　城市土地资源再利用的不同类型与相关案例分析

本研究根据国内外城市土地资源再利用的过往及现状、不同类型及代表项目的梳理结果，归纳出城市土地资源再利用中与生态修复与景观设计相关的典型案例，并加以分析总结，为本研究所构建的城市土地资源再利用中生态修复与景观设计的耦合模式提供依据。

根据城市土地资源再利用的目标侧重和适宜性，将常见的城市土地资源再利用案例分类如下（即四大方面、十个代表类型）（图 6.1）：以生态环境恢复为目标侧重的城市湿地型、矿山型、工业区型等；以经济产业复兴为目标侧重的旅游景区型、复合地产型、生态产业园型等；以社会公共服务为目标侧重的城市公园型、广场绿地型；以文化保护传承为目标侧重的城市街区型、文化空间型等。

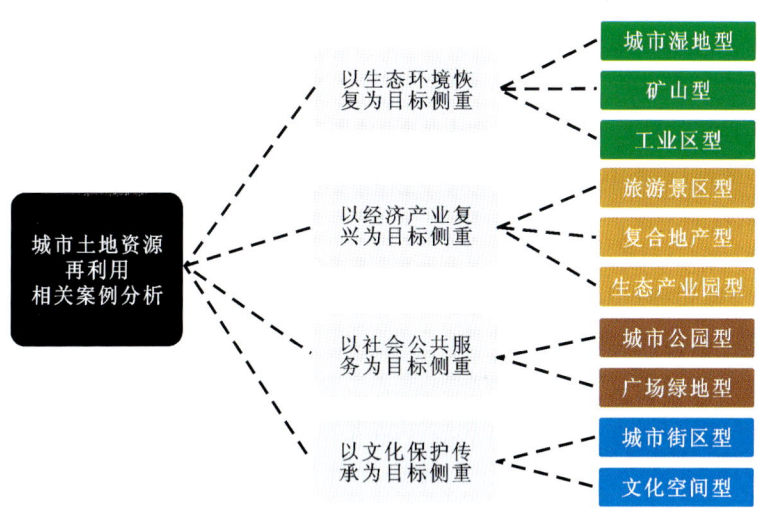

图 6.1　城市土地资源再利用案例分类图

6.1　以生态环境恢复为目标侧重的案例分析

以生态环境恢复为目标侧重的类型，是以修复自然环境和维持生态平衡为主题目标，运用生态技术、工程技术等手段，通过对土壤的修复、水体的净化、植被的恢复、废弃物的处理等,实现城市生态系统的恢复、环境净化和改善,从而实现良好的可持续发展。

以生态环境恢复为目标侧重的城市土地资源再利用类型针对生态系统退化、环境问题突出、生态平衡亟待维护的城市土地资源,场地具有一定的规模,场地中的地形、水、土壤和植被需要修复和保护,并且场地由于环境修复时间周期长、技术手段要求高、初期投资大而收效缓慢,一般需要采用政府投资或政府与开发商联合投资的方式来开发运行。

以生态环境恢复为目标侧重的类型有以下两个方面的特殊性:

首先,生态系统是一个开放、复杂、自组织、动态的生命系统,而不是封闭、稳定的结构,它的发展常常受到某种程度上不可预知的入侵。它具有多样性、复杂性和不确定性,发展与变化是不能被完全预测和控制的。它的场地生态与景观的演变也是不断持续和不断变化的动态过程,所以应建立在对自然的充分尊重上,采用全生命周期管理的理念和开放动态的策略。

其次,城市土地资源的生态治理是一个较为长期的过程,自然生态系统的恢复与重新建立也是一个长期的过程,再加上城市土地环境污染往往具有隐蔽性强、潜伏期长等特点,这种类型有相对较长项目周期和较多成本投入。

以生态环境恢复为目标侧重的城市土地资源再利用案例,具有代表性的类型有城市湿地型、矿山型、工业区型等。

6.1.1 城市湿地型

城市湿地空间是城市范围内一定的陆域、水域、水陆岸线等湿地系统的总称,是城市土地资源的重要组成部分,作为城市重要的水陆交错地带和城市土地资源再利用中的示范区域。

随着城市面积不断扩大,大量人口涌入城市,同时大量新兴的制造型工业企业在城郊和城内拔地而起,造成城市内工业废水和生活污水增加。其中一些净化不达标的废水排入河道或者湖泊导致水质恶化,破坏了城市滨水生态系统平衡。其次,现代城市农业使用大量的化肥、农药以及机械设备,这些都给城市水生态环境产生伤害,长期的污染甚至造成水质富营养化、土壤肥力退化等[55]。此外,城市的河道因雨水径流引起面源污染,往往在丰水期雨水冲刷道路和河岸,裹挟垃圾、淤泥、植物进入河道,形成城市滨水区的污染源[56]。以上3种情况的污染是目前我国城市滨水空间利用中面临的生态修复问题,是造成城市滨水区空间生态环境破坏和利用效率低下的三大壁垒。

城市湿地修复即对该区域的生态系统进行恢复,主要包括水质改善、水土保持、景观美化、保持生态平衡、生物多样性等领域的治理改善,在恢复生态系统的同时,通过对附属的空间、植被、设施进行再设计,将荒废的或者受污染的滨水空间改造为生态、安全、实用、美丽且可持续的城市滨水廊道。当前该领域常用的修复方法是运用生态学、地理学、风景园林、景观设计等学科相关知识而进行的人为加自然的生态景观修复方法,包括生物工程措施、物理修复、化学修复技术等工程技术,结合人工生态浮岛技术、生态基技术、活体植物扦插技术、生态驳岸设计等生态修复技术,并与海绵城市、雨水花园营造相结合。

近年来,我国在城市滨水区的生态修复结合景观再造相关实践方面取得重大成果。例如作为全国最大的城中湖、有武汉城市绿心之称的东湖,在 2000 年左右受污染程度达到顶峰,水质恶化、水体发臭、富营养化,之后虽陆续有治理,但是效果不佳。2016 年武汉市政府启动《东湖水环境综合治理规划》,通过一系列的外源截控、内源清理、水系连通、生态修复、智慧监管,进行"水岸同治",结合海绵城市理念建设 100 多千米的东湖绿道景观,通过驳岸生态化改造、在地文化导入、生态文明科普教育理念的发扬,形成"景美、生态、艺术人文、教育"于一体的可持续生态景观修复示范区,成为城市土地资源再开发利用的典型代表(图 6.2)。

图 6.2 武汉东湖湿地公园

(图片来源 https://mp.weixin.qq.com/s/gsSQMLR8Pqu0FEi6bizCeg)

河北唐山南湖城市中央生态公园同样是此类型的成功代表(图 6.3)。唐山市委、市政府为有效改善城市生态环境,实现区域生态可持续发展,集中清除各种垃圾和违章建筑,进行水生态修复、土壤修复,实施景观绿化工程,将自然生态恢复过程与教育、景观美学和休闲活动相结合,将闲置的城市土地资源打造成为富有生机与活力的湿地生态系统景观。

在快速城市化的进程中,城市滨水系统为区域的生态环境健康发展提供了基础保障,形成了一条永续的绿色生命廊道。在武汉、杭州、苏州、丹江口、昆明等地,健康的城市滨水系统有利于缓解城市水资源利用问题,为生物多样性、滨水区生态景观的营造提供永续的水源保障。而在水资源紧张的城市中,营造良好的滨水景观空间,除了美化城市环境、保证生态平衡,往往可以解决该区域极端天气下的水涝或者干旱问题,缓解城市热岛效应等。

图 6.3　唐山南湖城市中央生态公园
(图片来源：http://yuanlin.chla.com.cn/show.aspx?id=58978&cid=183)

6.1.2　矿山型

矿山包括煤矿、金属矿、非金属矿、建材矿和化学矿等，采矿方法包括地下开采、露天开采。矿山开采可能造成毒酸性物质沉积、地表土流失、土壤剥离、矿石堆积、塌陷、植被破坏、地下水改道等环境破坏以及其他次生灾害。

长期以来，采矿活动造成区域环境污染和生态退化，大面积国土荒废，矿区恢复和生态重建是矿业可持续发展的关键问题。目前我国大部分矿区的复垦率仍较低，修复工作尚未完成。严重的地形地貌破坏造成生态退化，同时导致空气污染、水酸化、土壤质量下降、生物多样性丧失和景观破坏，在矿区最为常见。通常在矿区废弃后，这些破坏的状态未能得到及时的治理常常对环境造成二次污染。为了解决这一问题，矿山土地的生态恢复和再利用成为国内外生态景观领域的研究热点。

从城市土地资源再利用的角度，矿业废弃地景观再利用是对因采矿活动所破坏和占用的、未经治理而无法使用的土地再利用，主要包括采空区土场、废石堆、尾矿等矿业废弃地(包括采矿点、尾矿、堆场、排土场、采空区、塌陷地等景观类型和厂房、矿井、采掘设施以及道路、水渠、积水坑等景观要素)的改造、改建或再开发、整治、保护以及"人性化"设计[57]。在最近20年左右的时间内，我国积累了一系列包括物理、化学、生物、植物修复相组合的矿区景观修复方法。

具体景观环境重建策略:结合地形和水系改造,重建自然的植被风貌,并根据美学原理形成场地景观风貌的可持续开发;进行休闲农业开发,为城市居民提供特色的休闲活动场所;通过市场经营实现矿业废弃地的可持续发展。工程实践过程为现状问题调查→进行整体规划→次生灾害防治→修复边坡和矿坑→植被景观设计→后期维护调整。

根据不同的矿区类型提出多样化的再利用方式,通过对矿业元素的改造、重组,整合现有场地的矿业景观资源,再现矿业文化艺术价值,条件成熟时可将其改造为极具观赏、文娱休闲、科普教育等价值的园林景观形式,营造成为人们提供适宜活动场所、户外休闲、娱乐等多重体验的具有鲜明场地特征的公共空间[58]。

我国目前许多成功的案例,例如上海佘山的世茂深坑酒店(图6.4),设计师以丰富的想象力,将自然中废弃采石场与酒店融为一体,实现自然、人文、历史的和谐统一,极大提高了城市土地资源利用率,缓解了城市用地资源紧张,与生态文明建设主题相契合。

图6.4　上海佘山世茂深坑酒店

(图片来源:https://mp.weixin.qq.com/s/RiIDgN8T3OocBzmPJWtG_A)

南京汤山矿坑公园也是城市土地资源再利用的典范,该项目通过梳理现场地形和水文,在已经被破坏的自然碎片基础上形成丰富的体验场所(图6.5)。设计景观园路连接破碎的场地,丰富场地的功能,消除安全隐患,综合安全、造价、体验、生态等多个因素做出选择,使得废弃的矿山成为市民的拾趣乐园。此外,著名的湖北江夏灵山生态修复工程、湖北黄石国家矿山地质公园也是此类型的杰出典范。

图 6.5　南京汤山矿坑公园

(图片来源:https://mp.weixin.qq.com/s/wtYL1zBp5HCqEzvb6VvDRA)

6.1.3　工业区型

工业区型的城市土地资源再利用场地大多为棕地,一般定义为由于工业生产活动的变迁、破产等原因导致失去工业生产功能的场地,包括完全废弃和仍在生产的半废弃两种类型。由于工业区定义较广,本节所阐述的工业废弃地主要有以下 2~6 类轻工业产地遗存,不包含 1 类所指的重工业领域工业原料开采地,以下对后者按生产活动类型分类进行单独阐述。

按照工业生产活动的类别划分,工业区一般分为工业原料采掘场(采石场、矿场等)、工业原料制造厂(水泥厂、钢铁厂、气厂、砖瓦厂等)、装配制造厂(汽车厂、造船厂等)、交通运输场地(码头、铁路站等)、工业储藏场所(仓库、物流园区等)、工业污染处理场所(垃圾填埋场、污水处理厂、水泥厂等)。

在当下全球工业不断寻求转型和升级的背景下,许多生产方式落后、效率低下且污染严重的工业园区逐步关停或由城市迁往郊区,造成许多工业厂房以及附属用地闲置。大型机械、大量的厂区出现,管控意识的缺乏造成大量的工业废弃物排放,污染水体和土壤,其中包含的一些有毒物质对生态系统造成不可挽回的损失。在国家的大力整治下,大批企业或关停或迁移,留下了一片废弃的工业厂区。由于未能对这些工业废弃地及时给予关注,导致土地资源浪费的同时还造成生态环境的污染,这成为城市化进程中亟待解决的矛盾点。这些废弃的厂区不仅影响城市的整体风貌,同时影响附近居民的身心健康,影响区域的生态格局以及使生物多样性减少,造成了所属区域消极发展。

在国内外,当下关于城市工业废弃土地资源的再利用方式,通常是将其更新为博物馆、艺术馆、创意产业园、休闲公园等,将景观再生与工业文化遗产保护相结合,发掘场地独特的物质和精神财富,通过再利用展现关于场地的历史文脉、工业特色、生态美学等综合价值。

工业区废弃土地资源的生态修复与景观再造是一个系统性的工程,兼顾资源、环境、人文、历史和艺术等方面,是各种资源最大化利用[59]。这一系统工程具体实现措施有消除环境污染和安全隐患;恢复生态循环;重构或置换场地功能;发扬与和谐场地文化与社会文化;融合生态修复与景观设计。遵循的原则有最小干预原则,尽可能在新建与原有构筑物之间达到平衡。

城市工业区土地资源再利用要求充分尊重自然生态的演进规律,采取最小干预的原则和策略,保护和维持良好的生态关系。例如,上海世博后滩公园是城市废弃工业区再利用的典型代表(图6.6),改造中保留原临江码头,设计为水上观景台,利用场地高差营造梯田景观,日净化量达到2400立方米,满足自然灌溉和蓄水净化功效,形成水净化功能人工湿地系统。该案例充分利用旧材料节约造价,倡导低成本维护等生态理念。后滩公园展示了土地的生物生产能力,为城市工业土地资源再利用指明了低碳生态的一条具体途径。此外,美国的西雅图天然气工厂公园以及我国的中山岐江公园、秦皇岛的汤河公园等也是工业区再利用案例的典范。

图6.6　上海世博后滩公园

(图片来源:https://youimg1.c-ctrip.com/target/10031d000001elrzx183C.jpg)

在全球能源危机加剧和地球生态环境整体恶化的大背景下,我国大力推行生态文明建设,在各领域展开生态修复与再利用,其中,作为工业历史遗存的工业棕地在城市化进程中具有重要的工业和文化价值,在开发与再利用中显得尤为重要。以生态环境恢复为目标侧重的案例,通过整合城市工业区资源再利用,重构其产业和生产结构,运用生态修复与景观再造相结合作为介入手段,推动城市工业区更新为文化产业园、休闲公园、艺术园区,达到振兴区域经济并有效地改善生态环境质量,满足人们对生活环境和生态环境的使用需求。

德国杜伊斯堡公园(图6.7)位于德国杜伊斯堡市鲁尔工业区北部,面积230hm², 原是荒废的泰森钢铁厂和梅德里希钢铁厂遗迹。在1990年的国际设计竞赛中由景观设计师彼得·拉茨运用"后工业景观"设计思想、手法进行改造,于1994年夏天正式对外开放。在设计中主要采用如下措施:第一,全面优化保护。对遗址的功能分区、道路、空间节点进行全面保护,在设计中大量保留废弃工业场地内原有的工厂附属设施(建筑物、生产设备、构筑物),使得原有空间尺度和工业景观特征得到保留和延续。第二,综合利用。赋予场所新的功能,合理设置参观游览、体育运动、集会表演等功能,在保护工业文化的同时增加现实使用价值。第三,生态治理。保留原有的植被和地貌,使用可循再生材料造景,进行污水处理、雨水收集循环利用。最终该公园的改造设计成为工业废弃土地资源再利用的经典之作,揭开了城市土地资源再利用的新篇章。

图6.7 德国杜伊斯堡公园

(图片来源:https://mp.weixin.qq.com/s/25MYyxRpxT-pTtGrf93jUw)

6.2 以经济产业复兴为目标侧重的案例分析

以经济产业复兴为目标侧重的类型是通过对城市土地资源的规划和管理,并与生态修复、景观整治和产业结构调整相结合,形成助力经济发展的途径。在生态恢复与景观重塑的基础上,注入高效益的产业功能,同时获得生态与经济效益,经济效益表现为生态修复所带来的环境艺术价值,以及景观服务功能通过房地产、旅游、商业活动等相关媒介,起到提升产业价值、土地价值、创造就业岗位、提供绿地空间等间接获得经济收益的效果。城市土地资源生态修复与景观再造的效益具有全方位和交叉性的特点,不仅修复和改善了城市的环境生态系统,也优化和丰富了城市经济产业结构,实现生态系统、社会、经济发展的动态平衡。

以经济产业复兴为目标侧重的类型适宜于具有一定区位优势,处于城市中心区或城市开发区,场地特征明显,空间和可塑性较大的城市闲置空地。此种空地经济活动频繁,可利用地域优势吸引各方投资和开发商,实现多渠道的开发运行方式。

以经济产业复兴为目标侧重的城市土地资源类型有以下3个方面的特殊性:

首先,强调通过生态修复促进经济价值的实现,以生态修复的要求为出发点,根据环境恢复的技术和措施,进行生态恢复、污染控制和场地清理等。在改造过程中充分考虑土地特点、成因类型、基址条件、产业可持续性、市场需求、就业机会等因素。

其次,此类型的主要目标不仅是生态环境的更新,也是经济产业的复兴。它是城市整体更新发展的有机组成部分,受城市整体发展策略影响。在城市总体发展要求下,此类型的运行要起到构建区域产业发展框架、确定城市产业格局、推动和引导地区经济发展的作用。

再次,此类型通过生态恢复与保护、景观更新与演替、产业运营与发展,在优化城市生态环境中推动经济产业结构发展,改善城市景观形象,提高生活质量,解决居民就业等方面具有突出的表现。

以经济产业复兴为目标侧重的城市土地资源再利用案例具体代表的类型有旅游景区型、复合地产型、生态产业园型等。

6.2.1 旅游景区型

旅游景区是指以良好的生态资源、自然景观与丰富的人文内涵为依托,增加区域自然、生态、人文的吸引力,促进当地生态环境与社会形成可持续发展的旅游区域。有的学者认为旅游景区应该具有可持续性和学习性特点,如城市动植物园、海洋馆等景区对游客进行自然和生态知识的科普。还有的学者认为旅游景区应该强调场所的自然性和人文性。根据城市土地资源的生态环境和特色的资源,挖掘场地特有的旅游潜力,因地制宜发展旅游产业、实现经济增长,成为城市土地再利用的重要类别。

当下我国旅游风景区型的城市土地资源中,大多存在对自身发展定位不明确、规划设计不合理、生态环境破坏等问题。追求经济效益而过度开发风景区是不可取的,必须在开发利用中兼顾环境生态,杜绝破坏,才能做到景区资源可持续发展。

旅游景区规划强调在设计中关注旅游产业,旅游产业是旅游景区的核心组成部分[60]。旅游产业的发展要求良好的生态环境和丰富的物质文化资源,拥有独特的区位优势、历史文化等优势。

旅游景区应该是原始生态较好、自然和人文内涵丰富的地区,资源分布集中且价值高。在此类型的土地资源中,根据不同的土地资源特色类型进行分类,再进行生态与景观再造,营造良好的生态环境与经济效益,在资源利用的同时带动区域经济发展。在改造中加以生态恢复和环境保护,设置合理的游览设施和形式多样的休闲功能,增加标识设计、解说设计、体验设计,同时突出景观的原生性,遵循最少干预原则进行设计规划,实现闲置资源的景观化再利用,避免对生态景观造成破坏。旅游景区规划设计的原则主要从以下几个方面考虑。

1. 生态可持续发展原则

旅游景区中自然景观资源包括原始自然保留地、历史文化遗迹、山体、坡地、森林、湖泊几大板块,在改造再利用中优先保护自然景观资源,在保护的前提下,合理开发资源。只有这样,才能保证景观设计的可持续发展、永续利用。

2. 尊重地域文化的原则

旅游景区中无论是人造环境还是自然环境的开发,都必然与区域历史文化结合,园林景观设计中要充分尊重区域历史文脉的发展与传承,在设计中体现传统中长期积淀而成的空间智慧。

3. 景观的异质性原则

旅游景区中异质性原则是防止在设计中同质化的问题,异质性同抗干扰能力、恢复能力、文化表现力、系统稳定性和生物多样性有密切关系,景观异质性程度高是形成区域景观特色的必要条件。

4. 景观的整体优化原则

旅游景区中景观设计是一系列场地景观要素互相协调的有机整体,景观序列是连续而完整的,景观系统具有功能上的整体性和连续性。规划时应保证其完整性,将其作为一个整体来考虑。

在区域经济社会发展中,旅游业具有"三大动力效应"和"四大社会效应",即"直接消费力、产业发展力、城市化动力"和"价值促进效应、生态效应、品牌效应、幸福价值效应"[61]。因此以综合性旅游景区开发的城市土地资源类型对社会和经济发展都具有极大的推动作用。在城市化快速发展的今天,人们对优美的自然风景区需求愈加强烈,亲近自然、回归自然、体验自然的生态旅游蓬勃发展。

随着生态文明与国家公园城市的建设、"一带一路"倡议、特色小镇等国家政策的推进,城市的旅游风景区景观设计更加注重生态保护与文化传承,同时关注经济效益,创造了许多优秀的景观案例。现行旅游风景区景观发展呈现五大常态化趋势,即生态化、主题化、艺术化、体验化、科技化。如成都三岔湖景区(图6.8),以文化＋生态＋旅游的模式,建成多元化、生态化、高品质的旅游产业景区,由政府统筹规划,群众经济参与,为区域发展带来新的活力。

图6.8　成都三岔湖景区

(图片来源:http://news.chengdu.cn/2022/0930/2293090.shtml)

长沙湘江西岸商业旅游景观带(图6.9)也是以经济产业复兴为目标侧重的案例,该项目位于湖南省长沙市开福区,以滨江亲水岸线为基础,依托滨江新城国际金融中心与市府CBD

图6.9　长沙湘江西岸商业旅游景观带

(图片来源:https://www.yuanlin8.com/landscape/15882.html)

核心的上层规划,尊重水文地质、场地历史文化,以水岸资源为切入点,丰富湘江岸线层次,打造立体化岸线空间体系,增强亲水性的同时保证安全性。景观廊道连通湘江风光与商业综合体,使得区域生态宜居,成为一个集商业、休闲、文化、运动于一体的复合型滨江旅游景观带,实现景观经济效益。

6.2.2 复合地产型

复合地产型景观区别于政府投资建设的市政景观、风景区、城市公园等,特指以地产开发商为主体,以生态景观效益为基础,以提升地产价值为目的的园林景观。新世纪以来,地产景观作为我国城市景观的重要组成部分,在提升城市居住环境品质、改善城市生态环境方面发挥着越来越大的影响力,许多大型地产企业营造了许多宜居、宜业、宜游的景观作品。

目前我国地产景观处于快速发展阶段,但是仍存在许多不足,在土地资源再利用中应当关注的,如设计理念受利益驱使而偏离,形成追求奢靡、急功近利的浮夸风格,与高质量、人性化、生态化的理念背道而驰,造成大量的资源浪费或者环境污染且景观效果不佳[62]。此外,景观设计缺乏创意、文化内涵缺乏、同质化,常常出现反文化的欧美风格或者网红风格,与社会文化风貌严重脱节。

复合地产型景观通常临近或处于城市中心区域,具有商业开发潜力,属于优质用地。但是如果生态和景观效果不好,也会影响该地的经济发展,破坏城市的景观环境。由于地处城市的核心地带,交通便利,基础设施完善,开发利用代价较小,这类土地资源常常能带来较高的生态效益和经济利益。通过政府引导,对场地的生态修复、景观的改建或新建,可为城市土地资源再利用中的多元化地产开发提供依据,丰富城市绿地建设并实现地产空间的增值。

复合地产作为新型的开发经营类型,这种形式打破了传统地产景观开发的单一理念,以地产开发为中心,整合农业、工业、商业、旅游、体育、教育、科技等多种产业,共同构建的全新地产经营类型[63]。复合地产不仅解决城市居民的休闲活动、社交娱乐、花园疗愈、亲近自然等生活问题,同时还有助于改善城市空气污染、水涝干旱、热岛效应等生态问题。它的类型丰富多样,大致分为养老景观、疗愈景观、商业综合体景观、住宅区景观等,可为缓解城市公共服务用地问题提供新的思路,带动当地及周边地区的产业、居住、商业的发展,优化居民的生活方式,提高居民生活品质,提升文化氛围,为城市经济的发展带来新的机遇。

复合地产景观设计可分为旧区开发型和新区开发型。旧区开发型根据城市规划以及区域发展要求,对建构筑物进行改造利用和功能置换,既活化了城市的存量土地资源,又实现了土地价值的升值。此类型适宜于场地中基础设施良好、主体结构坚固的城市土地资源,具有改造建设周期短,资金投入小、成本回收快的优势[64]。新区开发型适宜于处于城市生活圈内且景观基质完善,在城市尚未规划的开发范围内,通过评估调查,治理代价与生态景观、经济效益成正比,拥有较大开发可能性的城市土地资源。它可能是遭受一定程度破坏,如水质污染、植被稀少或者是道路流线混乱。此类型虽然开发周期较长,资金投入大,但土地成本低,改造灵活,特色鲜明,概念新颖,附加值回报丰厚,合理的景观规划将带动该区域的经济复苏。

复合地产景观设计需调查清楚环境生态情况，将生态景观的理念融入整个景观的设计过程中，做到生态修复与景观设计同时进行。在具体设计中依靠本土植物造景，发扬人文内涵，追求低碳环保，坚持因地制宜、与时俱进、以人为本，避免受经济利益的影响而造成损失。例如贵州省贵阳市白云区泉湖公园(图6.10)，现如今是西南地区典型的地产景观典范，为国家AAAA级景区，但它曾经却是二手车市场、棚户区、沼泽地，是"脏乱差"的典型，造成了巨大环境污染和土地资源的浪费。自2016年6月起，为了响应国家生态文明建设与公园城市政策的号召，贵阳市政府与相关企业联手治理，经过一系列的生态修复与景观设计，如今成为集生态旅游、文化体验、商业开发三位一体的城市名片，绿树成荫、游人如织。该案例盘活区域多栋烂尾楼，以16亿元的投入撬动社会资本200亿元，实现生态效益与经济效益双赢，受到中央环保督察组、西南各省一致好评，可谓"化腐朽为神奇"。

图 6.10 贵阳泉湖公园

(图片来源：https://mp.weixin.qq.com/s/9T-gVtFbaMPMv4aypTcUWA)

6.2.3 生态产业园型

生态产业园是一个包括自然生态系统、社会生态系统和工业生态系统在内的复杂的区域复合系统，按照产业生态学原理和循环经济理论形成的一种新型产业体系。生态产业园在一定地域范围内，通过环境管理与资源回收再利用，相互协作增加生态效益和经济效益，是景观环境与生产服务企业所形成的共同体，生态环境效益的总和大于单个企业的独立经营所获得的经济效益和环境效益的总和[65]。

工业革命的到来大幅提升了各领域的生产力,随着时代进步,旧工业技术被淘汰,给城市发展和生态环境造成许多负面影响。生态产业园的出现有效提高资源利用效率、减少生态污染。生态产业园在政府的支持下发展快速,但同时也遇到许多问题,例如运行机制不完善、重经济效益而轻生态和社会效益、因定位不明确而缺乏特色、景观效果差等。

生态产业园型作为生态环保思想和循环经济理论在城市新兴产业区中的体现,通过建立企业间的相互联系进行产业链的衔接,解决了传统产业园区低效益、低合作、低循环的问题,提升了企业经济效益。

生态产业园型案例通过景观加强企业之间的空间联系,将生态景观与生态产业相结合,提出遵循"突出关键产业、主导产业链的纵向延伸、共生产业的横向耦合、区域层面的循环共生"原则,通过以上步骤来构建生态产业园,提升资源利用效率,减少环境污染,生态产业园将实现环境、经济、社会功能的可持续发展。

生态产业园的经营目标是尽可能减少该地区的资源浪费。通过废物交换、回收和清洁生产的手段,在生产过程中不产生或减少废物,实现公园内污染物的零排放。运作模式是按照生态系统的物质循环,遵从循环经济理论的"3R"原则[减量化(reducing)、再利用(reusing)和再循环(recycling)],在生产和消费的过程中形成"资源→产品→再生资源→再生产品"的物质循环流动生产过程[66]。

在生态产业园中除了构建循环共生产业链以外,在规划设计上,对园区的建筑、道路、景观、基础设施进行可持续规划,定期对经济效益和景观效益进行综合评价,对产业园区的改造形成产业链搭建、景观规划设计、后期效益评估的全生命周期的循环模式。

生态产业园规划包含综合区域开发规划、区域环境规划、区域生态规划等各项专项规划。在规划中应注重与自然环境和谐共存,降低对环境的干扰,减少污染物的产生。在建设中,应合理布局,降低各企业之间的资源消耗和废弃物产生排放,鼓励可再生,将园区景观规划与区域的生态环境治理结合,实现区域协同发展,经济效益与环境效益最大化。当然,产业园区类型丰富,如农业产业园、艺术创意产业园、科技产业园、工业产业园等,产业类型不同,结合区域的地形地貌、水文特征、文化特色,将产生不同的景观规划侧重点。

生态产业园典型案例有武汉光谷中华科技产业园、武汉华中智慧园艺主题产业园、北京保险产业园等,其中北京保险产业园位于石景山区八大处山体南麓,南侧紧邻永引渠(图6.11)。该园区的定位为国家级金融创新示范区、保险创新企业的孵化器、融合山水的智能、海绵园区。产业园规划基于可持续设计理念,对产业园区中心的3.7hm^{2}绿地进行系统规划,试图通过生态理念的植入唤起人们对生态环境的敬畏与保护。同时,通过有序规划的园路设计,园区内大面积的绿地空间成为工作区的扩展,增加了各个景观节点和建筑物之间的可达性,串联各个功能区块和室内工作空间,提升园区的协同效益。园区将八大处山体余脉的景观意向形态植入绿地的平面造型中,丰富了场地文化内涵。该案例以自然景观为核心,结合区域产业文化内涵,形成独特的产业文化景观,弘扬企业文化精神、形象,体现产业特色,提升园区的办公舒适度、生态适宜性,促进产业的发展。

图 6.11 北京保险产业园

(图片来源:http://www.cnlandscaper.com/jingguancase/show-1481.html)

6.3 以社会公共服务为目标侧重的案例分析

以社会公共服务为目标侧重类型是在环境修复与景观再生的基础上,打造多功能的城市公共服务空间和设施,通过改善人居环境、完善公共基础设施、优化公共空间功能,激发城市活力,提升居民的生活方式和质量,是一种促进环境与社会全面协调发展的城市土地资源的再利用类型。

以社会公共服务为目标侧重类型一般位于人口密集、地理位置优越的中心城市,特别是具有一定历史及情感价值的城市闲置土地资源更具优越性。由于社会公共服务性质,此类型案例在开发与运行方式上一般是以政府为主导,划拨、设立专项资金,推动项目的实施和进行后期的管理。以社会公共服务为目标侧重的案例有以下 3 个方面的特殊性:

首先,促进社会和谐以及城市可持续发展。以社会公共服务为目标侧重的案例不仅要恢复场地的生态与环境和谐,也要实现社会和谐与进步。城市公共空间与服务设施体现的是广大民众共享、平等、共有的社会原则,以及体现社会对人性关怀,是社会文明发展与进步的标志。

其次,满足人们日益增长的精神和生活需求。社会的发展使民众对城市公共空间范围的需求越来越大,环境和生活方式的转变也使民众对城市服务设施功能的需求越来越多,经过生态修复与景观再造后的城市闲置土地资源不仅要在生态空间上满足社会的需求,还要能够承担更加多样化的社会功能;不仅肩负环境责任,解决生态问题,还要肩负社会责任,解决社会问题,例如成为防灾避险的公共空间。以社会公共服务为目标侧重的案例只有适应广大民众需求、充分体现公众参与才能真正地融入城市格局,激发城市活力。

第三,充分挖掘场地的社会内涵和历史价值。城市土地资源是城市的印记,也是社会发展的缩影。它承载着历史与文化,包含着记忆与情感。这些特质为城市土地资源再利用中社会价值的实现提供了可能性。

6.3.1　城市公园型

凯文·林奇在《城市意象》中指出"城市广场公园多位于城市核心地带,通常被设计者作为城市设计的焦点。通过植被和建筑物围合,以及与周边道路联通,使得广场在城市中成为吸引和聚集人流的角色"[67]。社区公园、动植物园、森林公园、带状公园和街旁游园等也属于城市公园范畴。城市公园是城市中为市民提供公共服务的户外公共场所,包括集会、锻炼、社会交往、防灾避险、商业等,随着社会的发展,城市广场的功能在不断变化,承担着更多的社会职能。在广场景观的规划上,主要关注道路、植被、构筑物等园林景观要素构成,城市广场区别于城市公园的是有大面积的硬质铺装。

由于城市人口增长,建筑密度增大,居民的生活质量下降,人们将现在的城市称为"钢铁森林",而城市公园则是"钢铁森林"中的绿地。城市公园属于城市发展升级的产物,公园的面貌体现了一个地区的经济文化水平。城市公园除了满足人们休闲集会的需要,对缓解空气污染、城市噪声,提高生态环境质量也有一定作用。同时,城市公园也体现了一个城市的生态文明建设成果,不仅仅是为市民提供一个休闲娱乐和社交空间。

城市公园能够为居民提供休息的场所、供人们娱乐交谈,丰富的功能形式满足城市居民的需求,顺应了城市的发展态势,在城市中起到形象宣传的作用,成为城市名片[68]。同时,城市公园强调生态景观和功能结构,是城市有机组成部分,也是城市重要的公共基础设施。

城市公园具有开放性、公共性、主题性以及区域性等特点,在设计中应当遵循以下原则:

功能人性化原则。将城市公园景观作为一个多元化的综合体,根据使用者的行为特征,充分考虑广场、街道、植被、建筑、公共艺术、公共设施之间的结合,满足不同年龄、爱好的人的户外活动需求,创造一个功能合理的公园。

个性化原则。个性化是实现地域文化与环境的统一,通过广场的空间、布局、构成等设计凸显地域文化特色,区别于其他城市广场的内外特征。

可持续原则。可持续发展是应对城市生态环境持续恶化的策略,倡导低碳发展、循环发展,在设计中减少碳排放。坚持绿色、共生、可持续相融合,展现地域特色,融入城市肌理,创造宜居生态的空间环境[69]。

以社会公共服务为目标侧重的城市公园,通过对城市中心土地资源的改造,改善城市风貌,提升居住空间质量,解决城市公共服务场地缺乏问题,是城市土地资源再利用的重要类型,发挥着重要的社会效益。例如,美国的布莱恩特公园(Bryant Park)过去是一个没有吸引力的公共集会空间,不合理的平面空间规划使得阶梯、墙壁以及植物杂乱无章,成为城市中心的闲置用地。在20世纪70年代,因为社会治安的缺失,此处甚至成为犯罪分子的聚集场所,造成很大的社会安全隐患。现在,Bryant Park已经成为全世界城市修复利用项目中最受人瞩目的公园之一(图6.12)。公园设计通过合理布局,规划适度的出入口、道路,增加空间的开放性、可达性,置换陈旧的基础设施、破败的植物,增强公园的安全性,同时该公园鼓励市民参与维护建设,已经成为最受人欢迎的城市公共空间。

图6.12　美国布莱恩特公园

(图片来源:https://www.yuanlin8.com/landscape/7441_1.html)

此类型的典型案例还有由湖北省住房和城乡建设厅评选的20个"湖北省最美城市公园"之一的王家墩公园(图6.13)。该公园位于武汉中央商务区云飞路附近,占地面积约12万m^3,是由原王家墩机场搬迁后的旧址改造而成的综合性山体公园,经过景观重构和功能优化,实现城市土地资源的可持续利用。该公园设有完善的全民健身娱乐设施,有儿童专属空间和中老年人健身空间,吸引了各个年龄段的市民到此休憩、锻炼。同时,公园开展有自然研学课堂,向市民普及生态环保理念,充分发挥了社会公共服务功能。

图 6.13 武汉王家墩公园

(图片来源:https://mp.weixin.qq.com/s/rVnNWMIYHeF6qoQM6z-xug)

6.3.2 广场绿地型

"绿地"作为城市规划专门术语,在国家现行标准《城市用地分类与规划建设用地标准》(GB 50137—2011)中指城市建设用地的一个类别。城市绿地系统由 6 类绿地组成,包括公共绿地(各种公园、游憩林荫带)、居住区绿地、交通绿地、附属绿地、生产防护绿地、风景区绿地,此外,还包括城市水面、道路广场以及其他性质用地中的绿地。城市绿地同时具有生态功能、社会功能、景观功能和经济效益,从社会公共服务的角度出发进行论述,城市绿地通常是城市居民社会生活的中心,是城市不可或缺的重要组成部分。其次,被誉为"城市客厅"的城市广场上可进行集会、交通集散、居民游览休息、商业服务及文化宣传等,包括文化性广场、纪念性广场、游乐型广场、商业街广场等类别。

随着城市土地资源的利用由增量时代转入存量时代,在城市土地资源稀缺的同时,城市人口密度持续增加,城市绿地率降低,绿地被城市道路、建筑分割成为无数小地块,未得到有效利用,导致城市生态环境质量下降,市民生活满意度降低。现存问题主要是过去城市建设的功利性发展导致很多规划设计不配套的问题,例如从城市宏观角度上看,各区域绿地空间分布不均,整体不足,可达性较低,辐射范围有限,景观规划同质化,植被单一,美观度不足。其次,城市绿地广场景观作为城市建设的重要内容,随着我国城市化的发展得到广泛关注,目前许多广场在景观设计上存在一定的规划设计欠缺,如过度追求宏伟壮观,造成场地尺度过大和土地资源的浪费,失去公共空间特有的亲切感,给人无形的压迫感。再次,城市绿地与广场景观不具备开放性,变成与环境隔离的空间。在园林景观设计上,缺乏地域文化特色,过于注重形式,千篇一律的景观元素雷同。无论是城市绿地还是广场,相较于过去的老旧城市空间,现阶段的城市绿地与广场空间建设在相关城市规划标准出台后,更加科学规范,表现为绿化率提高,满足人们亲近自然、休闲娱乐的需求,功能形式也逐渐多样化等。

在广场绿地再利用中,景观兼具服务城市居民、和谐城市环境、为工作人员和市民提供活动空间的公共空间功能,具有明显的公共性质和服务性质。因此,在绿地与广场的设计中,需遵循以下原则:

以人为本的原则。在功能上体现对人的关怀,摒弃传统广场的大面积硬质铺装,增加绿色植被,将城市绿地与城市广场结合起来,拉近空间与市民的距离,尽可能满足区域不同年龄、文化、职业、背景的居民使用需求,丰富空间功能、融合休憩娱乐、景观观赏、环境生态等功能。

地域性原则。在广场绿地设计中运用在地的自然与文化特征作为景观元素,主要包括在这块土地上由自然演变形成的景观,以及由人类长期的实践中所形成的人文文化[70],防止同质化景观现象。

整体性原则。明确功能定位,对环境进行综合考虑,景观的各个部分形成联系,协调广场绿地与城市社区之间的关系,做到整体提升环境效益与服务水平。

以社会公共服务为目标侧重的广场绿地,在城市中充分践行生态文明理念,着眼城市环境的视觉美化,注重城市发展中社会效益的实现,在空间的设计中蕴含诸如绿色文明、绿色生态、绿色经济等丰富内涵,在景观布局、功能、景观的文化中体现社会主流思想。例如美国阿姆斯特丹 Orlysquare 广场(图 6.14)公共空间景观设计这个项目位于阿姆斯特丹西港区,在西港区的两个地铁站和车站之间,车站的转移使该地失去站前广场的功能,广场逐渐荒废成为闲置城市空间。2012 年阿姆斯特丹城市更新中,该场地被重新定义,成为充满活力的社会活动空间,满足附近居民和过往游客的使用需求。该项目以公共空间设计为主,包括步行道串联广场绿地两个部分,其中广场绿地是游憩设计的重点。它在绿植规划中充分利用在地植物,充满地域特色和野性的绿地系统在繁华喧闹的市区形成独特的景观体验。空间的配套规划践行低碳可持续的设计,通过设置自行车道和足够的自行车停发区,鼓励人们绿色出行,树立环保理念,同时充分考虑市民需求。

图 6.14 阿姆斯特丹 Orlysquare 广场

(图片来源:https://mp.weixin.qq.com/s/TOfvcHELszaT50CZ2hICbQ)

6.4 以文化保护传承为目标侧重的案例分析

以文化保护传承为目标侧重类型,在环境恢复与景观更新的同时,激发城市土地资源的文化价值和景观潜力,达到保护与传承历史文脉和城市精神的效果,实现生态环境价值与历史文化价值的并重。文化性景观设计促进文化传承与发扬,成为城市文化软实力,促进一个城市的可持续发展。

以文化保护传承为目标侧重的案例具有文化体验、娱乐休闲、科教与展示等多种功能,并促进城市独特的文化魅力融入到城市系统中,此类型案例有以下3方面的特殊性:

第一,以文化保护传承为目标侧重的类型是以营造优美的环境、促进城市文化保护与传承为目的,同时丰富城市文化内涵,提升场地的文化氛围,与其他景观要素形成联动机制,间接有助于经济效益的产生,带动整个区域的经济、文化、社会的协调发展。

第二,以文化保护传承为目标侧重的类型,建立在正确的文化价值观上,正视场地的历史价值与文化价值。优秀的城市历史文化、建筑空间文化、场地历史记忆见证了城市的繁荣和衰退,积淀城市的精神和文化,应当得到保护和尊重[71]。同时,以文化保护传承为目标侧重的案例随着时代的发展运用新的传承和保护理念,运用新手段新模式,在保持历史风貌的基础上挖掘场地的内涵,发挥其文化象征作用。

第三,以文化保护传承为目标侧重的类型,不仅要充分尊重历史与渊源,还需要发扬传承场地精神,将优秀的场地文化融入到改造后的文化场所之中,在保护的同时传承文化价值,促进场所凝聚历史文化与当代发展完美融合。此类型案例不仅是环境与景观的再生,更重要的是优秀传统文化的再生。

具有代表性的以文化保护传承为目标侧重的城市土地资源再利用案例有城市街区和文化空间。

6.4.1 城市街区

在以文化保护传承为目标侧重的类型中,文化性最突出的历史街区是首要研究对象。历史街区是城市街区的一种,因为悠久的历史文化成为典型。"历史街区"这一概念于1986年首次被提及,内涵是具有历史价值和文化价值,有独特的地域性、历史性的景观风貌和景观构成元素,它能反映一定时期的社会生活,是当下城市的有机组成部分[72]。

历史街区多为城市中具有一定历史的老式居住区、商业区、街巷等。就其层次意义展开分析,可将历史街区分为两部分,一部分为历史街区的具象化意义,另一部分为历史街区的虚拟意义[73]。具象化的意义是指历史街区中体现的历史文化背景(建筑风貌、材质、景观元素)以及趣事典故、风土人情等。虚拟意义是指街区所体现的特定时期或者场景的记忆。总而言之,历史街区具有较强的时代意义,与城市文化具有较大相关性[74]。

在城市化的浪潮席卷下,城市中的许多历史街区被时代抛弃,直到2002年10月修订的

《中华人民共和国文物保护法》正式将历史街区纳入不可移动文化遗产的范畴,明确保护有重大历史价值和文化意义的历史街区、村寨,历史街区的文化保护传承得到有效保障。

城市街区再利用案例通常是环境污染较小、历史文化价值突出、处于城市中心或者城市边缘以及人口密集的老城区,特别是具有大量遗迹、独特历史风貌和文化价值的历史古镇、街区。

城市街区再利用案例侧重文化价值的实现,经济效益增长和生态作用并不显著。但在历史长河中,历史文化景观作为人类文明的载体,对人们精神有启发作用,对优秀文化的传承保护起着举足轻重的作用。以文化保护传承为目标侧重的历史街区改造主要遵循以下原则:

原真性原则。维持历史景观风貌,再现场所的历史文化,具有特色化特点。

整体性原则。在注重文化保护与传承的基础上,结合历史街区的自然环境、文化环境、人文需求,进行系统性更新,同时关注城市街区的人性化尺度和空间高效利用。

生态性原则。改善历史文化街区环境,提升场所的生态环境质量,为城市街区的可持续发展创造宜人环境。

城市历史街区改造可根据特征的不同归纳如下:

旅游型古镇。拥有深厚的历史文化积淀,经过修缮、改造,开发旅游配套设施,形成城市旅游目的地,特征是旅游观光属性,改造的案例有"上海新天地"历史风貌街区。

新建古镇街区。根据在地文化新规划的文化街区,赋予其历史文化与特征的外衣。它的特征是对城市历史文化溯源,超越历史、融合现代,通过丰富的业态满足商业需求与文化寻根。这种类型的新兴历史街区建设代表有武汉楚河汉街与深圳欢乐海岸。城市历史街区景观改造需要突出其作为现代化城市背景下的城市历史记忆功能,体现其历史意义,并充分归纳其现状特征、问题,以景观作为载体,阐述其场地精神、历史脉络、习俗文化,彰显区域特色。

城市文脉改造的古镇街区。兼具文化旅游与城市休闲的复合功能,特征是历史文化与现代生活充分结合,与旅游古镇相比功能更丰富多样,是典型的城市"会客厅"。

景观改造案例可参考深圳观澜古墟、成都宽窄巷子(图6.15)。

6.4.2 文化空间

文化空间包括青少年宫、剧场、博物馆、文化广场、图书馆、展览馆等场所。文化空间通俗来说是具有文化职能、文化性质的物理空间[75],空间表达一定的文化符号、文化现象、历史文化记忆。文化空间是由文化性场所与文化符号、价值载体共同构成的,具有一定的象征意义[76]。随着社会发展,还出现了许多新型的城市文化空间,如新的城市微展厅、文化休闲空间、文化艺术区等,这些空间为社会公众提供一个思想交流、文化获取的平台,突出了文化性。

党的十八大以来,尤其是2015年中共中央办公厅、国务院办公厅印发《关于加快构建现代公共文化服务体系的意见》,为城市公共文化空间规划建设提供了根本遵循。近年,我国

图 6.15　成都宽窄巷子

(图片来源：https://baike.sogou.com/v2061853.htm?fromTitle)

在文化建设领域取得许多成就,如今进入建设文化强国重要发展阶段,国家层面出台许多规划建设新型公共文化空间的新举措新政策。例如,《"十四五"文化和旅游发展规划》强调结合城市更新、老旧小区和厂房改造等,创新打造一批小而美的城市书房、文化驿站、文化礼堂、文化广场等城乡新型公共文化空间;《关于高质量打造新时代文化高地推进共同富裕示范区建设行动方案(2021—2025年)》提出推动公共文化设施拓展服务内容、创新服务形式,打造"嵌入式"新型公共文化空间。这些政策为城市土地资源再利用提供了重要导向,推进公共文化空间建设成为城市土地资源的重要目标。

文化空间以及公共空间景观基于实现好、维护好、发展好人民群众基本文化权益的目标,随着社会的发展进步,承担着重要的使命,同时也对文化传播和文化传承作出了重要贡献。以文化保护传承为目标侧重的文化空间再利用设计中,对城市闲置土地资源的空间生产力进行发掘和文化价值进行提升,从而构成新的文化空间,实现空间形式的升级,功能的转变,文化效益再提升,为城市居民提供更加舒适宜居和有文化氛围的空间环境。文化空间可以体现城市文化精神,让人们了解城市的历史内涵。

文化空间为了更好地服务城市和市民,提升环境的文化品质,应当遵循以下设计原则：

系统性规划原则。以文化保护传承为目标侧重的文化空间再利用,要从整体出发,兼顾局部。文化空间不是单一的景观空间,在空间规划中要注重系统性、连续性、统一性,协调主要构筑物的关系,并基于场地现状、文化历史、区域自然环境、人文环境的调研,统一文化空间各个部分的功能、构成、形态、类型等要素。

以人为本原则。古希腊哲学家普罗泰戈拉曾说"人是一切的标准",《说苑·杂言》也论述"天地万物,唯人为贵",都强调人的价值。文化起源于人,服务于人,在文化空间的规划中,需要同时满足人们的使用需求和精神需求。以人为本需要在设计中针对不同使用对象进行差异化设计,符合人体工程学原理,同时从细节上出发关注导视系统、安全提示、残障人士通道等内容。

可持续设计原则。文化空间设计中的可持续原则包括景观可持续原则和文化可持续原则,在景观中尊重场地的生态环境,减少碳排放和资源浪费,减少景观维护成本,使用节能环保材料,实现景观可持续。在文化可持续中尊重场所文化精神,注重优秀文化传承,在空间内各个场景创新文化,将文化通过空间的整体风格和特征再现。

以文化保护传承为目标侧重的文化空间再利用案例有武汉良友红坊文化艺术社区(图 6.16),该项目位于湖北省武汉市江岸区,前身是 20 世纪 60 年代废弃的工业厂房。改造前场地杂草丛生、设施老化,建筑物存在安全隐患,是一块城市棕地。2018 年经过上海红坊集团改造后,此地成为文化创意企业的办公园区,改造后的园区景观及核心建筑实现文化再造。该空间的改造严格保护场所记忆,保留了 20 世纪 80 年代典型的红砖厂房、坡屋顶红瓦屋面、内部松木桁架、混凝土亭子、水塔、烟囱、白鳍豚雕塑等历史文化元素,延续了厂区文脉,实现文化传承的同时也通过保留场地记忆,增进人们的亲切感和认同感。此外,徐汇滨江岸线的"水岸汇"、金桥碧云美术馆、"梧桐院·邻里汇"等项目都是新型公共文化空间改造的典型案例,呈现出多元应用的格局,功能更加全面,主题特色鲜明,聚焦与凸显城市文化内涵,同时以文化空间为媒介提升人们的生活品质。

图 6.16　武汉良友红坊文化艺术社区

(图片来源:https://mp.weixin.qq.com/s/QY5sJxGcINWUUkNImHODJA)

6.5 本章小结

综上,根据城市土地资源再利用的目标侧重和适宜性,将常见的城市土地资源再利用案例分类如下:以生态环境恢复为目标侧重的城市湿地型、矿山型、工业区型等;以经济产业复兴为目标侧重的旅游景区型、复合地产型、生态产业园型等;以社会公共服务为目标侧重的城市公园型、广场绿地型;以文化保护传承为目标侧重的城市街区型、文化空间型等。

通过归纳分析城市土地资源再利用中与生态修复与景观设计相关的典型案例,为本研究所构建的城市土地资源再利用中生态修复与景观设计的耦合模式提供背景依据及经验总结。

由于城市土地资源再利用具有综合性、交叉性的特点,各类别之间存在效益的重叠,是相互包含、相辅相成的关系。

除了以上研究的主要类型和相关案例外,城市中还有许多零碎化、规模小的土地资源再利用类型,如口袋公园、社区庭院、零散景观、仓储用地等。

第 7 章　武汉市江夏灵山矿区土地再利用实践项目

为加强本研究理论对实践的指导作用,并验证研究理论的可行性与效果,本研究团队在研究期内(2019—2021年)实施开展了江夏灵山矿区土地再利用实践项目,配合武汉市江夏区对灵山矿区实施全面生态环境治理,复垦工矿废弃地,整合区域资源实行产业转型,打造江夏"吉祥谷"特色养老小镇。

武汉市江夏灵山矿区位于江夏区中部155°方向10km处,涉及纸坊街和乌龙泉街两个街道。武汉市江夏区地处华中腹地,东与鄂州、大冶毗邻,南与咸宁交界,西与武汉经济开发区隔江相望,东与东湖新技术开发区接壤。按照城市规划基本术语标准中"城市"范围,灵山矿区土地再利用项目属于典型的城市土地再利用实践项目。

江夏灵山矿区土地再利用实践项目是本研究团队对城市土地资源再利用中生态修复与景观设计耦合模式的实践性应用,取得了良好的效益与评价,由此也进一步验证了本研究所构建模式的科学性和可行性。

7.1　项目概况

7.1.1　矿区土地再利用总体规划

江夏灵山矿区位于湖北省武汉市江夏区纸坊街和乌龙泉街的交界处,用地面积约为 $1.43km^2$,合计约2 139.75亩(1亩≈$666.7m^2$)。目前,灵山已采矿面积约为 $0.84km^2$,合计约1 268.05亩。原有山地面积约为468亩。

灵山矿区实施全面的生态环境治理,将工矿废弃地复垦为基本农田、耕地、部分建设用地等,依托江夏区的区域优势,配合武汉市未来养老产业需求,整合灵山区域现有的自然、人文资源,建设国内有影响力的养老产业品牌,成为"颐养康复　养生养老"的特色养老小镇。将灵山矿区全面建设为江夏"吉祥谷",打造吉祥养生风情园。

灵山矿区属工矿废弃土地,现状卫星影像如图7.1所示,矿区平面如图7.2所示。

图 7.1 武汉市江夏区灵山矿区现状卫星影像图

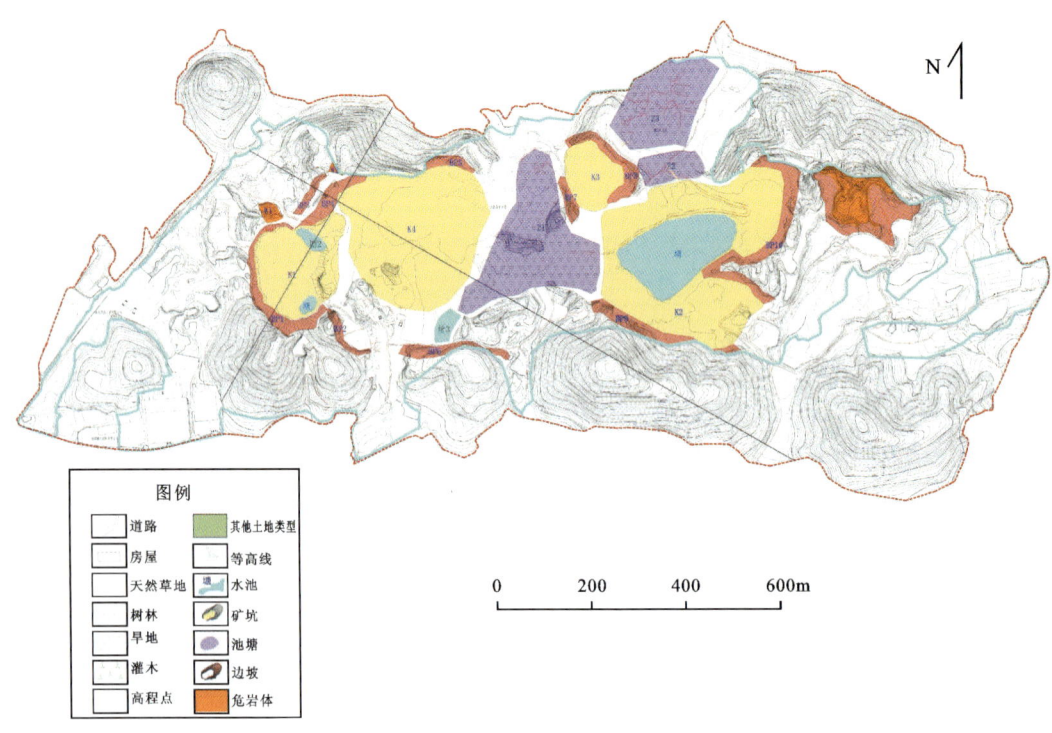

图 7.2 武汉市江夏区灵山矿区平面图

7.1.2 矿区生态环境治理

7.1.2.1 矿区地质环境

江夏区属江汉平原向鄂南丘陵过渡地段,地形特征为中部高,西靠长江,东向湖区缓倾。丘陵地形主要分布在区境北部,呈东西带状,东部和西部为滨湖平原,地面高程20~40m,中部和北部有成片海拔约150m的岗丘。地貌以由第四系红色黏土组成的网状平原为主,两侧为平坦的冲积平原,区内最高点272.3m(八分山)。

项目区属于构造剥蚀丘陵地形地貌类型,自然山体总体走势近东西向,与岩层走向展布方向基本一致,坡度一般25°~50°。自然冲沟发育,地表植被茂密,海拔18~125m,相对高差107m。

场区内部分出露区域被残坡积层、人工堆积层(废弃渣)覆盖,大部分区域基岩出露,地层岩性为二叠系的灰岩、白云岩,灰色、青灰色,厚—巨厚层状,节理裂隙较发育,局部有软弱夹层。在项目区西北侧见石英砂岩出露,局部见页岩。第四系松散层大面积出露,主要有含腐殖质的灰褐色粉质黏土层,地层质地松散,工程地质性质一般,覆盖层主要为残坡积碎石土、人工堆积物,厚0~5m,多分布在矿区坡面等部位,厚度随地形而变化,一般0.5~2.0m。该土体由粉质黏土和碎石构成,碎石含量不等,呈棱角状,碎石粒径多为2~5cm。土质相对均匀,结构较松散,透水性较强,工程地质条件一般。

人工堆积物主要为弃渣、弃土及成品料。弃渣分布于矿区渣堆处,母岩以灰岩、砂岩为主,以块石、碎石出现,夹角砾及少量黏性土,土质不均匀,成分杂乱,结构松散,密实度较低,稳定性较差,属较差的工程地质体;弃土主要成分为黏性土、砖块、淤泥和少量生活垃圾,局部为洗砂形成的矿泥,土质不均匀,结构松散,透水性较差,为较差的工程地质体;成品料未做任何防护措施堆积于场区,目前仍有4处。当前存在的地质灾害问题主要为小规模危岩体、成品料、弃渣堆积形成松散堆积体不仅占压土地,还形成了坡体安全隐患。

7.1.2.2 矿区环境问题

1. 矿山地质灾害

矿区内均为坚硬岩石,节理裂隙十分发育,在降雨的影响下,雨水沿裂隙面大量入渗,既增大了岩体的容重,又降低了裂隙面的力学参数,加大了崩塌、滑坡发生的概率。

2. 矿山土地压占与破坏

露天采石会占用和破坏土地,包括露天矿场、矿渣、表土剥离区等。由于过去开采片面强调经济效益,没有考虑对土地资源的保护,造成大量废弃矿渣无序堆放,土地无法使用。

3. 地形地貌景观破坏

受开采条件限制,矿区主要以爆破作业剥离岩体,无序的开采使治理区范围内的矿山多处出现裸露、光秃的采矿作业点,对地形地貌景观造成了无法恢复的破坏,影响了区内的旅游景观资源。

4. 矿山地质环境问题发展趋势

不稳定边坡失稳,将诱发崩塌、滑坡;山体开裂加剧,将诱发岩体崩塌;矿渣堆场日益增多,将引发泥石流。

灵山矿区土地再利用前照片如图7.3所示。

图 7.3　灵山矿区土地再利用前照片

7.1.2.3 矿区地质环境现状分级

根据《矿山环境保护与综合治理方案编制规范》(DZ/T 223—2011)附录 E 中的表 E.1 矿山环境影响程度分级表,研究区矿山地质环境现状可分为 3 个级别:矿山地质环境影响严重区、矿山地质环境影响较严重区和矿山地质环境影响一般区。

武汉市江夏区灵山矿山影响分区如图 7.4 所示。

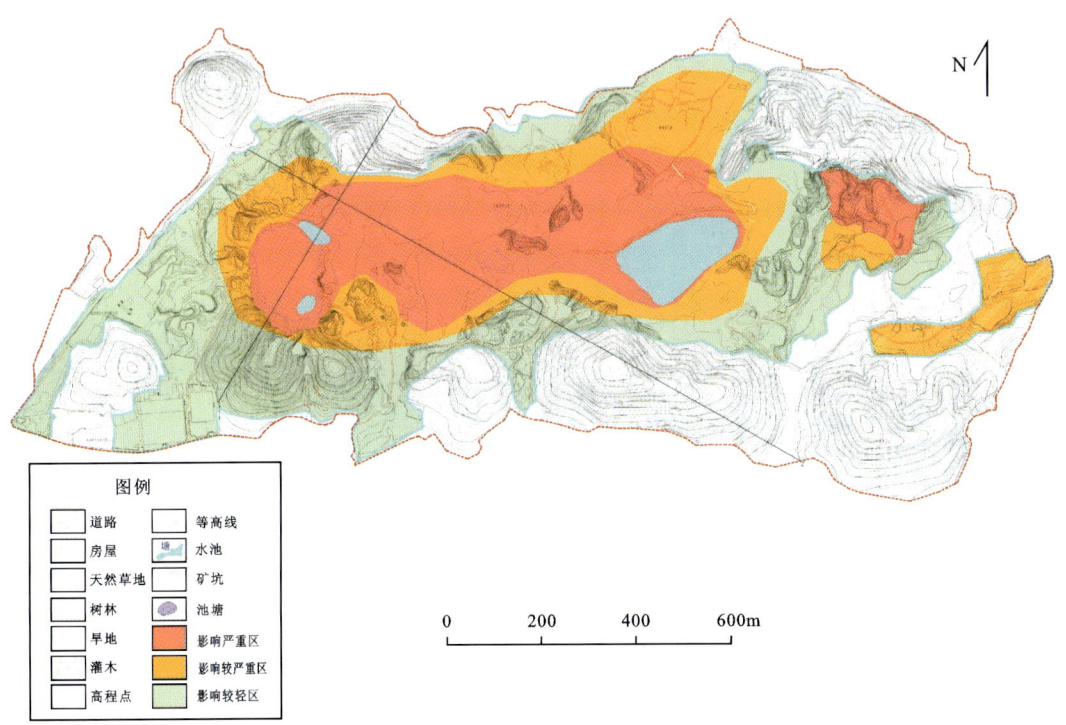

图 7.4　武汉市江夏区灵山矿区影响分区图

7.1.2.4 矿区环境治理策略

1. 灵山矿区环境治理内容

根据灵山矿区环境现状,环境治理的内容主要包括以下 5 个方面:
(1)岩质边坡危岩清除,或使用锚固方法对危岩进行加固,保证施工安全。
(2)对不稳定边坡进行削坡减载,并修筑拦石网、落石槽或栏护网等,防止崩塌灾害。
(3)对大型采坑进行回填整平,对大型渣堆进行清除整平。
(4)采用植被护坡等景观措施治理已破坏的地形地貌景观。
(5)对孤立水系进行疏通,建设如意湖。

2. 灵山矿区环境治理原则

对于灵山矿区环境现状,环境治理采用的主要原则如下:
(1)以人为本、变害为利、经济实效、治理与开发利用相结合。
(2)采取综合治理、标本兼治,治灾与兴利相结合,绿色设计与绿色施工,保护和美好环境治理。
(3)治理工程与当地自然环境有机结合,与土地利用相适宜。

3. 灵山矿区环境治理部署

武汉市江夏区灵山矿山环境治理的部署如图 7.5 所示。

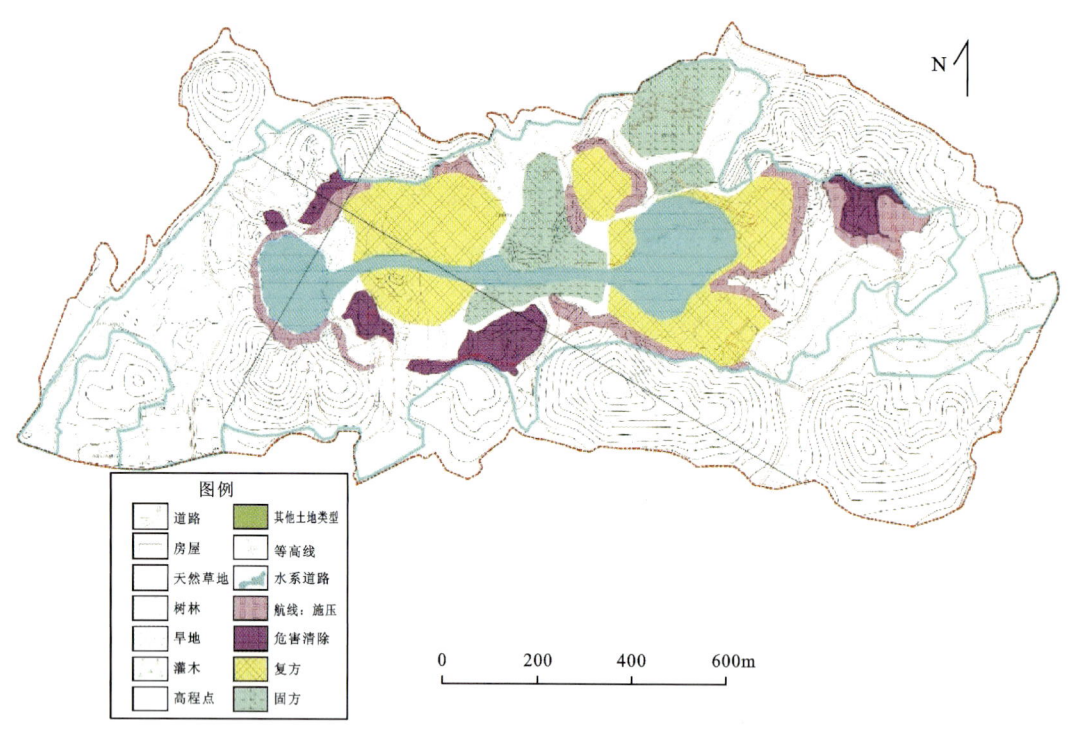

图 7.5　武汉市江夏区灵山矿山治理部署图

武汉市江夏区灵山矿山治理典型剖面如图 7.6 所示。

7.1.3　矿区景观与产业规划设计

7.1.3.1　规划设计的背景

十九大报告指出:"积极应对人口老龄化,构建养老、孝老、敬老政策体系和社会环境,推

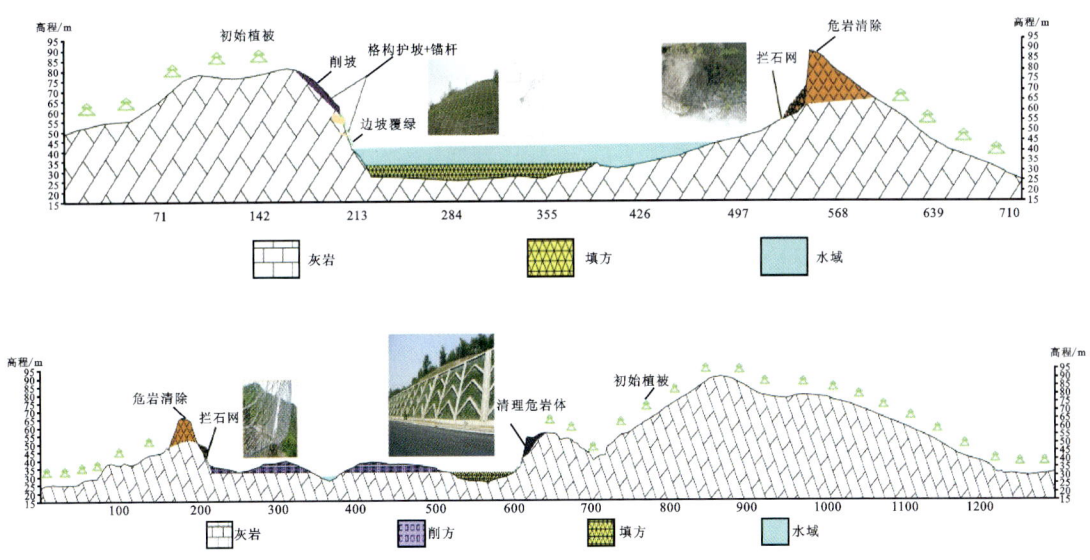

图 7.6 武汉市江夏区灵山矿山治理典型剖面图

进医养结合,加快老龄事业和产业发展。"中国已经进入人口老龄化快速发展的时期,中国老年消费市场潜力巨大,老龄产业市场规模将持续增大。截至 2018 年底,60 岁以上的老年人口已经突破了 2.3 亿人,占总人口的比重已经达到 16.7%。根据预测,到 2050 年,我国老龄人口将达到总人口的 34%。老龄人口带来老年消费总量巨大,老龄消费占国内生产总值的比重也将达到 14.64%,到 2050 年将达到 28.97%。

江夏吉祥谷养老小镇(养生风情园)是集矿山修复、生态恢复、休闲养生和颐养康复为一体的现代养老产业,是江夏"吉祥谷"的最佳产业形态,打造利用矿山治理、生态修复、土地综合利用的示范区,可为江夏区的经济、社会的持续发展提供坚实保障,为江夏区的养老、养生等民生工程提供新的平台。

7.1.3.2 规划设计的范围

"吉祥谷"养老小镇规划范围如图 7.7 所示。

7.1.3.3 规划设计的内容

1. 总体目标

此项目围绕武汉市江夏区委区政府提出的"生态立区,工业兴区,创新强区"三区战略,通过对灵山矿区地质环境治理和生态修复,依托山、水、林、地景观的营造,建设集健康、服

图 7.7 "吉祥谷"养老小镇规划范围图

务、休闲度假、居住旅居养老为一体的武汉南生态休闲养老核心区——江夏"吉祥谷"。通过灵山矿区治理,生态环境修复,服务武汉市,带动周边产业发展(图 7.8、图 7.9)。

图 7.8 江夏"吉祥谷"鸟瞰图

图 7.9　江夏"吉祥谷"养老风情园入口

2. 规划后土地属性

灵山矿区规划后土地属性如图 7.10、图 7.11 所示。

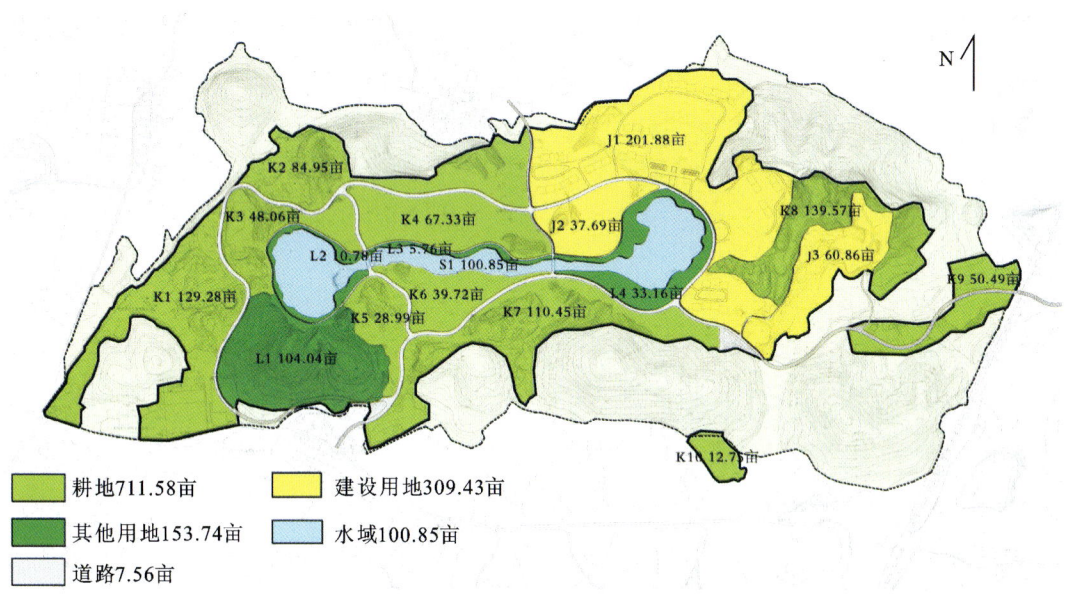

图 7.10　武汉市江夏区灵山矿山规划后土地属性（一）

序号	地块	面积/m²	面积/亩
1	灵山区域面积	1 390 772.00	2085.12
2	工矿用地	845 791.00	1268.05
耕地			
1	K1	86 232.00	129.28
2	K2	56 661.00	84.95
3	K3	32 057.00	48.06
4	K4	44 906.00	67.33
5	K5	19 338.00	28.99
6	K6	26 492.00	39.72
7	K7	73 667.00	110.45
8	K8	93 094.00	139.57
9	K9	33 675.00	50.49
10	K10	8 504.00	12.75
11	合计	474 626.00	711.58

序号	地块	面积/m²	面积/亩
建设用地			
1	J1	140 657.00	210.88
2	J2	25 141.00	37.69
3	J3	40 595.00	60.86
4	合计	206 393.00	309.43
水域			
1	S1	67 270.00	100.85
其他用地			
1	L1	69 394.00	104.04
2	L2	7 191.00	10.78
3	L3	3 842.00	5.76
4	L4	22 117.00	33.16
5	合计	102 544.00	153.74
道路			
1		5042.00	7.56

图 7.11　武汉市江夏区灵山矿山规划后土地属性(二)

3. 规划设计理念

"颐养康复，养生养老。"特色养老小镇是指以健康为小镇开发的出发点和归宿点，以健康产业为核心，将健康、养生、养老、休闲、旅游等多元化功能融为一体，形成的生态环境较好的特色小镇。

目前养老小镇规划用地面积约 $3.5km^2$，其中国家养老中心一期约 $1.6km^2$，中心镇区约 $0.4km^2$，国家养老中心二期约 $1.5km^2$，以"养老养生＋康体医护＋休闲度假"为核心内容。

小镇设有老年大学及传统文化聚集、体验、博览、创意和交易基地，为老年人提供高品种文化休闲体验场所，充实老年人精神上的需要，并且成立老年协会，组织老年人文娱、旅游和各种比赛活动，建设基地生态农田，满足老年人耕种劳作的乐趣需求。老年人住的房屋设计分为双拼养老公寓、单身养老公寓、酒店式养老公寓、多层养老公寓、叠排养老公寓等，满足不同老年人的需求。养老小镇给老年人带来便利和舒适，产业化和青山绿水资源嫁接在一起的发展模式给当地发展带来转型升级。

4. 功能定位与分区

灵山矿区产业规划功能定位为集矿山修复、生态恢复、休闲养生和颐养康复为一体的现代养老产业，是江夏"吉祥谷"的最佳产业形态，打造利用矿山治理、生态修复、土地综合利用的示范区。

依托灵山山林景观、如意湖、灵山洞景观、生态种植等建设开发养生观赏、休闲体验、旅居式养老基地，颐养身心、健康休闲、居住式养老基地，医疗保健、康护式养老基地。

江夏"吉祥谷"功能分区如图7.12所示。

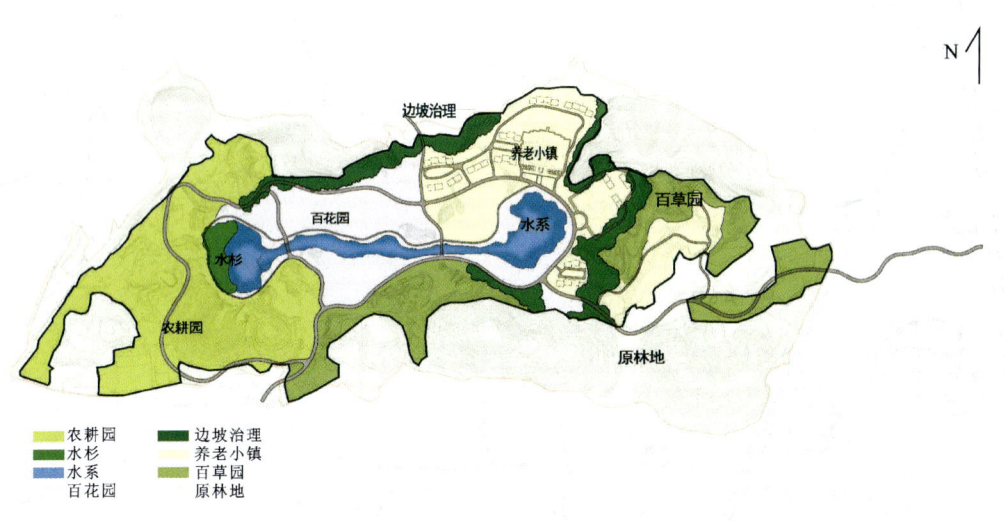

图 7.12　江夏"吉祥谷"功能分区图

江夏"吉祥谷"功能布置如图7.13所示。

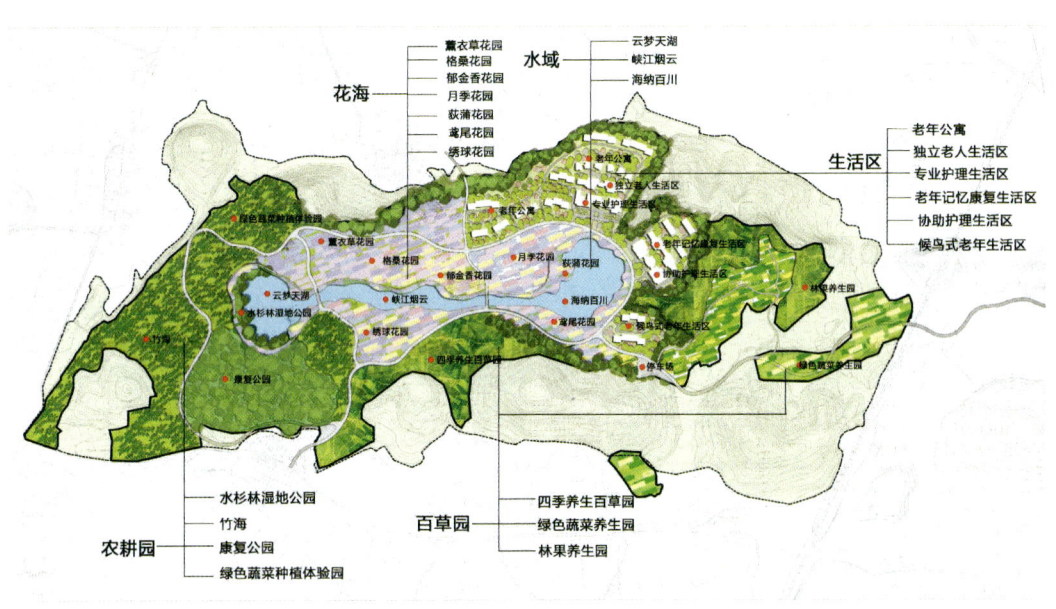

图 7.13　江夏"吉祥谷"功能布置图

5. 规划设计核心与重点

养老小镇重点打造三园,分别是百花园、百草园、农耕园。

百花园:以主题花卉为组团,四季有花,繁花似锦,营造有益于颐养康复、休闲运动(图7.14)。

图 7.14　百花园一角效果

百草园:神农尝百草,开中华养生文明之先河。选择培育与颐养康复、中医养生、中医辅导养老的若干中草药品种。贯彻颐养结合理念,尤其利用中医与中草药结合的先天优势,走一条中医中草药辅助养老的崭新模式(图7.15)。

图 7.15　百草园一角效果

农耕园:颐养康复,医护养老需要老年人的参与。以农耕为主题,让老年人参加食物和蔬菜种植的全过程,全身心投入生态农业。一来让老人通过农耕的劳作获得身心锻炼的体会,二来可以分享劳作的果实。农耕园可以提供有机生态食物和蔬菜。种植大面积的竹林,形成竹海,可呈现"采菊东篱下,悠然见南山"的农耕文化意境(图7.16)。

图 7.16　农耕园一角效果

7.2　项目运行机制

7.2.1　运行目标

江夏灵山矿区土地再利用实践项目实施全面的生态环境治理,将工矿废弃地复垦为基本农田、耕地、部分建设用地等,整合灵山区域现有的自然、人文资源,依托武汉市江夏区的区域优势,产业实行有效的整体转型,配合武汉市未来养老产业需求,建设国内有影响力的养老产业品牌,成为"颐养康复,养生养老"的特色养老小镇。将灵山矿区全面建设为江夏"吉祥谷",打造吉祥养生风情园。

7.2.2　运行原则

江夏灵山矿区土地再利用实践项目实施的具体原则与方针如下:
坚持创新发展理念,破除矿山地质环境恢复和综合治理的投入、政策、科研等机制障碍。

创新尾矿残留矿再开发、矿山废弃地复垦利用、集体土地流转利用等政策,引导社会资金、资源、资产要素投入,积极探索利用PPP模式、第三方治理方式,充分调动各方面积极性,加快治理。简化管理程序,推进矿山地质环境恢复治理方案和土地复垦方案编制与审查制度改革。鼓励矿山企业与相关机构开展治理恢复技术科技创新。

坚持开放发展理念,将矿山地质环境恢复和综合治理与相关产业发展融合推进。鼓励引进国外矿山地质环境恢复和综合治理的新技术和新模式,积极开展国际合作。拓展绿色矿山建设模式,鼓励矿山企业参与矿山地质公园建设、经营和管理。探索矿山地质环境恢复和综合治理与地产开发、旅游、养老疗养、养殖、种植等产业的融合发展。

7.2.3 运行策略

江夏灵山矿区土地再利用实践项目实施围绕江夏区委、区政府提出的"生态立区,工业兴区,创新强区"三区战略,进行"全面规划、综合防治、因地制宜、分工合作、加强管理",通过对灵山矿区地质环境治理和生态修复,建设绿色生态景观和养老休闲园区。依托灵山矿区规划江夏"吉祥谷",在该区域打造吉祥养生风情园。

7.2.4 运行程序

江夏灵山矿区土地再利用实践项目运行的前期程序如下:根据"五部委文件"《关于加强矿山地质环境恢复和综合治理的指导意见》,江夏区政府向武汉市自然资源和规划局提出关于江夏区灵山工矿废弃地治理利用试点和新增耕地指标的请示,对灵山项目的现状、方向、潜力和指标等情况进行明确,由武汉市自然资源和规划局审核批准后,报省自然资源厅备案,出报告意见。湖北省自然资源厅批复后,由江夏区编制灵山工矿废弃地试点的专项规划,报武汉市自然资源和规划局审批后,再报自然资源厅,由自然资源厅组织专家评审。评审通过后,由江夏区立项,编制灵山试点项目的实施方案,报武汉市自然资源和规划局审批后,可组织施工。

江夏灵山矿区土地再利用项目运行的具体程序包括现场调查、地质环境现状分析、影响性评价、分期治理(严重区、较严重区、一般区)、整治土地、创造效益等(图7.17)。

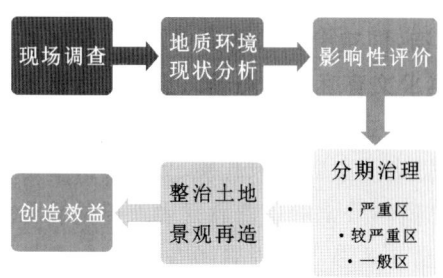

图7.17 灵山矿区土地再利用项目运行的具体程序

7.3 综合技术手段应用

依据矿区现状条件、矿区地质环境问题、景观建设目标,将各种生态修复技术与景观设计手段相结合,充分体现了城市土地资源再利用中生态修复与景观设计耦合模式综合技术手段体系的应用,以下分别从矿区土地复垦设计、矿区水域修复设计、矿区复绿设计、矿区道路设计、"吉祥谷"景观打造几个方面进行介绍。

7.3.1 矿区土地复垦

7.3.1.1 耕地土地复垦设计

1. 设计原则

根据现状地形地势条件以及复垦适宜性分析,将复垦土地划分为平整地、坡耕地和梯田3种类型。

条田方向:主要采用南北向布置,以保证长边受光照时间最长,受光热量最大。

条田形状:应有利于机械作业的正常进行,尽量减少漏耕与重耕。条田的形状要力求规整,形状选择以长方形为宜。

条田规格:宽为 2~125m,长为 25~350m。

平整度:田面纵坡方向应与水流方向一致,根据土壤通透性和畦长,平整地及梯田阶地田块纵坡坡度以 1/1000~1/2000 为宜;坡耕地田块纵坡坡度不陡于 1/10。

2. 设计范围

设计耕地复垦区面积 203 569.07m²,根据各工程区现状的田面高程,为节约工程投资,减少土方挖填工程量,拟将土地复垦工程区划分为 60 个分片工程区进行设计,分别是1~60号耕地地块,如图 7.18 所示。

3. 主要设计内容

田块垫高设计:现状地形高低起伏较大,工程设计需对现状地形低洼地(如 11 号、12 号和 13 号地块等)进行垫高至耕作层回填高程后,方可进行表层的耕作层回填。

土地平整设计:在满足灌排及农作物耕种的要求的基础上,依据自然地形、地势,合理设计高程,尽量使挖填土方量最小,合理调配土方,做到挖填平衡,同时要与水土保持及土壤改良相结合。

7.3.1.2 林地土地复垦设计

项目区的部分区域现有灌木及乔木林,大部分区域初具林地规模,但部分区域现有林地

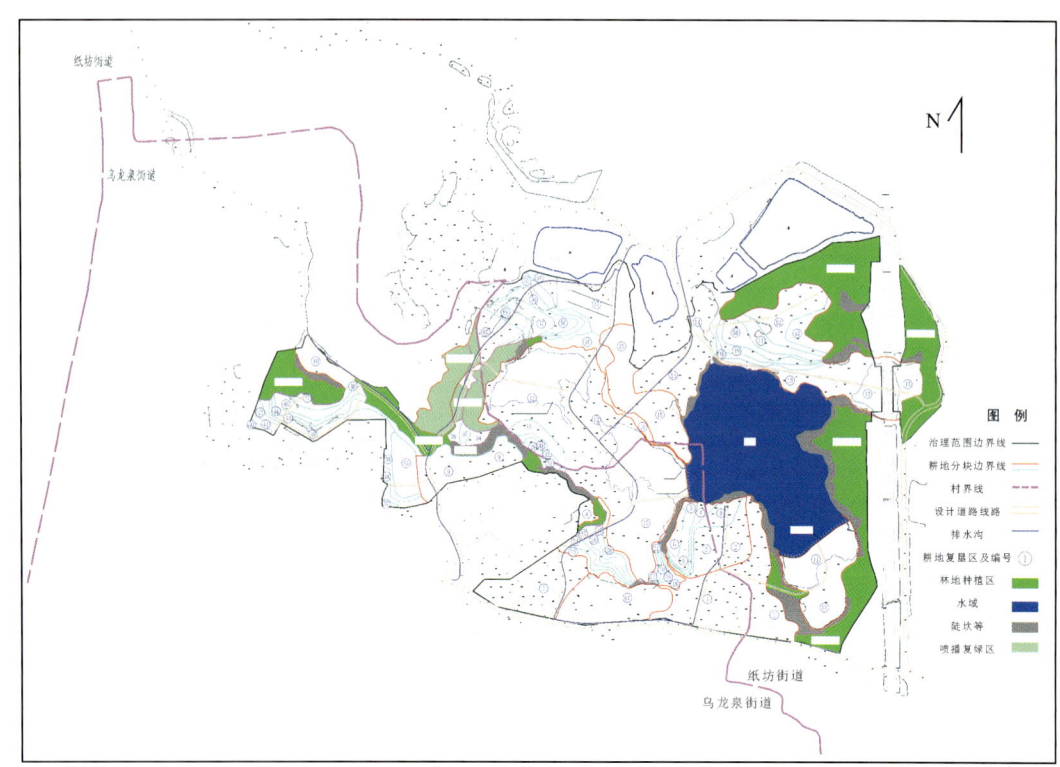

图 7.18 耕地土地复垦区布置图

存在树苗较小、分布杂乱的现象,此部分区域可适当清除现有植被,种植果树,形成小规模的采摘园。经过调查,拟对 60 亩左右林地进行提升,需清除地表物并回填耕作土,经计算,清表量为 12 006m³,回填耕作土量为 32 016m³。

7.3.2 矿区水域修复

对原矿坑水域局部采取回填垫高的方式进行改造,保留一部分水面作为灌溉水源和后期水体景观用,包括岸坡治理设计、岸坡治理细部结构(石砌驳岸设计)、排水涵闸设计。

岸坡治理设计:岸坡断面形式主要是在岸坡水上设计平台,水下坡按 1∶4 坡率设计,缓于 1∶4 坡率的坡则按自然坡处理;水上坡同样按照 1∶4 坡率设计,与设计田块高程衔接(图 7.19)。

石砌驳岸设计:石砌驳岸采用粒径不小于 40cm 的大块石砌筑,每层砌石厚度不小于 60cm,石块间缝隙采用强度等级为 M7.5 的砂浆填缝。

为保证石砌驳岸稳定,驳岸基础设计开挖成台阶状,共设 6 级,每级水平宽 50cm,级高 12.5cm,底部现浇 10cm 厚 C15 细石混凝土作为驳岸基础,每隔 5m 设置一道伸缩缝,缝宽 2cm,采用沥青杉板嵌缝,成型后的石砌驳岸应埋入岸坡内不小于 0.3m(图 7.20)。

排水涵闸设计:由于矿坑为整个治理区最低位置,场区内降雨形成的地表径流及地下水将直接排入矿坑内,为调节矿坑的正常蓄水位,拟定在矿坑周边设置排水系统。设计两套方

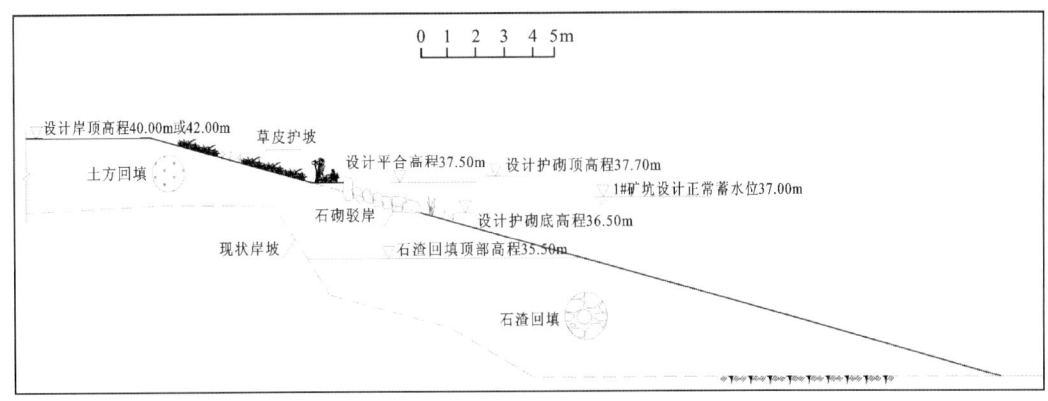

图 7.19　岸坡典型断面图

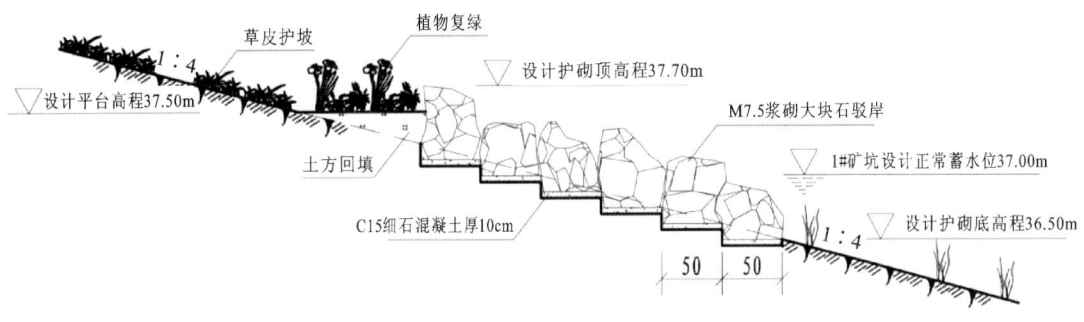

图 7.20　石砌驳岸大样图

案进行对比,一是新建排水水泵方案,该方案在矿坑北面新建一座排水水泵对矿坑内水位进行调控;二是新建排水涵闸方案,该方案拟定在矿坑北面新建一座排水涵闸对矿坑内水位进行调控。

7.3.3　矿区复绿

矿区复绿主要包括道路、采摘林、水域植被及林地绿化等。

1. 设计理念

复绿设计以"适地适树,因树制宜,因地制宜"为基本原则,以乡土树种为主、外来树种为辅,同时考虑项目区地域文化及特色。

项目区复绿设计以尽量减少破坏当前现有具有一定规模的植被为基本前提,采用乔灌草结合的方式,进行多层次的配置,注重植物色彩和季相的变化。但项目区以打造农耕文化为主题,因此绿化植被花卉品种要合理搭配,达到有花但不处处繁花的效果。

植物设计力求构成自然的生态景观群落,复绿树种搭配多样,空间变化丰富,能够较好地展现自然之美,体现人与自然的和谐关系,富有野趣。复绿种植上突出"草铺底,乔遮阴,花藤灌木巧点缀"的复绿特点,尽量使其发挥最佳生态效益。树木的种植也随场地的功能和特点而定,采用孤植、列植、群落组合等多种种植方式。

树种选择上,充分考虑植物的生物学特性,做到适地适树,即根据气候、土壤、水分等自然条件来选择能够健壮生长的树种,以保证近期长势及远期景观效果。在空间布局上体现点、线、面相结合,注意再生空间的绿化。

根据项目区的气候特点,形成以下层次结构:

上层大乔木。以常绿树种为主,兼顾落叶树种的原则,形成上层界面空间。

中层乔灌木。以落叶阔叶树为主,同时结合观花、叶树种,形成主要植物景观感受界面空间。

下层低矮花灌木、地被及缀化草地。使治理区形成丰富的季相变化,同时充分发挥环境的生态功能。

在植物群落的空间整合形态上,注重人在不同空间场所中的心理体验。从幽静密林、林中空地、疏林草地到开阔草坪,形成疏密、明暗、动静的空间变化,丰富游人体验。

2. 植被选择

在道路绿化上,植被选择主要考虑以下几个方面:在交替变换的环境中和瘠薄的土壤上,可健壮生长;不需要修剪、喷雾和采摘叶片等周年管理;叶子能在高强度反射的阳光下不变褐或不枯焦;灰尘、烟雾、有毒气体、含盐污水、汽油等对它影响很小或无影响;由各种机械设备引起的破坏能迅速恢复;能抵抗冰暴和暴风引起的损害;干挺枝秀,景观持久;树种移植后能迅速恢复,根系生长不会抬高道路高程。经过比选,行道树树种以银杏、栾树、垂柳、樟树、广玉兰为主,合理间植桂花。在 4m 道路两边分别设置复绿带,上述树种分区域种植,形成道路多景的特点,部分区域树下种植铺地柏、大叶黄杨等灌木。

对于采摘林,根据现场踏勘,现有林地局部区域存在树苗较小、分布杂乱的现象,此部分区域可适当清除现有植被,种植猕猴桃、桑葚等有果林木,形成小规模的采摘园,增加乡野乐趣。

对于水域绿化,项目区现有大面积水域,经过利用改造后,保留部分水面作为灌溉水源地,不对水体进行大面积的种植,仅充分利用水体灵动的特点,在岸边种植垂柳,水面局部点缀挺水植被、浮叶植物及沉水植物,挺水植被选择芦苇,浮叶植物以睡莲为主,沉水植物选择穗状狐尾藻。

对于林地提升,现有林地大部分具有一定规模,长势良好,但树种较为单一。为尽量减少对现有植被的破坏,保留大部分现有林地植被,仅在合适的地形条件下,栽植黑松、白蜡树种,提升林地绿化观赏性,可采用孤植的方式种植。

7.3.4　道路修复设计

目前,灵山矿区涉及纸坊街林港村和乌龙泉街灵山村两个行政村,矿区东部距武广高铁和天子山大道分别约 0.1km 和 1km,北部距沪渝高速约 6km,西部距武咸城铁约 0.5km。另外,在矿区西部有县道 X001 与国道 G107 相连,北部和南部分别有乡道五小路和乌勤路与天山大道连通。因该矿区复垦利用结合后期产业融合发展需要,需先行对该园区域内道路进行建设,合理规划、建设好一期园区 A、B、C 三种类型道路(图 7.21)。

图 7.21　江夏"吉祥谷"交通分析图

矿区主干道属于 A 类型,为机动车道,东西走向,长 2676m,宽 6m,为新建透水沥青混凝土路面。起点为东面主入口,对接天子山大道,贯穿园区核心区域,主要服务对象为小型汽车和电瓶观光车,承担着园区机动车交通服务功能,并辅以游园观光作用。

矿区田间道属于 B 类型,为次干道,土地复垦核心区域,长 1629m,宽 4m,为新建透水沥青混凝土路面,串接整个园区重要节点,多点衔接 A 类型主干道,主要服务对象为自行车,承担着园区主要绿道骑行交通服务功能,也有部分机动车交通服务功能,并辅以游园观光作用。

矿区生产道属于 C 类型,为人行辅道,长 1293m,宽 2m,为新建透水砖路面,串接整个园区局部节点,多点衔接 A、B 类型主、次干道,主要服务对象为行人,承担着园区主要绿道步行交通服务功能,并辅以游园观光作用。

7.3.5　建筑景观设计

"吉祥谷"养老小镇设有老年大学及传统文化聚集、体验、博览、创意和交易基地。老人住的房屋设计分为双拼养老公寓、单身养老公寓、酒店式养老公寓、多层养老公寓、叠排养老公寓等,满足不同老人的个人需求(图 7.22~图 7.24)。

7.3.6　污水处理及回用

江夏"吉祥谷"养生风情园位于江夏区的郊外,依山傍水,是矿山环境治理、生态恢复后打造的环境优美、景色宜人的特色养老、养生小镇,是适宜老人生活的绿色低碳、舒适休闲的

图 7.22　养老小镇主楼正面鸟瞰图

图 7.23　养老小镇主楼正面效果图

图 7.24　养老小镇一角效果图

场所。园区建有养老住宅、酒店商业、游客接待中心、景点等,会产生一定量的污水,需要进行处理。

(1)本项目水处理及回用特点:离市政管网较远,辅设成本高;占地面积广,布局分散;地势条件起伏较大;建造周期先后不一;武汉市水域环境要求很高,要求零排放。

(2)污水总体处理方案:污水一般就地处理,达中水回用标准[《城市污水再生利用　城市杂用水水质》(GB/T 18920—2022)]进行回用(冲厕、景观、绿化、道路冲洗、洗车等),或达到景观水的标准[《城市污水再利用　景观环境用水水质》(GB/T 18921—2022)]要求后,就近排入水体作为景观补充水。为确保当地水体不受任何污染,回用后的多余部分进一步进行生态处理,或达到国家、地方规定的排放标准后排至当地景观水域以外的排放口。

(3)污水处理模式:单栋处理,单独回用;集中收集处理,统一管路回用;分区分片收集处理,分片回用。

养老小镇水体景观效果如图 7.25 所示。

图 7.25　养老小镇水体景观效果图

7.3.7　艺术景观节点

养老小镇主要的艺术景观节点有 3 个区域,分别是百花园、百草园、农耕园。

百花园艺术景观节点四季有花,繁花似锦,营造有益于颐养康复、休闲运动,以主题花卉为组团的百花园(图 7.26)。

百草园艺术景观节点贯彻颐养结合的理念,尤其利用中医与中草药结合的先天优势,是中医中草药辅助养老的崭新模式(图 7.27、图 7.28)。

农耕园艺术景观节点种植大面积的竹林,形成竹海,呈现"采菊东篱下,悠然见南山"的农耕文化意境(图7.29、图7.30)。

图7.26　百花园艺术景观节点

图7.27　百草园主入口景观节点

图 7.28　百草园景观节点

图 7.29　农耕园·康复园景观节点(一)

图 7.30　农耕园·康复园景观节点(二)

7.4 项目效益评价

7.4.1 生态效益评价

长期矿山开采形成的工矿废弃地具有诸多生态环境负效应,如地表景观破坏,诱发坍塌、滑坡地质灾害,地下水系结构破坏,造成土地压占、挖损及土壤退化、板结,加剧水土流失等。通过复垦治理,恢复原有地貌景观,加大地表植被覆盖,并对原高低不平的地表区域进行规整,可有效防止矿山水土流失、坍塌滑坡等地质灾害,改善复垦区及周边区域空气、水环境,使其与周边土地利用及景观植被相协调,促进土地资源的可持续利用。

(1)有利于改善生态环境,优化人地关系与土地利用结构。通过复垦和地质环境治理,改善项目区生态环境以及居民生活环境,实现生态系统良性循环与生态立体农业的发展,优化人地关系与土地利用结构。通过改良土壤、恢复植被、涵养水源、保持水土,可促进项目区生态系统良性发展。

(2)有利于恢复地力与土地生产力。通过生态环境的恢复与建设,占有和破坏的土地得到恢复,最终恢复了土地的生产力。通过复垦可以有效增加土地植被覆盖面积,防止旱涝灾害和风害影响,减少水分蒸发和水土流失,蓄水保肥,土壤结构得到改良,耕地质量得到提高。复垦后,项目区内将形成"田成方、林成网、路相通、渠相连、土肥沃、灌排自如"的人工与自然复合生态系统,形成新的人工和自然景观,从而实现项目区生态环境的改善与人地关系的优化,并最终实现生态效益目标。

(3)治理恢复工矿废弃地的生态环境,消除矿山地质灾害隐患。通过对矿山地质环境的治理可减少地质环境问题带来的二次破坏和二次污染,逐步解决矿产资源开采的历史欠账,将工矿废弃地改造成"田成方、林成网、渠相通、路相连"错落有致的新农田景观,栽种的防护林网能起到防风、固土、蓄水的效果,并能绿化、净化和美化环境,使区域生态环境系统呈现良性循环,从而改善生态环境和农田小气候以及防止水土流失。

7.4.2 经济效益评价

(1)新增农用地经济效益。项目区属纸坊街和乌龙泉街的建设用地,本次治理范围有 35.94 hm^2 工矿废弃地通过工程措施、生态措施,转化为耕地、林地、水域及水设施用地等农用地,其中恢复增加耕地 20.36hm^2、林地 6.53hm^2。耕地主要种植油菜、红薯、小麦等农作物;林地主要种植刺槐。结合当前物价水平,扣除肥料、种子、农药等开支后,耕地年纯收益按 2000 元/亩考虑,林地年纯收益按 1000 元/亩计算,其余面积按年纯收益 3000 元/亩考虑,项目区合计年纯收益 111.6 万元。

(2)优化建设用地布局效益。项目区内复垦后用地类型均转化为农用地,复垦区的建设用地调整至建新区用地,预计使用调整利用挂钩指标,每亩价格按交易底价 30 万元/亩计,可增加土地收益为 1.62 亿元。同时,建新地块供地后,可保障项目落户建设,可吸纳项目投入资金,从而产生规模经济效益,并将有效带动相关产业发展。

(3)减少财产损失效益。通过复垦区的复垦治理可以消除废弃地的矿山地质灾害隐患和地质环境对该区域生命财产形成较大的影响及潜在的经济损失威胁。

7.4.3 社会效益评价

(1)缓解当地耕地资源紧张局面。项目复垦为当地增加了耕地资源总量,有利于全区耕地总量动态平衡。工矿废弃地复垦利用,对优化城乡建设用地布局、提高土地集约利用水平具有十分重要意义。项目区通过复垦治理,建设用地转化为农用地,尤其是增加了耕地面积,降低了建设用地规模,促进了土地资源的再生利用,提高了土地的集约利用水平和产出效益。本项目实施完成后,对于满足全区的用地需求,缓解用地指标供需矛盾具有重要意义。

(2)有利于产业生产条件的改善。项目实施后,项目区内的废弃工矿地将得到复垦,促进耕地集中连片,土地平整,田块规整成方,水利设施配套完善,田间道路和农田防护林成网,产业生产条件将明显改善,完善的田间道路系统和灌排系统有利于推进规模化、专业化和多样化经营,更好地适应现代化产业生产的需要,有效提高产出效率。

(3)有利于提高居民收入。项目实施后,随着农业生产条件的改善和产出效率的提高,项目区内农作物的产量和效益将大幅提升,农民收入也将相应增加。同时,生产条件的改善降低了农业的劳动强度,使农民逐渐从繁重的田间劳作中解放出来;机械化生产减少了田间耕作的时间,有利于农民从事其他产业,这也间接增加了居民收入。

(4)有利于缓解建设用地指标供需矛盾。项目复垦为当地增加了耕地资源总量,有利于全区耕地总量动态平衡。同时,复垦后良好的示范效应有利于调动项目区群众土地开发利用积极性与从事农业生产的积极性,便于合理利用与保护耕地,促进后续土地复垦工作的展开。这不仅对发展生产有重要意义,而且对全社会的安定团结和稳定发展也有重要意义,它将是保证工矿区区域可持续发展的重要组成部分,因而具有重要的社会效益。

7.5 本章小结

本研究团队在研究期内(2019—2021 年)实施开展了江夏灵山矿区土地再利用实践项目,该项目配合武汉市江夏区对灵山矿区实施全面生态环境治理,复垦工矿废弃地,整合区域资源实行产业转型,打造江夏"吉祥谷"特色养老小镇。

江夏灵山矿区土地再利用实践项目从矿区生态环境治理和景观规划两个方面同时展开,将生态修复与景观设计的手法相结合,在项目的运行、综合技术手段应用、效益评价等方面,充分体系城市土地资源再利用中生态修复与景观设计耦合模式的理论,是该模式的具体化实践性应用,并取得良好的效益与评价,由此,也进一步验证了本研究所构建的城市土地资源再利用中生态修复与景观设计耦合模式的科学性和可行性。

第 8 章 结论与展望

8.1 结　论

本研究是在现代城市建设和可持续发展中，从跨学科视角探求"资源可持续利用、自然环境改善、文化景观建设"三者相结合的最佳路径，提出了城市土地资源再利用中生态修复与景观设计的耦合模式。

城市土地资源再利用中生态修复与景观设计的耦合模式是建立在生态修复与景观设计的耦合机制上，以城市土地可持续利用、城市环境承载力、城市景观结构、城市历史文脉为依据；以资源再生利用、生态环境恢复、城市风貌优化、历史文化保护为内容；通过高效有序的运行机制、全面先进的综合技术手段体系，科学合理的评价方式，达成"资源可持续利用、生态环境改善、景观文化建设"三位一体目标的现代城市土地资源再利用模式。

城市土地资源再利用中生态修复与景观设计的耦合模式旨在以全面高效的方式实现城市生态、经济、社会、文化的协同发展。该模式的理论体系包括模式的基础（生态修复与景观设计的耦合机制）、模式的内涵、模式的支撑、模式的内容、模式的特点；模式的运行机制由运行目标、运行主导、运行原则、运行策略、运行程序共同构筑；模式的技术体系由八大技术手段综合构建而成，包括土壤污染控制与修复、地形地貌的利用与设计、道路的规划与设计、植被的修复设计、水体景观的修复与营造、环境废弃物的资源化与景观化处理、建筑与构筑物的改造性再利用、艺术景观与公共设施设计；模式的评价体系由环境影响评价、景观美学评价以及综合效益评价构建而成。该模式的理论依据充分坚实、运行机制高效有序、技术体系全面先进、评价方式科学合理，为"人与自然和谐共生的现代化"环境设计提供了一种先进、科学、高效的模式。

本研究是针对目前城市建设中常见的"单一环境治理"或"先行修复后行景观"的两大主流模式之不足，综合考虑资源再生、环境恢复、景观优化，将生态修复技术与景观设计手段全面系统地进行融合，从跨学科视角构建了模式的理论体系、提出模式的运行机制、创建模式的技术手段体系、设立模式的评价方式，并系统论述了该模式的科学内涵和具体方法。

城市土地资源再利用中生态修复与景观设计的耦合模式在功能上具有多样性，在过程上具有同步性，在操作上具有灵活性，是一种现代城市土地再利用的先进模式，为现代城市环境设计提供了新思路和新方案，在理论上具有创新价值；同时，该模式也是一种能可复制、能推广的模式，在实践上具有应用价值。

8.2　展　望

本书提出的城市土地资源再利用中生态修复与景观设计的耦合模式针对目前城市土地再利用的现状问题,将生态修复与景观设计的耦合机制贯穿于模式的理论体系、运行机制、技术手段和评价分析中,提出了针对的内容与方法、高效的技术与手段,该模式在内容上具有全面性,在功能上具有多样性,在过程上具有同步性,在操作上具有灵活性。

城市土地资源再利用中生态修复与景观设计耦合模式是一种现代城市土地再利用的先进模式,是一种能可复制、能推广的模式,具有实践上的应用价值。该模式可广泛地应用于现代城市土地资源再利用的各类项目中,具有很强的适用性和操作性,对于现代城市建设和可持续发展具有重要意义和作用。同时,该模式为现代环境设计提供了新思路和新方案,具有理论上的创新价值。

但由于城市土地资源再利用中生态修复与景观设计耦合模式研究是环境科学与工程、环境设计、景观设计等多学科领域的结合性研究,在未来仍有很多问题值得探索。例如,在未来,如何将生态学、环境科学、环境设计等多学科领域的最新研究成果和前沿发展理念及时更新到城市土地资源再利用中生态修复与景观设计的耦合模式中,以确保该模式的先进性和开放性,以及内容上的持续动态更新;如何紧密结合党的二十大精神和我国土地资源再利用的现实状况变化,让该模式紧密贴合国家的战略要求与社会经济发展需求;如何将传统的生态理念与中华文化融入到该模式中,实现城市土地资源再利用的特色化和民族化;如何通过社会宣传与教育,从思想观念上加强人们对城市土地资源再利用与环境设计的关注和科学认识;等等。

城市土地资源再利用中生态修复与景观设计的耦合模式将在未来的理论研究与实践操作中将不断地更新和完善。

主要参考文献

[1]彭静,高洁宇.城市生态修复与景观再造的耦合模式[J].学习与实践,2019(12):118-124.

[2]朱怡,周悦,李佳宸,等.后疫情视角下的韧性社区公共空间设计研究:以武汉市光谷青年城为例[J].城市发展研究,2022,29(05):59-67.

[3]陈百明,张凤荣.中国土地可持续利用指标体系的理论与方法[J].自然资源学报,2001(03):197-203.

[4]孟美侠,曹希广,商玉萍,等.全球城市提升土地资源开发利用效能研究[J].全球城市研究(中英文),2021,2(02):1-14+189.

[5]邹彦岐,乔丽.国内外土地利用研究综述[J].甘肃农业,2008(07):51-53.

[6]沈涛.国内外有关土地利用的研究综述[J].当代经济,2013(24):156-157.

[7]王玉波,唐莹.国外土地利用规划发展与借鉴[J].人文地理,2010,25(03):24-28.

[8]赵冰,林坚,刘诗毅."外引"与"内消":国际经验对中国城乡土地利用相关规划的影响探析[J].国际城市规划,2019,34(04):31-36.

[9]方克定.本世纪以来国土资源利用的新进展[J].国土资源情报,2014(03):2-11+43.

[10]路营.基于节约优先战略的城市土地利用政策研究[J].中国土地,2019(08):40-41.

[11]邱婧雯,高小博.我国城市土地利用存在的问题及解决对策[J].中国农业信息,2017(12):23-25.

[12]徐辉,李长风.我国存量建设用地再利用存在问题与应对措施[J].规划师,2022,38(06):95-100.

[13]任海,彭少麟,关中美.退化生态系统恢复与恢复生态学[J].生态学报,2004(8):1760-1768.

[14]彭少麟,赵平,申卫军.了解和恢复生态系统:第87届美国生态学学会暨第14届国际恢复生态学大会[J].热带亚热带植物学报,2002,10(3):293-294.

[15]COLLINS J P,KINZIG A,GRIMM N B,et al. A new urban ecology[J]. American Scientist,2000(88):416-425.

[16]彭少麟,吴可可.提高生态系统快速恢复能力:恢复城市、乡村和原野:第六届国际恢复生态学大会(SER 2015)综述[J].生态学报,2015,35(16):5570-5572.

[17]NEWMAN P,BEATLEY T,HEATHER B. Resilient cities:responding to peak oil and climate change[M]. Washington D C:Island Press,2009.

[18]彭少麟.退化生态系统恢复与恢复生态学[J].中国基础科学,2001(3):19-24.

[19]王如松,周启星,胡聃.城市生态调控方法[M].北京:气象出版社,2000.

[20]李锋,马远.城市生态系统修复研究进展[J].生态学报,2021,41(23):9144-9153.

[21]张竹村.城市生态修复效果评价指标体系构建研究[J].中国园林,2019,35(11):5.

[22]郭晋平,张芸香.城市景观及城市景观生态研究的重点[J].中国园林,2004(02):49-51.

[23]罗雯,曹福祥.城市景观格局研究综述[J].现代园艺,2022(14):22.

[24]周向频.欧洲现代景观规划设计的发展历程与当代特征[J].城市规划汇刊,2003(04):49-55+96.

[25]刘百川.国内外棕地治理与开发研究进展综述:基于CiteSpace的可视化分析[J].四川建筑,2021,41(06):49-51+55.

[26]周文华,王如松.城市生态系统健康研究进展[C]//蒋正华,李蒙.生态健康与科学发展观:首届中国生态健康论坛论文集.北京:气象出版社,2005:261-270.

[27]俞孔坚,石春,林里.天津桥园:生态系统服务导向的城市废弃地修复[J].北京规划建设,2011(05):56-58.

[28]传承历史文脉是可持续发展的重要基底[N].北京日报,2014-05-05.

[29]王敏.城市风貌协同优化理论与规划方法研究[D].武汉:华中科技大学,2012.

[30]蔡晓丰.城市风貌解析与控制[D].上海:同济大学,2006.

[31]一张图看懂开化"多规合一".新华网,2016-03-21[2016-06-15].

[32]喻明红,符娟林.城乡规划专业城市设计课程中调研环节教学探讨[J].教育教学论坛,2020(37):284-285.

[33]欧阳鹏.公共政策视角下城市规划评估模式与方法初探[J].城市规划,2008(12):22-28.

[34]席广亮,甄峰.基于大数据的城市规划评估思路与方法探讨[J].城市规划学刊,2017(01):56-62.

[35]王丽英,尹丹丽,刘炳胜.城市基础设施可持续运营的管理维护策略探析[J].现代财经(天津财经大学学报),2009,29(11):63-66.

[36]汪红梅,QIU Z Y.美国非点源污染最佳管理措施及对中国的启示[J].农村经济与科技,2013,24(11):5-7.

[37]张甘霖,赵玉国,杨金玲,等.城市土壤环境问题及其研究进展[J].土壤学报,2007(05):925-933.

[38]KRAUSS M,WILCKE W. Polychlorinated naphthalenes in urban soils:Analysis concentrations,and relation to other persistent organic pollutants[J]. Environmental Pollution,2003(122):75-89.

[39]高翔云,汤志云,李建和,等.国内土壤环境污染现状与防治措施[J].江苏环境科技,2006(02):52-55.

[40]沈玉仙.从感知层面强化景观地形与人的互动性研究[D].广州:华南理工大学,2010.

[41]金哲潮.城市办公建筑景观规划设计的探讨[D].上海:上海交通大学,2009.

[42]刘梅梅.浅谈城市道路绿化的现状和改善措施[J].四川建材,2013,39(06):1-2.

[43]王巧.城市街道环境安全设计初探[D].武汉:华中科技大学,2011.

[44]龚利彬.长沙市岳麓区行道树应用现状调查与分析[D].长沙:中南林业科技大学,2013.

[45]田萌,石少华,申庆灿.人行拱桥彩色防滑薄层铺装设计及施工[J].四川水泥,2019(09):63.

[46]姚超英.化学性大气污染的植物修复技术[J].工业安全与环保,2007(09):52-53.

[47]郑爱珍,李淑萍.蔬菜地重金属污染土壤的修复技术[J].北方园艺,2005(04):16-17.

[48]陈自新,苏雪痕,刘少宗,等.北京城市园林绿化生态效益的研究[J].中国园林,1998(6):54

[49]林鸿,吴晓花,丁自立.城市水景生态设计框架[J].农业科技与信息(现代园林),2007(12):45-47.

[50]聂发辉,李田,吴晓芙,等.藻型富营养化水体的治理方法[J].中国给水排水,2006(18):11-15.

[51]宋海亮,吕锡武.利用植物控制水体富营养化的研究与实践[J].安全与环境工程,2004,11(3):35-39.

[52]丁文铎,孙燕.环境水生态修复的概念特点及其应用[J].北京水务,2006(01):46-47+60.

[53]李淑芹,孟宪林.环境影响评价[M].北京:化学工业出版社,2011:1-1.

[54]杨洋,黄少伟,唐洪辉.景观评价研究进展[J].林业与环境科学,2018,34(01):116-122.

[55]姜翠玲,范晓秋.城市生态环境需水量的计算方法[J].河海大学学报(自然科学版),2004,32(01):14-17.

[56]王亚东.城市水生态及其环境修复综述[J].环境与发展,2018,144(07):196-197.

[57]李伟涛.矿业废弃地景观更新理论研究[D].哈尔滨:东北林业大学,2007.

[58]章超.城市工业废弃地的景观更新研究[D].南京:南京林业大学,2008.

[59]魏墅.基于生态修复理念的工业区棕地改造对策应用研究[D].大连:大连工业大学,2019.

[60]陈琳,张金伟,杨保顺.城市废弃地改造的五种生态设计模式[C]//中国风景园林学会2011年会论文集(上册).北京:中国建筑工业出版社,2011:158-161.

[61]张辉.转型时期中国旅游产业环境、制度与模式研究[M].北京:旅游教育出版社,2005.

[62]林峰.旅游引导的新型城镇化[M].北京:中国旅游出版社,2013.

[63]朱炫霓.地产景观现状及其发展探究[J].住宅与房地产,2019,527(05):45.

[64]蔡静霞.新型复合型地产群雄逐鹿[J].房地产导刊,2014(06):38-41.

[65]ROBERTS B H. The application of industrial ecology principles and planning

guidelines for the development of eco-industrial parks:An Australian case study[J].Journal of Cleaner Production,2004,12(8/10):997-1010.

[66]王震,刘晶茹,王如松,等.生态产业园理论与规划设计原则探讨[J].生态学杂志,2004,23(3):152-156.

[67]陈助君,丁勇.自然资源价值新论:Ⅱ自然资源价值评估[J].内蒙古科技与经济,2005(13):56-57.

[68]凯文·林奇.城市意象[M].北京:华夏出版社:2001.

[69]杨诚.基于POE的城市休闲广场满意度评价及设计优化策略研究:以合肥市为例[D].合肥:合肥工业大学,2019.

[70]林箐,王向荣.地域特征与景观形式[J].中国园林,2005,21(6):16-24

[71]武颖.新型城镇化背景下废弃地改造与利用的新思维[D].北京:北京林业大学,2016.

[72]李光旭.历史文化街区保护规划相关概念解析[J].山西建筑,2009,35(19):20-21.

[73]敖雷,郑炘.传统与现代:历史街区的建筑空间创新与景观空间整合研究:以常州青果巷历史街区更新改造为例[J].中国园林,2018,34(6):54-59.

[74]沈宏,郑建楠.街道景观化改造设计:以京东燕郊行宫商业步行街为例[J].美术观察,2018(04):131.

[75]向云驹.论"文化空间"[J].中央民族大学学报(哲学社会科学版),2008(03):81-88.

[76]关昕."文化空间:节日与社会生活的公共性"国际学术研讨会综述[J].民俗研究,2007(02):265-272.